Nick Redfern

DAS BLUT VON ALIENS

Was der Rhesus-Faktor uns über unsere außerirdische Herkunft sagt

Aus dem Amerikanischen von Thomas Görden

Brandheiße Infos finden Sie regelmäßig auf:
www.facebook.com/AMRAVerlag

Besuchen Sie uns im Internet:
www.AmraVerlag.de

Amerikanische Originalausgabe:
Bloodline of the Gods. Unravel the Mystery of the Human Blood Type to Reveal the Aliens Among Us

2016 erstmals Deutsch im AMRA Verlag
Auf der Reitbahn 8, D-63452 Hanau
Telefon: + 49 (0) 61 81 – 18 93 92
Kontakt: Info@AmraVerlag.de

Herausgeber & Lektor	Michael Nagula
Umschlaggestaltung	Guter Punkt
Covermotiv	Yakobchub; depositphotos
Layout & Satz	Birgit Letsch
Druck	CPI Books GmbH

ISBN Printausgabe 978-3-95447-283-3
ISBN eBook 978-3-95447-284-0

Dem Autor und dem Verlag ist es wichtig zu betonen, dass die Aussagen im vorliegenden Buch in keiner Hinsicht auch nur ansatzweise gegen Rh-negative Menschen gerichtet sind. Es handelt sich lediglich um Forschungsergebnisse, die Aufklärung über die Vergangenheit der gesamten Menschheit geben sollen, der wir alle mit gleichen Rechten und Pflichten angehören. An keiner Stelle wird zu Ressentiments oder Aktionen gegen Rh-Negative aufgerufen oder soll auch nur der Eindruck erweckt werden, eine neue Form von Apartheit oder Rassismus gutheißen zu wollen. Im Gegenteil: Einer unterschiedlichen Behandlung Rh-negativer und Rh-positiver Menschen – welcher Art und Weise auch immer – würden sich Autor und Verlag gleichermaßen entschieden entgegenstellen.

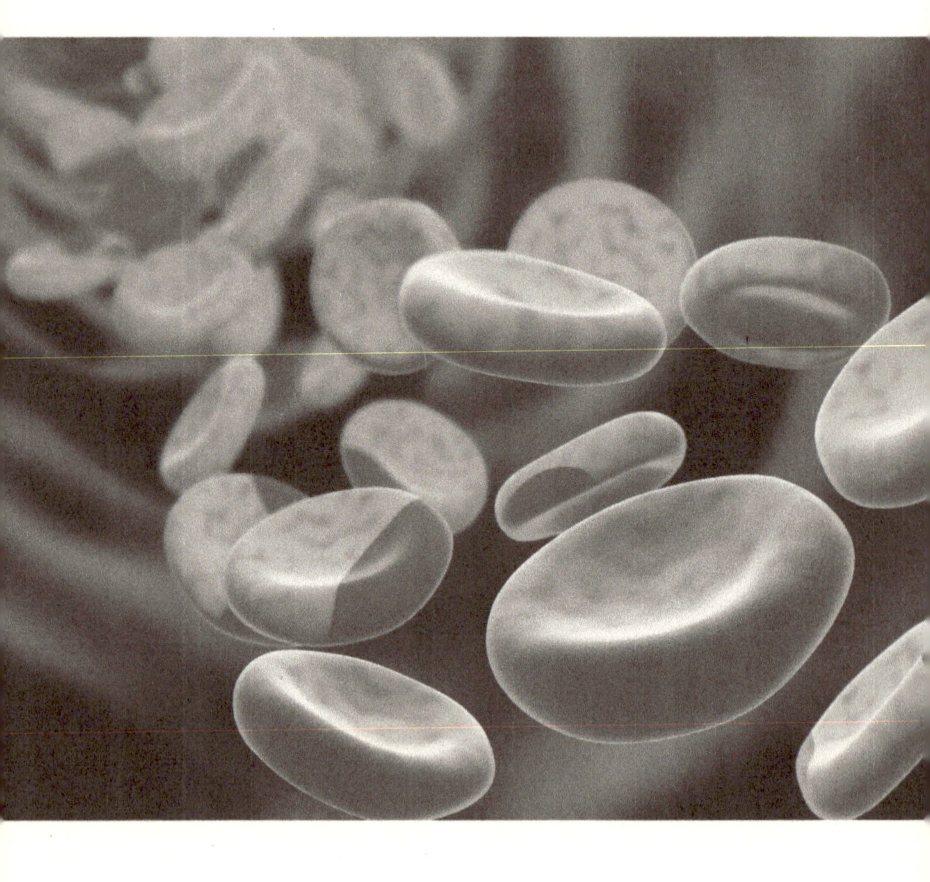

Inhalt

Einführung

Die Geschichte, die Sie nun lesen werden, ist, das muss ich zugeben, äußerst kontroverser Natur, und zwar aus mehreren Gründen. Sie fordert von uns, die Möglichkeit zu akzeptieren, dass die Geschichte der Menschheit erschreckend unvollständig und fehlerhaft ist und ganz wesentliche Daten fehlen. Darüber hinaus zeige ich in diesem Buch, dass die Menschheit ganz anders ist, als es den Anschein hat, und dass sie auch in der Vergangenheit niemals so war, wie wir sie zu kennen glauben und wie es uns in der Schule beigebracht wurde. Einfach ausgedrückt, unterscheidet sich ein kleiner Prozentsatz der Menschheit – etwa 10 bis 15 Prozent – von allen anderen. Und diese 10 bis 15 Prozent unterscheiden sich nicht bloß ein klein wenig, sondern in *unglaublichem* Maße: körperlich, mental, spirituell und sogar in ihrer Psychologie. Diese einzigartige Gruppe von Individuen sind die Rh-Negativen, eine Bezeichnung, die darauf hinweist, dass deren Blut, kurz gesagt, einzigartig ist. Dass sie überhaupt existieren widerspricht allem, wofür Charles Darwin stand und der Darwinismus und die Evolutionstheorie bis heute stehen.

Besonders kontrovers ist aber sicherlich, dass die Geschichte, die in *Das Blut von Aliens* erzählt wird, uns dazu auffordert, unsere Götter einer kritischen Betrachtung zu unterziehen – oder unseren Gott, je nachdem, wie unser persönliches Glaubenssystem beschaffen ist. Denn höchstwahrscheinlich waren und sind sie keine allmächtigen, übernatürlichen Gottheiten, nicht die Schöpfer aller Dinge, keine Wesen, die darüber entscheiden, ob uns im Jenseits Himmel oder Hölle erwarten. Die Geschichte in diesem Buch präsentiert uns unsere Götter als etwas ganz Anderes, in einem Maße, dass viele den nachfolgenden Text geradezu als Häresie empfinden werden.

Tatsächlich waren und sind unsere Götter höchstwahrscheinlich überhaupt nicht göttlich. Vermutlich handelt es sich bei ihnen um eine Rasse unglaublich alter und fantastisch langlebiger Aliens – Geschöpfe von einer weit entfernten Welt, die sich auf einer Rettungsmission befanden, als ihre Zivilisation und ihr Heimatplanet kurz vor der Auslöschung standen. Im Bemühen, ihre Spezies zu retten, stellten sie die Erde regelrecht auf den Kopf und verwandelten sie in eine riesige Fabrik: Sie beuteten auf dem ganzen Planeten kostbare Bodenschätze aus und setzten hochentwickelte Technologien ein, um eine frühe humanoide Lebensform genetisch zu manipulieren und weiterzuentwickeln – den *Homo erectus*. Diese Geschichte führt uns von den viele Jahrtausende alten Ebenen Afrikas zu den Sumerern und Babyloniern und von den frühen Völkern Europas zu bestimmten Menschen der Neuzeit, die offenbar hilflose Opfer eines von den Außerirdischen durchgeführten Inter-Spezies-Experiments sind.

Einst gab es eine primitive Menschenart, die – hätten die »Götter« sich nicht eingemischt – wohl bis heute in ihrer damaligen Urform existieren würde. Doch durch dieses Eingreifen wurde die Art radikal transformiert: zu einer neuen Züchtung, die dazu gedacht war, für die fremden Raumfahrer als unterwürfige Sklavenrasse zu schuften. Ganz buchstäblich wurde der Urmenschen-Spezies neues Blut injiziert, um sie zu beherrschen und auszubeuten. Und aus dieser Manipulation entstanden die Rh-Negativen.

In den Hunderttausenden von Jahren, die seither vergingen, wurde die Menschheit zu einem planetenweiten Laborexperiment für grausame, selbstsüchtige Außerirdische. Die Aliens haben ohne Zweifel ihre Spuren hinterlassen – selbst wenn die meisten Menschen sich dessen nicht bewusst sind oder abstreiten würden, dass so etwas überhaupt möglich ist. Am deutlichsten haben die Außerirdischen ihre Spuren dem Cro-Magnon-Menschen früherer Zeiten aufgeprägt und dem Volk der Basken in Spanien und Frankreich – von beiden lässt sich definitiv sagen, dass sie genetische Nachfahren der Götter sind. Diese raumfahrende Spezies hat auch bei jenen ihre Spuren hinterlassen, die als »Abductees«, Opfer von Entführungen durch Außerirdische, bekannt wurden: Menschen in der heutigen Zeit, die – wie der *Homo erectus* in ferner Vergangenheit – Gegenstand beängstigender Experimente und Tests genetischer und reproduktiver Natur wurden. Was vor Jahrhunderttausenden ganz offen in großem Maßstab praktiziert wurde, findet heute immer noch statt, allerdings im Verborgenen und darum nicht weniger beängstigend.

All das führt zu einer Reihe bedeutsamer Fragen, die in diesem Buch beantwortet werden. Wer waren die Götter *wirklich*? Um was für eine drohende Katastrophe handelte es sich, durch die sie vor vielen hunderttausend Jahren veranlasst wurden, die Herrschaft auf der Erde zu übernehmen – und die Mutation einer frühen Menschenart herbeizuführen, wodurch diese »Götter« zur Grundlage einiger besonders großer und angesehener Religionen wurden?

Es gibt noch andere wichtige Fragen, die beantwortet werden müssen. Stellen die heutigen Rh-Negativen – jene, die einer archaischen, außerirdischen Blutsverwandtschaft entstammen – eine Bedrohung für die übrige Menschheit dar? Oder sind sie sich über diese unglaubliche Herkunft genauso wenig im Klaren wie die meisten nicht zu ihrer Gruppe Gehörenden? Auf welche

Weise unterscheiden sie sich, psychisch und körperlich, von uns übrigen? Warum sitzen so viele Rh-Negative an den Schalthebeln der Macht in Regierungen und Adel? Und warum haben sie diese Machtpositionen seit Äonen inne? Züchten Außerirdische in böser Absicht wachsende Zahlen von Rh-Negativen – als eine Art Untergrundarmee, ein »trojanisches Pferd«, dessen Zweck darin besteht, die menschliche Zivilisation zu manipulieren und kontrollieren? Sind »Alien-Menschen-Hybride« weltweit in schändliche Aktivitäten verwickelt? Und könnte es, wenn eines Tages ihre erstaunliche außerirdische Abstammung allgemein bekannt wird, zu Gewaltausbrüchen gegenüber den Rh-Negativen kommen? Wird die menschliche Zivilisation einen Zustand der Spaltung erleben, ein »Wir gegen Sie«?

Es tun sich viele Fragen auf, und die Antworten verblüffen. Ob die Menschen diese Fragen und Antworten allerdings hören möchten, steht auf einem ganz anderen Blatt. Milliarden Menschen sind ihre religiösen Überzeugungen lieb und teuer. Und sie wollen nichts hören, das diese Überzeugungen ins Wanken bringen könnte. In welchem Maß sie diese Antworten allerdings *überhaupt* akzeptieren sollten – vor allem, wenn man bedenkt, dass sich hinter Gott oder den Göttern vermutlich nichts weiter verbirgt als eine Art außerirdisches Äquivalent zu den Apollo-Astronauten der NASA –, ist eines der Kernprobleme der Geschichte, die hier erzählt werden soll.

Das Blut von Aliens richtet sich nicht gegen die Religionen. Religiosität soll durch dieses Buch nicht untergraben werden. Es will den Leserinnen und Lesern vielmehr eine alternative Sicht der Herkunft der Menschheit aufzeigen und zu klären versuchen, warum ein nicht unerheblicher Teil der Weltbevölkerung – die Rh-Negativen – anders ist, als es auf den ersten Blick scheint.

EINS

Die Natur der Negativen

Um die höchst sonderbare Natur dieser die Grenzen des vermeintlich Normalen sprengenden Geschichte begreifen zu können, muss zunächst aufgezeigt werden, wie radikal sich jene mit Rh-negativem Blut von der übrigen Weltbevölkerung unterscheiden. Dann werden wir uns der sehr wesentlichen Frage zuwenden, warum die Rh-Negativen überhaupt existieren. Es gibt bei der menschlichen Spezies vier primäre Blutgruppen: A, B, AB und 0. Diese Unterscheidung beruht auf den Antigenen der Blutzellen eines Menschen – Antigene sind Proteine, die sich auf der Oberfläche von Zellen befinden und deren Aufgabe es ist, Bakterien und Viren zu bekämpfen. Bei den meisten Menschen finden sich auf den Zellen diese Proteine. Das ist der Rh-positive Anteil der Weltbevölkerung. Man schätzt, dass gegenwärtig in den Vereinigten Staaten 85 Prozent der Weißen europäischer Herkunft, 90 Prozent der Afroamerikaner und 98 Prozent der Asiaten Rh-positiv sind.

Der kleine Prozentsatz der US-Bevölkerung (und, muss hier angemerkt werden, der gesamten Menschheit), bei dem diese relevanten Proteine nicht vorhanden sind, fällt in eine ganz andere Kategorie – es sind die Rh-Negativen. Während der Anteil der Rh-Negativen an der Gesamtbevölkerung der weißen Europäer und Nordamerikaner nur bei etwa 15 Prozent liegt, gibt es ein Volk, bei dem der Anteil an Rh-Negativen unglaublich hoch ist: nämlich die Basken in Zentralspanien und dem Westen Frankreichs. Von den Basken sind erstaunliche 40 Prozent Rh-negativ.

Andererseits kommen bei den Basken die beiden Blutgruppen am anderen Ende des Spektrums, A und B, praktisch überhaupt nicht vor. Warum sich eine bestimmte Population so unglaublich von fast allen anderen unterscheidet, werden wir im nächsten Kapitel dieses Buches näher untersuchen.

Die Natur unseres Blutes

Erst zu Beginn des 20. Jahrhunderts fing man an, die wahre Natur des Blutes zu verstehen. Doch auch wenn es unglaublich klingen mag: Bereits in der Mitte des 17. Jahrhunderts wurden erste Versuche mit Bluttransfusionen von Mensch zu Mensch und von Tier zu Tier unternommen. Damals erwiesen sich Experimente mit Hunden und Schafen als erfolgreich – zumindest bis zu einem gewissen Grad. Trotz dieser mehr oder weniger erfolgreichen frühen Versuche kursierten bis ins späte 19. Jahrhundert viele falsche Vorstellungen über die Beschaffenheit des Blutes – oft mit tragischen Folgen. Das zeigte sich auf bedrückende Weise während des Amerikanischen Bürgerkriegs. Der blutige Konflikt zwischen dem Norden und dem Süden der Vereinigten Staaten dauerte von 1861 bis 1865 und kostete nicht weniger als 600.000 Menschen das Leben.

Angesichts schrecklicher Kriegsverletzungen durch Säbel, Gewehrkugeln und Kanoneneinschläge hatten die Militärärzte oft keine andere Wahl als zu versuchen, das Leben verwundeter Soldaten durch Blutspenden gesunder, robuster Individuen zu retten. In manchen Fällen hatte man damit ausgezeichneten Erfolg, in anderen erreichte man das genaue Gegenteil des Gewünschten: Die Patienten starben nach kurzer Zeit. Was der Grund für diese an Russisches Roulette erinnernde Situation war, blieb für die Ärzte damals ein Rätsel. Daher betrachtete man Bluttransfusionen in den Vereinigten Staaten lange Zeit als letztes Mittel, wenn nichts anderes mehr half. In weiten Teilen Europas sah man sie noch nicht einmal als letztes Mittel, sondern wendete sie wegen dieser Unsicherheit überhaupt nicht an.

Der Arzt und Biologe Karl Landsteiner.

Jedenfalls war das die Situation zu Beginn des 20. Jahrhunderts, als Karl Landsteiner Geschichte schrieb, ein österreichischer Arzt und Biologe, dem später der Nobelpreis verliehen wurde. Seine Entdeckung veränderte die Medizin grundlegend. Zusammen mit dem rumänischen Mikrobiologen Constantin Levaditi und dem österreichischen Mediziner Erwin Popper entdeckte Landsteiner übrigens auch das Poliovirus.

Die Sache mit den Rhesusaffen

Karl Landsteiner bewies nun mit seiner bahnbrechenden Forschungsarbeit etwas, das damals für Erstaunen sorgte: Das Blutserum (jener flüssige Bestandteil des Blutes, der die Blutzellen des menschlichen Körpers umgibt) ist nicht bei allen Menschen gleich. Landsteiners Forschungen zeigten, dass es mehr als eine Blutgruppe gibt. Vier Jahrzehnte später stolperten Landsteiner und ein Kollege, der New Yorker Arzt Alexander Solomon Wiener, über etwas ebenso Bemerkenswertes wie Landsteiners erste Entdeckung. Neben ihren richtungsweisenden Forschungen zu den Blutgruppen des Menschen experimentierten Landsteiner und Wiener mit Rhesusaffen.

Man bezeichnet diese Affenart auch als »Altweltaffen«. Sie kommen in weiten Teilen Süd- und Mittelasiens vor, von Afghanistan bis nach China. Vor etwa 25 Millionen Jahren hatten Menschen und Rhesusaffen einen gemeinsamen Vorfahren, und ihre DNA-Sequenz gleicht zu 93 Prozent der menschlichen. Diese nahe Verwandtschaft zwischen Rhesus-Makaken und Menschen ist der Grund, warum an diesen Affen so viele Forschungen bezüglich menschlicher Krankheiten stattfinden.

In ihrem Essay »Macaque Models of Human Infectious Disease« schreiben Murray B. Gardner und Paul A. Luciw dazu:

> Makaken eignen sich als Modelle für über siebzig beim Menschen vorkommende Infektionskrankheiten, und zwar für nahezu alle vorkommenden Erreger – Bakterien, Viren, Pilze, Parasiten, Prio-

> nen. Die Vielfalt menschlicher Infektionskrankheiten, die an Makaken erforscht werden können, umfasst unter anderem Kinderkrankheiten, Tropenkrankheiten sowie neue, sexuell übertragbare Infektionen, degenerative neurologische Erkrankungen und auch durch biologische Kampfstoffe verbreitete Krankheiten.
>
> (Gardner & Luciw, 2008)

Im Verlauf ihrer Forschungen injizierten Landsteiner und Wiener das Blut von Rhesusaffen anderen, von diesen sehr verschiedenen Tieren, unter anderem Meerschweinchen und Kaninchen. Das führte bei den Tieren zu einer Verklumpung des Blutes. Zu seinem Erstaunen fand Landsteiner 1940 heraus, dass diese Blutverklumpungen durch ein bislang unentdecktes Antigen verursacht wurden. Und es zeigte sich, dass dieses Antigen auch beim Menschen nachgewiesen werden konnte. Landsteiner nannte es den »Rh-Faktor« (wobei »Rh« natürlich für »Rhesus« steht). Und die Wissenschaftler machten noch eine weitere Entdeckung, die uns mitten hinein in das Thema dieses Buches führt: Manchen Menschen fehlt der Rhesusfaktor vollständig. Diese Menschen nennt man demzufolge Rh-negativ. Sie bilden eine Minderheit, aber eine zahlenmäßig durchaus beachtliche. Und bei dieser Minderheit gibt es, wie wir in diesem Buch noch zeigen werden, zahlreiche weitere Anomalien, durch die sie sich ganz erheblich von der übrigen Menschheit unterscheiden.

Wenn eine Mutter versucht, ihr Baby zu töten

Es gibt eine problematische Nebenwirkung, die auftritt, wenn ein Mensch Rh-negativ ist. Sie betrifft Schwangerschaften. Tatsächlich handelt es sich dabei um die einzige nachteilige Auswirkung: In jeder anderen Hinsicht hat eine Rh-Negativität keinerlei schädliche gesundheitliche Effekte. Im Gegenteil, wie in späteren Kapiteln noch deutlich werden wird, bringt es bemerkenswerte gesundheitliche Vorteile, Rh-negativ zu sein. Für eine Rh-negative Frau bedeutet eine Schwangerschaft aber ein erhebliches Risiko. Wird sie von einem Mann schwanger, der ebenfalls Rh-negativ ist, gibt es keine Probleme: Die beiden Individuen sind perfekt miteinander kompatibel, der Fötus wird sich auf normale Weise entwickeln und ebenfalls als Rh-Negativer geboren werden. Wenn jedoch der Vater Rh-positiv und die Mutter Rh-negativ ist, drohen tragische Probleme, denn der sich entwickelnde Fötus wird dann Rh-positiv sein.

Und so unglaublich es klingen mag, das Blut einer Rh-negativen Schwangeren kann vollständig inkompatibel zu dem Blut des Rh-positiven Kindes sein, das sie austrägt. In einer solchen Situation kommt es häufig dazu, dass das Blut der Mutter potenziell tödliche Antikörper produziert, die dann das Blut des Kindes attackieren. Mit anderen Worten, das Rh-positive Baby wird vom Rh-negativen Immunsystem der Mutter als feindlich eingestuft. Das ungeborene Kind erscheint als etwas *Fremdes*, das so früh wie möglich beseitigt werden muss.

Den Prozess, durch den die Mutter ihr eigenes ungeborenes Kind zu töten versucht, nennt man Allergisierung. Das Blut der Mutter dringt über die Plazenta in den Blutkreislauf des Fötus ein, wo es dann einen tödlichen Krieg gegen dessen Blutzellen führt.

Die Antikörper der Mutter attackieren die roten Blutkörperchen des Fötus und lösen eine so genannte hämolytische Anämie aus, die zum Tod des Kindes führen kann. Bei einem ungeborenen Kind wirkt sich eine Anämie noch fataler aus als bei einem Erwachsenen. Innere Organe, vor allem das Herz, können irreparabel geschädigt werden. Der eintretende Sauerstoffmangel kann

Entwicklung und Funktion des Gehirns massiv beeinträchtigen. Im schlimmsten Fall stirbt der Fötus.

Noch verstörender ist, dass diese Antikörper mit jeder neuen Schwangerschaft stärker und tödlicher werden. Es scheint so, als gäbe es in unserer DNA etwas *Uraltes und Fremdes*, das die Rh-Positiven und die Rh-Negativen als eindeutig verschieden einstuft und nicht für eine gemeinsame Paarung vorgesehen. Wir werden später sehen, warum *genau das* offenbar der Fall ist.

Zum Glück für schwangere Rh-negative Frauen gibt es Mittel und Wege, die Gefahr für das ungeborene Kind zu verringern oder ganz auszuschalten. Der Mutter wird ein Blutprodukt namens Rh-Immunglobulin injiziert, das die Entwicklung der für das Kind gefährlichen Antikörper verhindert – allerdings gelingt das nur, wenn die Mutter noch nicht für den Rh-Faktor allergisiert ist. Ist sie es nicht, stehen die Chancen sehr gut, dass der Fötus sich zu einem normalen, gesunden Baby entwickelt.

Rh-negatives Blut weist noch eine andere Anomalie auf – sie ist aber positiver Natur. Wie ich bereits erwähnte, gibt es vier primäre Blutgruppen: A, B, AB und 0. Alle Menschen, Rh-negativ und Rh-positiv, fallen unter eine dieser vier Blutgruppen. Dabei besitzt der Typus 0 negativ die einzigartige Eigenschaft, dass eine Transfusion dieses Blutes von praktisch allen Menschen vertragen wird, ohne dass fatale oder überhaupt irgendwelche nachteiligen Reaktionen auftreten. Aus diesem Grund führen Notfallteams sehr oft Blut des Typs 0 negativ mit. Es wird von nahezu jedem Menschen vertragen, der in einer lebensgefährlichen Situation eine Bluttransfusion benötigt. Andererseits vertragen Menschen mit der Blutgruppe 0 negativ ausschließlich 0 negatives Blut, nichts anderes. Unter den Rh-Negativen scheint also die Variante 0 besonders außergewöhnlich zu sein. Vieles deutet darauf hin, dass hier auf gentechnischem Weg versucht wurde, das, Blut, die Abstammungslinie, vollkommen rein zu halten.

Ehe wir uns dem kontroversen Thema einer gezielten Manipulation des menschlichen Erbgutes durch Außerirdische in grauer Vorzeit zuwenden, ist es wichtig, zunächst rein irdische Erklärungen für die Existenz der Rh-Negativen auszuschließen. Die Behauptung, dass manche von uns das Produkt außerirdischer Gentechnik sind, sollte nicht leichtfertig in die Welt gesetzt werden. Könnte es sich nicht um eine ganz irdisch erklärbare natürliche Selektion oder Mutation handeln? Auf den ersten Blick erscheint dieses Szenario vernünftig. Schließlich haben ja auch manche Menschen helle und andere dunkle Haut. Die eine Person ist blond, die andere hat schwarzes oder braunes Haar. Auch bei den Augenfarben gibt es zahlreiche Varianten.

Die Farbvariationen bei Haut, Haaren und Augen werden in erster Linie durch ein Pigment namens Melanin verursacht. Es wäre also durchaus denkbar, dass der Faktor Rh-negativ sich auf natürliche Weise entwickelt haben könnte und nicht als Produkt einer fantastischen extraterrestrischen Technologie. Es gibt aber Aspekte, die nahelegen, dass Mutter Natur für die Entwicklung des Rh-negativen Faktors nicht verantwortlich war. Hierbei ist unbedingt zu beachten, dass es keinerlei Hinweise auf einen Zusammenhang zwischen Haut-, Haar- oder Augenfarbe eines Menschen und seiner Persönlichkeit, seiner Gesinnung oder seinen Glaubensüberzeugungen gibt. Die Zugehörigkeit zu einer ganz bestimmten Blutgruppe, nämlich Rh-negativ, kann aber sehr wohl einen Einfluss auf diese psychischen Charakteristika haben, und zwar einen ganz bemerkenswerten Einfluss.

Menschen mit Rh-negativem Blut weisen sehr oft ähnliche psychische Merkmale auf. Sie zeigen starkes Interesse an Wissenschaft, UFOs und unerklärlichen Phänomenen. Ihre medialen, paranormalen Fähigkeiten liegen weit über dem Durchschnitt, zum Beispiel die Fähigkeit zur Präkognition und außersinnlichen Wahrnehmung. Ihr IQ ist überdurchschnittlich hoch. Auch körperlich gibt es erkennbare Unterschiede: Eine niedrige Körpertemperatur, ein langsamer Puls, zusätzliche Wirbelknochen und niedriger Blutdruck sind bei Rh-Negativen sehr häufig anzutreffen. Sie besitzen eine deutlich höhere Widerstandsfähigkeit gegen Infektionen und andere Krankheiten als der Rest der Bevölkerung. Und geheim operierende Gruppen in der US-Regierung und dem US-Militär haben, wie wir noch sehen werden, den Aufstieg der Rh-Negativen sorgfältig überwacht und Zusammenhänge mit dem UFO-Phänomen studiert.

Wenn wir all das gemeinsam betrachten, haben wir es mit einer kontrollierten Manipulation eines Teils der Menschheit zu tun – einer Manipulation physischer und geistiger Natur. Können wir beweisen, dass die Entwicklung der Rh-Negativen kein rein natürlicher Prozess war? Nein. Gibt es sehr überzeugende Indizien dafür, dass eine von außen einwirkende Macht – die aus einer anderen Welt kam – für die Erschaffung einer einzigartigen, verbesserten Form des Menschen verantwortlich war? Zweifellos, wie Sie gleich sehen werden.

Nachdem all das gesagt wurde, wird es Zeit, dass wir einen genaueren Blick auf jene Menschengruppe werfen, die – mehr als jede andere Gruppe auf diesem Planeten – als die »regierenden Negativen« bezeichnet werden können. Damit meine ich die Basken in Spanien und Frankreich. Ihre Geschichte ist lang und wendungsreich – eine Geschichte, die in ihrem Kern und Ursprung den Beweis enthalten könnte, dass in ferner Vergangenheit eine genetische Manipulation der Menschheit durch technologisch unendlich weit überlegene Außerirdische stattfand. In unserem Bemühen, die Rh-Negativen der heutigen Zeit zu verstehen – und, damit einhergehend, die mögliche Durchführung einer geheimen außerirdischen Agenda –, wird es nun Zeit für eine Reise in die ferne und turbulente Vergangenheit.

ZWEI

Das Blut der Basken

In *Atlantis, die vorsintflutliche Welt* beschrieb Ignatius Donnelly die Basken als

> von mittlerer Größe und kompakter Statur, robust und lebhaft, von dunklerer Gesichtsfarbe als die Spanier, mit grauen Augen und schwarzen Haaren. Sie sind von schlichter Wesensart, aber stolz, leidenschaftlich, fröhlich und gastfreundlich. Die Frauen sind schön, sehr befähigt darin, Männerarbeit auszuführen, und von bemerkenswerter Lebhaftigkeit und Grazie. Die Basken tanzen sehr gerne und lieben Dudelsackmusik.
>
> (Donnelly, 2010)

Doch über die Basken gibt es viel mehr zu berichten als das. Ihre Geschichte ist wirklich atemberaubend und fast ohne Beispiel. Auch ist die Herkunft des baskischen Volkes von einem Nebel aus Geheimnis und Intrige umgeben. Und die Implikationen der baskischen Geschichte sind verblüffend: Die Basken könnten tatsächlich das Resultat einer Genmanipulation durch technologisch extrem fortschrittliche Außerirdische sein, die sich vor vielen

Jahrtausenden ereignete. Es ist verständlich, dass dieses Szenario für Sie unglaublich klingt. Beginnen wir also dort, wo man in einem solchen Fall immer beginnen sollte: am Anfang.

Die Basken: ein einzigartiges Volk

Der Name der Basken leitet sich von der Region ab, in der sie heute leben: dem Baskenland. Es befindet sich im westlichen Teil der gewaltigen und eisigen Pyrenäen. Dieser Gebirgszug an der Grenze zwischen Spanien und Frankreich erstreckt sich über mehr als 450 Kilometer. Heute leben im Baskenland etwa zwei Millionen Menschen. Die beiden bedeutendsten Städte sind San Sebastian und Bilbao. Die Basken – der französische Begriff »Basque« meint unter anderem »Bevölkerung«, »Land« und »Nation« – sind ein uraltes Volk, das schon den antiken Griechen und Römern bekannt war. Die historischen Anfänge der Basken nachzuzeichnen ist keine leichte Aufgabe, da die Menschen jener Zeit keine schriftlichen Zeugnisse hinterließen. Was wir aber wissen ist, dass das Mittelalter für die Basken eine turbulente Zeit nicht enden wollender kriegerischer Auseinandersetzungen war. Heute betrachten sich viele Basken stolz als Angehörige eines Volkes, das sich deutlich von ihren spanischen und französischen Landsleuten unterscheidet. Dafür gibt es gute Gründe.

Die Herkunft der Basken

Es ist äußerst umstritten, wann genau die Blütezeit der Basken begann. Eine Denkrichtung vertritt die Auffassung, dass die Basken die letzten überlebenden Vertreter des paläolithischen Menschen sind. Das Paläolithikum begann vor über 2,6 Millionen

Die Basken: die berühmtesten Rh-Negativen der Welt.

Jahren und endete um etwa 10.000 v. Chr. An einem Punkt innerhalb dieser immensen Zeitspanne erschienen die Frühmenschen – die Proto-Basken, wie man sie mit einiger Berechtigung nennen kann – auf der Bildfläche. Sie gediehen gut und wurden schließlich zu dem baskischen Volk, das wir heute kennen. Zusätzlich belegen archäologische Funde im Baskenland, dass es dort in der Phase der Aurignacien-Kultur (vor etwa 45.000 bis 35.000 Jahren) menschliche Siedlungen gab. In der Endphase des Aurignacien wanderte der Cro-Magnon-Mensch in dieses Gebiet ein. Der Cro-Magnon (mit ihm werden wir uns in späteren Kapiteln noch ausführlich beschäftigen) verdrängte damals die dem Untergang geweihten Neandertaler.

Eine andere Theorie geht davon aus, dass die Basken Nachfahren eines Volkes sind, das in der franko-kantabrischen Region im südlichen Frankreich und nördlichen Spanien siedelte. In dieser Region finden sich die 17.000 Jahre alten Höhlenmalereien von Lascaux. Die mehr als zweitausend Malereien – überwiegend handelt es sich dabei um Tiermotive – sind von so erstaunlicher künstlerischer Qualität, das sie dem Klischee vom dumpfen, Keulen schwingenden »Höhlenmenschen« den Boden entziehen.

Es gibt aber deutliche Hinweise darauf, dass die franko-kantabrische Region nicht die ursprüngliche Heimat der Basken war. Linguistische Studien deuten auf eine mögliche Verbindung zwischen der baskischen Sprache und jener der frühen nordafrikanischen Kultur hin. In *The Origins of the British* vertritt Stephen Oppenheimer die Auffassung, dass die Ur-Basken um etwa 16.000 v. Chr. – als das Klima warm und die nächste Eiszeit noch Jahrhunderte entfernt war – von Afrika nach Europa einwanderten. Höchstwahrscheinlich brachten sie ihre eigene Sprache mit, eine Sprache mit nicht weniger als sieben Dialekten. Und was diese Sprache angeht …

Eine einzigartige und uralte Sprache

Die Sprache der Basken, das Euskara, ist in Europa völlig einzigartig und unterstreicht damit die besondere Natur des baskischen Volkes. Tatsächlich ist diese Sprache sogar *weltweit* einzigartig. In seinem dreibändigen Werk *The History of Rome* (verfasst zwischen 1838 und 1842 und wegen des Todes des Autors im Jahr 1842 unvollendet) schrieb Thomas Arnold über die Basken:

> Dass diese Sprache keinerlei Gemeinsamkeiten mit den anderen europäischen Sprachen aufweist, nicht einmal mit dem Walisischen oder den slawischen Sprachen, ist verblüffend. Die Ähnlichkeit der wa-

> lisischen Zahlwörter mit jenen der germanischen Sprachen und des Griechischen und Lateinischen ist auf den ersten Blick zu erkennen. Und das Gleiche lässt sich auch über die slawischen Zahlwörter sagen. Die baskischen Zahlwörter sind aber so einzigartig, dass sich bei keinem von ihnen Gemeinsamkeiten mit anderen Sprachen finden, abgesehen vielleicht von »sei« für »sechs«.
>
> (Arnold, 2006)

Nur eines konnte Arnold über das Baskische mit Sicherheit sagen, dass es offenkundig »außerordentlich alt« sein muss. (Ebd.) Wentworth Webster brachte es 1877 in *Basque Legends* auf den Punkt: »Bis heute wurde keine andere Sprache entdeckt, die erkennbar gemeinsame Wurzeln mit dem Baskischen hätte.« (Webster, 1877) Daran hat sich bis heute kaum etwas geändert.

Fünf Jahre später zitierte Ignatius Donnelly in *Atlantis, die vorsintflutliche Welt* den Linguisten Peter Stephen Du Ponceau mit den folgenden Worten:

> Diese in einem entlegenen Winkel Europas von ein paar tausend Bergbewohnern bewahrte Sprache ist das einzige verbliebene Fragment von vielleicht einhundert Dialekten, die, alle nach dem gleichen Plan aufgebaut, in einer fernen Epoche in jenem Teil der Welt gesprochen worden sein müssen. Wie die Knochen des Mammuts ist das Baskische als Monument jener Zerstörung erhalten geblieben, die der Lauf der Jahrtausende anrichtet. Es steht ganz für sich allein, umgeben von Sprachen, mit denen es keinerlei Gemeinsamkeiten aufweist.
>
> (Donnelly, 2010)

Mark Kurlansky, ein angesehener Experte für baskische Kultur und Geschichte, merkt hierzu an:

> Trotz zahlreicher Versuche hat niemand je eine mit dem Euskara verwandte Sprache gefunden. Es handelt sich um eine verwaiste Sprache, die noch nicht einmal zur indoeuropäischen Sprachenfamilie gehört. Das ist bemerkenswert, weil die vom asiatischen Subkontinent vordringende bronzezeitliche Siedlungswelle der Indoeuropäer buchstäblich in jeden Winkel Europas vordrang und keines der dort bereits siedelnden Völker unberührt ließ.
>
> (Kurlansky, 2001)

Dann schreibt Doron M. Behar, Experte für Human- und Evolutionsgenetik am Institut Pasteur in Paris: »Die linguistische Isolation der Basken zusammen mit ihrer Sonderrolle im Hinblick auf bestimmte klassische genetische Marker spricht dafür, die Basken als genetisch isoliert zu betrachten, wobei sie die größte genetische Kontinuität zu den frühen paläolithischen Jägern und Sammlern in Europa aufweisen.« (Behar, 2012)

Der Hinweis auf die genetische Isolation der Basken ist bemerkenswert, wenn man die weiteren Aspekte der Herkunft dieses faszinierenden und von Legenden umrankten Volkes berücksichtigt.

»Der Kopf war nicht so gebaut wie bei anderen Menschen.«

Für eine so kleine kulturelle Gruppe weisen die Basken auffällig eigenständige Merkmale und Wesenszüge auf. Wir haben schon gesehen, wie wenig ihre Sprache sämtlichen anderen europäischen Sprachen ähnelt. Lediglich zum frühzeitlichen Nordafrika scheinen einige sehr schwache linguistische Verbindungen zu bestehen – aber selbst diese Theorie ist umstritten. Am wichtigsten jedoch ist die Verbindung der Basken zum Thema dieses Buches: eine zutiefst ungewöhnliche genetische Abstammung, bei der es durchaus eine übermächtige extraterrestrische Komponente geben könnte.

Wie bereits erwähnt, sind in den Vereinigten Staaten nahezu 90 Prozent der weißen, europäisch-stämmigen Bevölkerung Rh-positiv. Ebenso trifft das auf mehr als 90 Prozent der Afroamerikaner und fast 100 Prozent der asiatisch-stämmigen US-Amerikaner zu. Und diese Verteilung findet sich weitgehend auch auf allen anderen Kontinenten. Weltweit gesehen ist der Anteil der Rh-Negativen an der Gesamtbevölkerung also sehr klein – bis auf eine Region: das Baskenland.

Besonders auffällig an den Basken ist ihre körperliche Erscheinung. Sie unterscheidet sich deutlich von ihren französischen und spanischen Landsleuten. Beginnen wir mit dem Kopf. Kinn und Kiefer der Basken sind überdurchschnittlich kräftig und ausgeprägt. Ihre Ohrläppchen sind ausgesprochen lang. Sie haben große Nasen und oft sehr buschige Augenbrauen.

In seinem Buch *Die Basken, eine kleine Weltgeschichte* zitiert Mark Kurlansky einen Zeugen aus den 1880er Jahren: »Man gab mir die Leiche eines Basken zur Obduktion, und ich versichere, dass der Kopf nicht so gebaut war wie bei anderen Menschen.« (Kurlansky, 2001)

Die körperlichen Unterschiede der Basken sind bei den Männern besonders offensichtlich. Ihre Brust ist in der Regel muskulös, mit breiten Schultern und dicken, kräftigen Armen. Natürlich kann jeder Mensch Muskelmasse aufbauen, wenn er intensiv trainiert und sich kalorienreich ernährt. Bei den Basken ist dies aber ihr natürliches Erscheinungsbild. Es war auch das typische

Erscheinungsbild des Cro-Magnon-Menschen, der in genau der gleichen Region lebte, allerdings vor vielen Jahrtausenden.

War somit auch der Cro-Magnon-Mensch Rh-negativ? Ja. Mit an Sicherheit grenzender Wahrscheinlichkeit. Wie können wir uns da so sicher sein? Die Antwort ist einfach: In anderen Erdregionen, wo es ebenfalls einen überdurchschnittlich hohen Rh-negativen Bevölkerungsanteil gibt – etwa auf den Kanarischen Inseln oder im Atlasgebirge in Marokko –, lässt sich eine starke Präsenz des Cro-Magnon-Menschen nachweisen. Dass sich eine noch weiter zurückreichende Abstammungslinie der Rh-Negativen verfolgen lässt – nämlich bis zum Cro-Magnon-Menschen –, darauf werden wir im folgenden Kapitel näher eingehen. Doch zunächst zurück zu den Basken.

Im Vergleich zur statistischen Verteilung überall sonst auf der Welt ist es bemerkenswert, dass der Anteil der Individuen mit Blutgruppe 0 (jener Blutgruppe, die von allen Menschen ungeachtet ihrer eigenen Blutgruppe vertragen wird) im Baskenland bei etwa 50 Prozent liegt. In der Region Soule in den Pyrenäen liegt er sogar bei fast 60 Prozent. Die übrigen Basken gehören fast alle zur Blutgruppe A, während es die Blutgruppe B im Baskenland sonderbarerweise fast gar nicht gibt. Man sieht also, dass dieses Volk sich tatsächlich bemerkenswert vom Rest der Menschheit unterscheidet.

Da wir nun gesehen haben, dass es in Europa eine Bevölkerungsgruppe mit deutlich abweichenden Merkmalen gibt, wird es Zeit, sich damit zu befassen, woher denn die Basken ihre Einzigartigkeit geerbt haben. Die Antwort auf diese Frage lautet, dass sie das genetische Erbe der Cro-Magnon-Menschen in sich tragen. Und den Cro-Magnon-Menschen wurde die zweifelhafte Ehre zuteil, vor vielen Jahrtausenden einer außerirdischen Zivilisation als Versuchskaninchen für genetische Manipulationen zu dienen.

DREI

Der kuriose Fall der Cro-Magnon-Menschen

Ehe wir uns der wichtigen Frage einer möglichen genetischen Manipulation der Cro-Magnon-Menschen durch technologisch fortschrittliche nicht-menschliche Intelligenzen zuwenden, sollten wir uns zunächst einen Überblick darüber verschaffen, wer die Cro-Magnons eigentlich waren, um so eine Wertschätzung für ihren Ursprung, ihr Leben, ihre Kultur und Geschichte zu entwickeln. Im Jahr 1868 wurde der erste Beweis für die Existenz dieser zuvor unbekannten europäischen Menschen entdeckt. Diese Entdeckung ereignete sich im Südwesten Frankreichs in einem felsigen Areal in der Nähe des kleinen Dorfes Les Eyzies. Und sie geschah rein zufällig. Der Bau einer neuen Straße erforderte umfangreiche Erdarbeiten. Dabei stießen Arbeiter in einer Kalkstein-Felswand auf eine Halbhöhle. Und was man dann in dieser Halbhöhle fand, änderte so ziemlich alles, was damals über Ursprung und Evolution des Menschen bekannt war.

Die Halbhöhle barg die Skelette von nicht weniger als fünf Menschen – vier Erwachsene und ein Kind – sowie einige weitere Knochen, die darauf schließen lassen, dass dieser Ort stark frequentiert wurde. Die vor so langer Zeit Verstorbenen hatten ganz offensichtlich nicht zu einem Stamm brutaler, kulturloser Wilder gehört: Man fand sorgfältig gearbeiteten Schmuck aus Tierzähnen bei den Toten. Und Natur und Gestaltung der Höhle ließen erkennen, dass sie dort mit großem Respekt bestattet worden waren.

Ein Profil des Cro-Magnon-Menschen entsteht

Einem französischen Geologen des 19. Jahrhunderts, Louis Lartet, verdanken wir, kurz nach der Entdeckung der Skelette in der Halbhöhle, den Beginn der Cro-Magnon-Forschung. Lartet war für diese Aufgabe eine Idealbesetzung: Er gehörte zu den treibenden Kräften der Anfangsjahre der Paläontologie und genoss großes Ansehen als Leiter von Höhlenausgrabungen. Weitere Forschungen ergaben, dass die in der Höhle bestatteten Menschen vor annähernd 30.000 Jahren gelebt hatten, im Oberen Paläolithikum, das sich bis in die Zeit vor etwa 10.000 Jahren erstreckte.

Lartets Team erkannte schon bald, dass diese Gruppe von Cro-Magnons trotz ihres erkennbar relativ hohen kulturellen Niveaus – sie trugen Schmuck und zollten ihren Toten Respekt – offensichtlich von einem harten Leben gezeichnet war. Ein Mann hatte an einer ausgedehnten Pilzinfektion gelitten. Eine der Frauen hatte eine schwere Schädelverletzung überlebt, und bei mehreren Skeletten waren die Halswirbel verwachsen.

Die Erforschung der inzwischen sehr zahlreichen Cro-Magnon-Skelettfunde zeigt, dass es sich um einen sehr eindrucksvollen Menschentyp gehandelt haben muss: Sie hatten olivfarbene Haut, einen muskulösen, athletischen Körperbau und waren deutlich größer als andere Frühmenschen-Gruppen. Die Männer müssen durchschnittlich 1,70 bis 1,78 Meter groß gewesen sein. Manche Forscher vertreten aufgrund von Knochenanalysen sogar die Auffassung, dass Cro-Magnon-Männer über 1,83 Meter groß wurden, zumindest einige von ihnen.

Besonders faszinierend sind zwei Entdeckungen: 1. Das Gehirnvolumen der Cro-Magnons übertraf das von uns heutigen Menschen deutlich. 2. Ihre Stimmbänder unterschieden sich praktisch nicht von unseren. Kurz gesagt, sie konnten verbal kommunizieren und besaßen höchstwahrscheinlich eine Sprache. Da die Angehörigen dieses uralten Volkes so hoch entwickelt waren, mit eigenen kulturellen Ritualen, nehmen einige Forscher an, dass sie sogar die Fähigkeit zu singen besaßen. Wichtig ist außerdem, dass die Cro-Magnons keine vom modernen *Homo sapiens* verschiedene Spezies waren. Vielmehr handelt es sich bei ihnen um die frühesten nachweisbaren Vertreter der Art *Homo sapiens*.

Durch Funde und zusätzliche Forschungen wurde bewiesen, dass die Cro-Magnon-Menschen mit großem Geschick Werkzeuge und Waffen herstellten. In alten Cro-Magnon-Höhlen fand man Werkzeuge, die modernen Meißeln ähneln, und sehr hochwertige Steinklingen zum Töten von Tieren. Dann gab es Werkzeuge, die vermutlich dazu dienten, Leder zu glätten, offenbar um daraus Kleidung anzufertigen.

Bemerkenswert ist auch, wie die Cro-Magnons Tote bestatteten. Die bei Les Eyzies gefundenen Skelette waren mit großer Sorgfalt beigesetzt worden. Auch an anderen Fundorten zeigt sich, dass sie ihren Toten Ehrerbietung erwiesen und sie nicht einfach verscharrten oder den wilden Tieren zum Fraß überließen. Beisetzungen erfolgten mit erkennbarem Respekt, wobei bis heute nicht völlig verstandene Rituale praktiziert wurden, die ziemlich komplexer Natur gewesen sein müssen.

Die Kunstwerke der Urmenschen

Die Cro-Magnon-Menschen schufen kleine Statuen, die offenbar rituellen Zwecken dienten und von denen viele schwangere Frauen darstellen. Als sehr plausibel gilt daher die Theorie, dass Fruchtbarkeitsrituale für sie eine wichtige Rolle spielten. Die sicherlich beeindruckendste Hinterlassenschaft der Cro-Magnons sind ihre von enormer Kunstfertigkeit zeugenden Höhlenmalereien, die sich an zahlreichen Orten in Frankreich und Spanien finden. Und wir sprechen hier nicht von simplen »Strichmännchen«, sondern von bildlichen Darstellungen, die es mit modernen Kunstwerken aufnehmen können oder diese in manchen Fällen sogar übertreffen. Auch hier ist es wissenschaftlicher Konsens, dass diese bemerkenswerten Kunstwerke ebenfalls zu Ritualzwecken angefertigt wurden und die Glaubensvorstellungen der Cro-Magnons widerspiegeln.

Das erstaunlichste Beispiel für die unglaublich fortschrittliche bildende Kunst der Cro-Magnons befindet sich in der Höhle von Lascaux. Sie liegt auf dem Gebiet der Gemeinde Montignac im Südwesten Frankreichs. Die dortigen Höhlenmalereien werden auf ein Alter von mindestens 17.000 Jahre geschätzt. Die Entdeckung im Jahr 1940 verdanken wir einem Mann namens Marcel Ravidat. Ravidat, der 1995 im Alter von 72 Jahren starb, war damals ein achtzehnjähriger Automechaniker.

Es passt sehr gut zu unserer von Geheimnissen umwobenen Geschichte, dass sich um Ravidats Entdeckung der Höhle bis heute Intrigen und Streitigkeiten ranken. In einer Version wird behauptet, Ravidat sei zufällig auf die Höhle gestoßen, als er seinen Hund Robot zurückholen wollte, der in sie hineingelaufen war. In einer anderen Version heißt es, Ravidat sei mit mehreren Freunden auf der Suche nach einem komplexen unterirdischen Tunnelsystem gewesen, das zu einem in der Nähe gelegenen al-

Der Cro-Magnon-Mensch: ein Produkt außerirdischer Genmanipulationen.

ten Schloss führte. Doch welche der beiden Geschichten nun auch wahr sein mag, sicher ist, dass es Ravidat war, der die Höhle entdeckte. Dabei schien gewissermaßen das Schicksal seine Hand im Spiel zu haben: Im letzten Winter war in dem dicht bewaldeten Gebiet bei einem heftigen Sturm eine alte Eiche entwurzelt worden. Das hatte den Eingang der Höhle teilweise freigelegt. Ravidat und seine Freunde erweiterten die Öffnung mit bloßen Händen, was es ihnen schließlich ermöglichte, in die dunkle Tiefe vorzudringen.

Die über 600 Malereien und über 1.500 Ritzzeichnungen der Cro-Magnon-Menschen hatten die Jahrtausende überdauert, weil eine dicke Kalkschicht die Höhle gegen das Eindringen von Wasser schützte. Zuerst konnten die jungen Männer wegen der tiefen Dunkelheit nicht sehen, was sie da für einen Schatz entdeckt hatten. Erst als Ravidat am nächsten Tag mit einer als Fackel zweckentfremdeten Fettpresse zurückkehrte, blickte er, sprachlos vor Staunen, auf unzählige, enorm kunstvolle Abbilder von Pferden, Stieren, Hirschen und anderen Tieren – alle dynamisch dargestellt, rennend, jagend, springend, und in Farbe.

Und da ist noch etwas – genauer gesagt, zwei Dinge: 1. Eine der Illustrationen in der Höhle zeigt eine Frau, die erstaunlich modern gekleidet ist. Sie trägt eine Hose, einen Hut und eine kleine Tasche, die wie eine heutige Handtasche wirkt. Und 2. Im oberen Teil der Höhle gibt es Löcher, von denen man glaubt, dass sie als Halterungen für die Holzbalken eines Gerüstes dienten, von dem aus die Künstler die bis zu 3,60 Meter hohe Höhlendecke bemalten. Schon das allein beweist das handwerkliche Können der Cro-Magnons.

Wann die Cro-Magnon-Menschen lebten

Mit der Zeit erweiterte sich unser Wissen über die Cro-Magnons. Durch die ursprüngliche Entdeckung in Les Eyzies wusste man, dass sie vor mindestens 30.000 Jahren gelebt haben müssen. Bemerkenswert sind aber die Ergebnisse einer Untersuchung der Zähne eines Säuglings, dessen Überreste 1964 in der Grotta del Cavallo in Italien entdeckt worden waren. Anfangs glaubte man, es handele sich um die Zähne eines Neandertalers. Eine im November 2011 durchgeführte Untersuchung an der Oxford Radiocarbon Accelerator Unit (ORAU) in England ergab jedoch, dass die Zähne eindeutig von einem Cro-Magnon-Menschen stammen. Und nicht nur das: Die ORAU-Untersuchungen ergaben, dass das

Kleinkind vor 43.000 bis 45.000 Jahren gelebt hatte – was es zum ältesten jemals gefundenen Cro-Magnon-Menschen macht. Wir können also davon ausgehen, dass die Ursprünge der Cro-Magnons sehr viel weiter zurückliegen als bisher vermutet.

Paläontologen und Archäologen gehen davon aus, dass diese Ursprünge im östlichen Afrika gelegen haben müssen, und zwar vor 150.000 bis 200.000 Jahren. Merken Sie sich das gut, denn es passt ausgezeichnet zu der nachfolgenden Geschichte über eine Intervention Außerirdischer. Das logischste Szenario sieht so aus, dass die Cro-Magnons aus Ostafrika über die Arabische Halbinsel nach Europa und Asien einwanderten.

Bezüglich der Cro-Magnons gibt es noch einen weiteren wichtigen Faktor – einen Faktor, der in direktem Zusammenhang zu der in diesem Buch erzählten Geschichte stehen könnte: Dieses uralte Volk lebte in einer engen Beziehung zu den Sternen. Sie verfügten sogar schon über einen hoch entwickelten Kalender, der entstand, weil diese frühen Menschen offenbar von Himmelsphänomenen außerordentlich fasziniert waren.

Ferne Welten

Die bahnbrechenden Entdeckungen zur Verbindung der Cro-Magnons mit dem Universum verdanken wir zu einem großen Teil Dr. Michael Rappenglück von der Universität München. Dr. Rappenglück hatte das Glück, intensiv in der Höhle von Lascaux forschen zu dürfen, und machte dort erstaunliche Entdeckungen und Beobachtungen. Einfach ausgedrückt, beweisen seine Forschungen, dass die Cro-Magnon-Menschen den Mond und seine Bewegungen um die Erde sehr genau kannten. Rappenglück stützt sich dabei nicht auf die eigentlichen Tierzeichnungen, sondern auf eine Serie von sonderbaren gemalten Punkten, von denen die Tierdarstellungen umgeben sind. Er legt überzeugend dar, dass diese 29 Punkte »den 29-Tages-Zyklus der Mondphasen repräsentieren. Dieser Rhythmus der Natur muss für diese Menschen wichtig gewesen sein«. (Whitehouse, 2000)

Rappenglück fügte hinzu: »Wer diese Höhlen verstehen will, muss die Menschen verstehen, die diese Wände bemalten. Sie malten den Himmel, aber nicht ganz, sondern nur die Teile, die besonders wichtig für sie waren.« (Ebd.)

Im Jahr 2000 hatte der BBC-Journalist David Whitehouse Gelegenheit, mit Rappenglück die Höhle von Lascaux zu besuchen. Er schreibt über dieses Erlebnis: »Während ich den Anblick bestaunte, ging Dr. Rappenglück vor mir her. ›Hier ist es‹, sagte er, während er durch den Seitengang der Höhle, die so genannte *Passage* ging. Er zeigte mir eine Reibe von Punkten, etwa in halber Höhe. ›Zählen Sie sie.‹ Unter der beeindruckenden Darstellung eines Hirschen befand sich eine Reihe von 13 Punkten, die mit einem Rechteck endete. ›Warum 13?‹, fragte ich.« (Ebd.)

Rappenglück antwortete, die 13 Punkte stünden für eine Hälfte der Mondphasen und »das leere Rechteck hinter dem 13. Punkt symbolisiert den Neumond«. (Ebd.)

Nun sind die Höhlenmalereien von Lascaux etwa 30.000 Jahre alt, was den Cro-Magnon-Kalender zum ältesten bekannten Mondkalender der Menschheitsgeschichte macht.

Und da ist noch etwas, was uns zum nächsten Schritt dieser bemerkenswerten Geschichte führt: In der Höhle von Lascaux, genauer gesagt in der Nähe ihres Haupteingangs, befindet sich das in großartiger künstlerischer Qualität gestaltete Bild eines Stieres. Über der Schulter dieses Stieres sieht man die Darstellung eines Sternbildes, bei dem es sich eindeutig um die Plejaden handelt – ein Sternsystem, das schon seit Jahrzehnten eine wichtige Rolle bei Berichten über UFO-Begegnungen spielt.

VIER

Wurden die Neandertaler von Aliens ausgelöscht?

Wenn eine technisch fortschrittliche außerirdische Zivilisation tatsächlich für Genmanipulationen an Cro-Magnon-Menschen verantwortlich ist – sei es, um sie als Sklavenrasse zu missbrauchen, oder einfach aus dem wissenschaftlichen Interesse, die Machbarkeit solcher Manipulationen zu erproben –, dürften solche Aliens auch ein großes Interesse daran gehabt haben, das Überleben dieser einzigartigen Geschöpfe zu sichern. Dazu könnte gehört haben, die Cro-Magnons vor anderen, mit ihnen konkurrierenden Menschenarten zu schützen, etwa dem Neandertaler, der, zumindest in manchen Gebieten, zeitgleich mit ihnen existierte. Das ist natürlich reine Spekulation, aber die Umstände des Verschwindens der Neandertaler sind bis heute rätselhaft.

Den ersten Beweis für die Existenz der Neandertaler entdeckte man 1829 in Engis in der belgischen Provinz Lüttich. Dort grub der französische Paläontologe Philippe-Charles Schmerling einen Teil eines Kinderschädels aus.

Doch erst Mitte der 1930er Jahre konnte wissenschaftlich nachgewiesen werden, wie einzigartig und bedeutend Schmerlings Fund tatsächlich ist. Tests ergaben, dass der Schädel zwischen 30.000 und 70.000 Jahre alt sein muss. 1856, fast dreißig Jahre nach dem Fund in Engis, stießen Steinbrucharbeiter im Neandertal bei Düsseldorf auf verschiedene Knochen und wiederum auf ein Schädelstück. Auch hier fehlte es zunächst an soliden Erkenntnissen, um was es sich bei den Knochenfunden handelte. Mittlerweile – dank zahlreicher weiterer Funde in ganz Eurasien – wissen wir, dass alle diese Knochen von einer Menschenart stammen, die heute als der Neandertaler bekannt ist.

In Konkurrenz zu den Cro-Magnons

Man nimmt an, dass eine primitive Urform des Neandertalers vor etwa 400.000 bis 600.000 Jahren in Teilen Asiens und Europas auf der Bildfläche erschien. Dieser Ur-Neandertaler und jener Zweig der Gattung *Homo*, aus dem sich später der *Homo sapiens* entwickelte, gehen offenbar auf einen gemeinsamen frühen Vorfahren in Afrika zurück. Die Blütezeit der eigentlichen Neandertaler begann vor etwa 200.000 Jahren (im Pleistozän). Lange Zeit behaupteten sie sich überaus erfolgreich, doch vor etwa 40.000 Jahren starben sie aus (wobei einzelne Gruppen wohl noch bis etwa 24.000 v. Chr. überlebten). Zeitgleich mit dem Verschwinden der Neandertaler begann der Aufstieg der Cro-Magnon-Menschen.

Wie der Cro-Magnon besaß der Neandertaler ein deutlich größeres Gehirnvolumen als der moderne Mensch. Und auch sein Aussehen unterschied sich deutlich vom heutigen *Homo sapiens*: Neandertaler wurden knapp 1,70 Meter groß, hatten sehr ausgeprägte Nasen, ihre Armlänge war im Verhältnis zum Körper auffallend kurz und der Oberkörper muskulös und kräftig. Wie die Cro-Magnons konnten die Neandertaler sprechen, wie weit ihr Sprechvermögen allerdings entwickelt war, werden wir wohl nie erfahren. Das Sehvermögen des Neandertalers übertraf das des modernen Menschen bei Weitem.

Sie lebten nicht einzelgängerisch, sondern in Familienverbänden und hatten eine Lebenserwartung von etwa 30 Jahren. Sie kannten das Feuer und verzehrten regelmäßig gekochtes Gemüse. Die Neandertaler wussten um den Tod und seine Konsequenzen – und sie bestatteten ihre Toten auf rituelle Weise. Allerdings kam es bei ihnen gelegentlich zu Kannibalismus, und zwar vermutlich dann, wenn Nahrungsknappheit sie zu drastischen Überlebensmaßnahmen zwang.

Es gibt deutliche Hinweise darauf, dass die Neandertaler Musik zu schätzen wussten. 1995 wurde in der Höhle Divje Babe bei Cerkno in Slowenien eine primitive Flöte gefunden, die aus dem Oberschenkelschaft eines Höhlenbären hergestellt wurde. Das Alter der Flöte wird auf etwa 43.000 Jahre geschätzt, woraus wir schließen können, dass die damaligen Menschen bereits Musik machten und Musik hörten, so wie wir es heute auch tun. Und das technische Können der Neandertaler ging noch erheblich weiter.

Auf den griechischen Inseln Kefalonia, Zakynthos und Lefkada sowie auf Kreta fand man Werkzeuge aus der Epoche des Moustérien, die eindeutig den Neandertalern zuzuordnen sind. Wenn Neandertaler auf diesen Inseln lebten, gibt es nur eine Möglichkeit, wie sie dorthin gelangen konnten: mit Booten. Wir wissen nicht, wie groß und entwickelt die Boote der Neandertaler waren, aber dass sie höchstwahrscheinlich aus Holz gefertigt wurden, erklärt, warum bislang keine Reste dieser Boote gefunden wurden: Wenn es sie gab, sind sie längst verrottet. Und da wir gerade beim Verrotten und Verschwinden sind, werden wir unsere Aufmerksamkeit nun dem geheimnisvollen Aussterben der Neandertaler zuwenden.

Der mysteriöse Untergang der Neandertaler

Wann genau die Neandertaler ausstarben, ist unbekannt, aber die Paläontologen sind sich einig, dass dies irgendwann um etwa 30.000 v. Chr. geschehen sein muss. Es kursieren mehrere Theorien darüber, warum sie auf so geheimnisvolle Weise von der Bildfläche verschwanden, nachdem sie Hundertausende von Jahren überdauert hatten. Eine Theorie besagt, dass ihre Zahl dahinschwand, als vor etwa 50.000 Jahren die ersten Vertreter der Art *Homo sapiens* nach Europa einwanderten. In diesem Szenario geht man davon aus, dass die Neandertaler zahlenmäßig zu schwach waren, um sich gegen den Cro-Magnon als neuen Konkurrenten behaupten zu können. Nach und nach wurden sie von den Cro-Magnons im Kampf besiegt und ausgelöscht. Eine andere Theorie vermutet nicht Krieg als Ursache für das Aussterben der Neandertaler, sondern Nahrungsmangel infolge veränderter Klimabedingungen. Die Vertreter dieser Theorie nehmen weiter an, dass die fortschrittlicheren Cro-Magnons hier im Vorteil waren, weil sie bereits Landwirtschaft betrieben und möglicherweise sogar Haustiere züchteten. Eine dritte Theorie geht von einer Vermischung der beiden Menschenarten aus, wobei die ältere Art schließlich von der jüngeren, dem Cro-Magnon, genetisch absorbiert wurde und gewissermaßen in dieser aufging.

Alle diese Theorien haben eines gemeinsam: Es lässt sich nicht leugnen, dass sie problematisch sind. Wie wir gesehen haben – und das ganz im Gegensatz zum populären Klischee vom primitiven »Höhlenmenschen« –, besaßen die Neandertaler eine Sprache, lebten in Gruppen, bauten mit an Sicherheit grenzender Wahrscheinlichkeit Boote, mit denen sie das Meer befuhren, und erfreuten sich an Musik. Zweifellos waren sie keine Leute, die einfach ihr Territorium aufgaben und kampflos untergingen. Immerhin hatten sie sich über mehrere hunderttausend Jahre ziemlich gut behauptet, lange bevor die Cro-Magnons ernst zu nehmende potenzielle Widersacher wurden. Und was eine mögliche Nahrungsknappheit angeht: Die Neandertaler bauten Gemüse an und kochten es, und sie waren tüchtige Jäger. Warum sollten diese Fertigkeiten um 30.000 v. Chr. bei den Neandertalern plötzlich erlöschen, während die Cro-Magnons sie weiterhin gebrauchten? Und das Szenario, dass die Neandertaler sich mit dem *Homo sapiens* vermischten und in ihm genetisch aufgingen, klingt zwar durchaus logisch, doch es mangelt dafür an wissenschaftlichen Belegen.

Im Jahr 2008 wurde am Max-Planck-Institut für evolutionäre Anthropologie in Leipzig die DNA eines auf 36.000 v. Chr. datierten Neandertaler-Oberschenkelknochens aus einer kroatischen Höhle untersucht. Dr. Adrian Briggs vom Max-Planck-Institut sagte damals über die Cro-Magnons und die Neandertaler: »Es gibt keinen Beweis, dass sie miteinander in Kontakt standen. Es ist lediglich so, dass sie ungefähr zur gleichen Zeit die gleichen Gebiete bewohnten. Aber ich halte es für wahrscheinlich, dass sie einander nur gelegentlich über den Weg liefen.« (Connor, 2008)

Er fügte hinzu:

> Wir haben nachgewiesen, dass die mitochondriale DNA der Neandertaler sich so stark von der des modernen Menschen unterscheidet, dass zwischen beiden Spezies offenbar, wenn überhaupt, nur eine sehr geringe Vermischung stattgefunden hat. Außerdem haben wir überwältigende Beweise dafür, dass die Neandertaler-Population ziemlich klein war. Wir können nur darüber spekulieren, was mit ihnen geschah. Kleine Populationen sind immer stärker vom Aussterben bedroht, weil bei ihnen viel leichter etwas schiefgehen kann.
>
> (Ebd.)

Dr. Richard Green, einer der leitenden Forscher des Projekts, kommentierte: »Zum ersten Mal haben wir eine fehlerfreie Sequenz einer alten DNA rekonstruiert. Bislang ungeklärt bleibt die Frage, ob diese kleine Gruppe von Neandertalern auf eine generell geringe Populationsdichte schließen lässt, oder ob es erst sehr spät zu einem starken Rückgang ihrer Bevölkerungszahl kam.« (Ebd.)

Dr. Briggs' Feststellung, dass es zwischen Neandertalern und Cro-Magnons wenig bis gar keine sexuellen Kontakte gab und sie einander vermutlich nur selten begegneten, spricht sehr dafür, dass die Neandertaler nicht durch kriegerische Auseinandersetzungen mit den Cro-Magnons ausgelöscht wurden. Wenn also in jener Zeit, als die Cro-Magnon-Kultur bereits in Blüte stand, weder Nahrungsmangel noch sexuelle Vermischung noch Stammeskriege für das Aussterben der Neandertaler verantwortlich waren, was dann? Wollten Außerirdische ihre durch Genmanipulation erzeugten Rh-Negativen vor Konkurrenz schützen – vielleicht mit einem Cocktail synthetisierter Viren, die nur den Neandertaler trafen, den Cro-Magnon-Menschen aber verschonten?

Noch gibt es keine solide Antwort auf diese Frage. Wir verfügen aber über erstklassige Beweise für das plötzliche und weitgehend unerklärliche Aussterben von anderen Arten, für das wohl kaum eine kaltherzige Mutter Natur verantwortlich gemacht werden kann.

Das unerklärliche Verschwinden anderer Arten

Bis vor 20.000 Jahren lebten auf dem nordamerikanischen Kontinent riesige räuberische Bären, zahlreiche große Raubkatzenarten (unter anderem Geparden und Säbelzahntiger), Wollhaarmammuts, Mastodons, Wildpferde und sogar Kamele. Über Jahrtausende gediehen diese Tierarten sehr gut. Aber etwa um 8.000 v.

Chr. waren die meisten von ihnen verschwunden. Es drängt sich die Frage auf, welche Umstände zum vollständigen Aussterben all dieser Arten führten. Es sollte uns zu denken geben, dass selbst die größten Koryphäen aus Anthropologie, Biologie und Geologie darauf keine gesicherten Antworten geben können.

Die populärste Theorie lautet, dass diese Großsäugetiere von der tödlichsten und destruktivsten Kreatur auf dem Planeten ausgerottet wurden: uns. Wodurch auch sonst? Beschuldigt wird die so genannte Clovis-Kultur, deren Name sich von dem Ort in New Mexico ableitet, wo die ersten Artefakte dieser Kultur gefunden wurden. Diese Menschen besiedelten offenbar ganz Nordamerika und Teile Mittelamerikas und gelten als die Urahnen von fast 80 Prozent aller nord- und südamerikanischen Indianer. Das ist eine interessante Spekulation, da die Menschen der Clovis-Kultur Steinwerkzeuge als Waffen benutzten. In der Tat gibt es Beweise – in Form von Fossilfunden –, dass die Clovis-Menschen einige der Großtierarten bejagten, die damals den amerikanischen Kontinent durchstreiften. Doch dazu, derart große Tierpopulationen völlig auszurotten, waren sie ganz sicher nicht in der Lage. Und da ist noch etwas: Es verschwanden nicht nur die von ihnen bejagten Tiere. Auch die Clovis-Menschen selbst verschwanden. Die gefundenen Artefakte belegen, dass sie um etwa 9.200 v. Chr. in Nordamerika auftauchten und etwa um 8.700 v. Chr. schon wieder völlig verschwunden waren. Niemand weiß, wohin sie gingen.

Außerirdische Viren und ein katastrophaler Kometeneinschlag

Einer etwas exotischen – aber auch faszinierenden – Theorie zufolge brachte der Mensch, als er in den nordamerikanischen

Wurden die Neandertaler von mächtigen Außerirdischen ausgelöscht?

Kontinent einwanderte, Killerviren mit, die vom Menschen auf Tiere überspringen und Millionen Lebewesen in kurzer Zeit dezimieren konnten – was das Massensterben von Tieren in jener Epoche erklärten könnte. Diese Theorie vertritt Ross D. E. MacPhee, Kurator für Säugetierkunde am American Museum of Natural History in New York. MacPhee vermutet, dass ein zuvor in Nordamerika nicht vorkommender Virus oder anderer Krankheitserreger die Ursache war. Andererseits gibt es Beweise für das Massensterben von Tieren in gewaltigem Maßstab, das sich praktisch von einem Augenblick zum anderen ereignete. Und das ist für Viren nun wirklich nicht typisch! Eine Virusinfektion tötet nicht innerhalb weniger Sekunden oder Minuten, außer vielleicht in Fernsehserien wie *The Walking Dead* oder Horrorfilmen wie *World War Z*.

Eine gleichermaßen exotische Theorie – die auch dazu dient, die plötzliche Auslöschung der Dinosaurier vor 65 Millionen Jahren zu erklären – kommt von dem Geologen James Kennett und Allen West, einem ehemaligen Geophysiker. Sie gehen davon aus, dass vor etwa 12.900 Jahren ein gewaltiger Komet auf unserem Planeten einschlug. Kennett sagt dazu:

> Stellen Sie sich zahlreiche Atomexplosionen vor, die über ein weites Gebiet verteilt auftreten, gewaltige heiße Druckwellen verursachen, ganze Wälder entwurzeln. Dadurch brächen riesige Flächenbrände aus, von denen weite Teile der Vegetation vernichtet würden. Eine solche Zerstörung großer Gebiete auf dem nordamerikanischen Kontinent hätte die Nahrung für viele dieser Tiere vernichtet. Wir vermuten darin die Ursache, warum gerade von den Großtierarten so viele ausstarben.
>
> (»Megabeasts' Sudden Death«, 2015)

Es gibt eine noch verblüffendere Theorie, die erklären könnte, warum es im Verlauf der Erdgeschichte immer wieder zum plötzlichen massenhaften Aussterben von Großtieren kam – den Dinosauriern ebenso wie später den Massenpopulationen nordamerikanischer Großsäuger. Diese Theorie würde auch das Verschwinden der Neandertaler und der Clovis-Kultur erklären. Haben vielleicht manipulative und grausame Aliens in dem Bestreben, ihre immer zahlreicher werdenden Rh-Negativen zu schützen, außerirdische Viren auf der Erde freigesetzt, gegen die ihre eigenen genmanipulierten Geschöpfe immun waren, während konkurrierende Menschenarten und große, gefährliche Raubtiere ihnen zum Opfer fielen?

Auch wenn Ihnen diese Idee weit hergeholt erscheinen mag, sie ist es nicht. Im November 1998 berichteten die britischen Medien, der MI6 (das britische Gegenstück der CIA) hätte herausgefunden, dass Israel an einer biologischen Waffe arbeitet, die – Zitat – »nur Arabern Schaden zufügen« würde. Es handele sich um ein unter strenger Geheimhaltung stattfindendes Projekt des Israelischen Instituts für biologische Forschung. Diese Einrichtung in Nes Ziona ist maßgeblich zuständig für die Erforschung und Entwicklung des geheimen Arsenals chemischer und biologischer Waffen des israelischen Staates. Die *Sunday Times* berichtete damals: »Ziel ist es, sich die Fähigkeit von Viren und Bakterien zunutze zu machen, die DNA in den Zellen ihres Wirtsorganismus zu verändern. Die Forscher versuchen, tödliche Mikroorganismen zu entwickeln, von denen nur Personen mit ganz bestimmten Genmerkmalen attackiert werden.« (Weber, 1998)

Ein Wissenschaftler, der über intime Kenntnisse des Programms verfügt und bereit war, unter Wahrung seiner Anonymität Insiderwissen preiszugeben, sagte über den Stand der Forschungen, man hätte »eine besondere Eigenschaft im genetischen Profil bestimmter arabischer Völker identifiziert, insbesondere bei den Irakern«. (Ebd.)

Wenn wir im 21. Jahrhundert an Methoden arbeiten, bestimmte Bevölkerungsgruppen gezielt auszulöschen, dann erscheint die Idee, uns technologisch haushoch überlegene Außerirdische könnten vor Zehntausenden von Jahren etwas Ähnliches den Neandertalern angetan haben, gar nicht mehr so weit hergeholt.

FÜNF

Willkommen in der Welt der Anunnaki

In den bisherigen Kapiteln haben wir gesehen, dass es sehr überzeugende Hinweise auf beträchtliche Anomalien in Bezug auf die menschliche Evolution, die Natur des menschlichen Blutes und den Aufstieg und Untergang diverser Spezies gibt. Wir kommen nun zum wichtigsten Aspekt dieser Jahrtausende umspannenden, komplexen Geschichte. Wenn wir heutigen Menschen – und besonders die Rh-Negativen – das Produkt außerirdischer Manipulationen sind, wer genau waren dann die Wesen, die beschlossen, damals gegenüber den Frühmenschen Gott zu spielen? Warum hatten sie ein solches Interesse daran, neue und radikal andere Menschenarten zu erschaffen? Woher kamen sie? Und sind sie immer noch unter uns?

Diese Fragen führen uns zu jenen legendären und mächtigen Wesen, die als die Anunnaki bekannt wurden.

Sie führen uns außerdem zu den alten Hochkulturen Mesopotamiens (zu denen die Sumerer, Assyrer und Babylonier zählen). Diese heute überwiegend im Irak liegende Region wurde nach Ansicht von Historikern und Archäologen zwischen 5.500 und 4.000 v. Chr. besiedelt.

Außerirdische Götter auf dem Planeten Erde

Mehr als 400.000 Jahre bevor eine gewaltige Flutkatastrophe die Erde traf und Millionen Menschen auslöschte, erschien eine mächtige Rasse sagenumwobener Wesen auf unserem Planeten. Sie brachte den damals noch sehr primitiven Stammesgesellschaften der Menschen eine neue Form der Stabilität und eine gewisse Kultur. Allerdings war das nicht ihre ursprüngliche Agenda, wie wir gleich sehen werden. Die Rede ist von den Anunnaki. Was ihr Aussehen angeht, gibt es verschiedene Theorien: Es sollen 2,4 bis 3 Meter große Riesen gewesen sein. Auch von zweibeinigen Reptilien ist die Rede. Manche Forscher gelangen zu dem Schluss, dass beides zutrifft – denn ihrer Ansicht nach waren sie »Shape Shifter«, Gestaltwandler also, die den Menschen in unterschiedlicher Gestalt erscheinen konnten.

Dass die Anunnaki als Lehrmeister der Menschen auftraten, ist fester Bestandteil der sumerischen Mythologie und Geschichtsschreibung. Aber wer genau waren sie? Der 2010 verstorbene Historienforscher Laurence Gardner schrieb über die Anunnaki:

> Sie waren Schutzherren und Gründer. Sie waren Lehrer und Richter, Ingenieure und Königsmacher. Sie wurden als Archonten und Meister verehrt. Gegenstand religiöser Anbetung waren sie aber ganz sicher nicht. Dazu wurden erst die Ritualgötter späterer Kulturen gemacht. Das Wort »Avod«, das erst später mit »Anbetung« übersetzt wurde, bedeutete ursprünglich einfach »Arbeit«. Die Präsenz der Anunnaki mag Historiker verblüffen, ihre Sprache mag Linguisten verwirren und ihre fortschrittliche Technologie mag Wissenschaftler in Erstaunen versetzen, doch ihre Existenz zu leugnen wäre Unsinn.

> Die Sumerer haben uns präzise überliefert, wer die Anunnaki waren, und weder Historiker noch andere Wissenschaftler können es wiederlegen.
>
> (Gardner, 1999)

Daher ist es nun an der Zeit, unsere Aufmerksamkeit dem Mann zuzuwenden, der mehr als jeder andere bestrebt war, Antworten bezüglich der Anunnaki zu finden. Damit öffnete er eine Tür, die uns geradewegs zu den Rh-Negativen führt. Sein Name ist Zecharia Sitchin.

Sitchin, 1920 in der Sowjetrepublik Aserbaidschan geboren und ebenfalls – wie Gardner – 2010 verstorben, studierte in London Wirtschaftswissenschaften und ging 1952 in die USA. Er verfasste zahlreiche Bücher über die Rätsel unserer fernen Vergangenheit, angefangen mit *Der zwölfte Planet*. Später kamen *Das erste Zeitalter*, *Gesandte des Kosmos*, *Versunkene Reiche* und rund zehn weitere hinzu. Je mehr Sitchin die Natur der Anunnaki und ihre Geschichte erforschte, desto mehr gelangte er zu der Überzeugung, dass sie keine Götter waren – auch nicht die Abgesandten eines Gottes –, sondern raumfahrende Außerirdische einer unglaublich fortschrittlichen, unendlich alten Zivilisation, die einst einen Planeten namens Nibiru bewohnte. Nicht nur das: Die Anunnaki besaßen eine Lebenserwartung von mehreren tausend Jahren – sie waren also nach menschlichen Maßstäben nahezu unsterblich. Bei Nibiru soll es sich angeblich um einen Planeten handeln, der um unsere Sonne kreist, sich aber deutlich von der Erde unterscheidet und nur sichtbar ist, wenn seine Umlaufbahn ihn in die Nähe der Erde bringt – gefährlich nahe, was ungefähr alle 3.600 Jahre geschieht.

Sitchins Forschungsarbeit, die ein gründliches Studium der sumerischen Legenden und Mythen beinhaltete, brachte ihn zu der Überzeugung, dass die in gewissem Maße menschenähnlichen Anunnaki auf die Erde gekommen waren, um die großen Goldvorräte des Planeten auszubeuten. Ihre Motive bestanden aber nicht wie bei den Piraten des 17. Jahrhunderts in finanzieller Bereicherung. Die Anunnaki hatten ganz andere Gründe, auch wenn sie ebenfalls ausgesprochen düsterer Natur waren. Ihr erstes Erkundungsteam landete vor vielen hunderttausend Jahren irgendwo in der Region des Persischen Golfes.

An diesem Punkt ist etwas erforderlich, was ich nur selten tue: mich selbst in die Geschichte einzubringen. Sich bei hoch kontroversen Themen ganz oder teilweise auf die Resultate und Schlussfolgerungen anderer zu verlassen, ist nicht nur riskant; es ist träge und gefährlich. Als mein Verlag mit der Idee für dieses Buch zu mir kam, war mir sofort klar, dass ich dafür selbst bis zu den Anfängen zurückgehen musste. Ich konnte mich unmöglich allein auf Sitchin verlassen (ihn aber natürlich auch nicht ignorieren). Ich musste mir schon persönlich die Mühe machen, die uralten sumerischen Geschichten sorgfältig zu lesen, auszuwerten und zu analysieren.

Glücklicherweise wurden die Geschichten der Sumerer auch ins Englische übersetzt, was den Lesern und Forschern unglaublich wertvolle Einblicke in die Mythen und Legenden und nicht zuletzt die Historie der Menschen Mesopotamiens ermöglicht. Trotz allem, was Skeptiker behaupten, ist es keineswegs unmöglich, ja noch nicht einmal schwierig, die Berichte in den alten Texten als Kontakte mit Außerirdischen zu interpretieren, statt sie religiös oder mythologisch zu deuten. Es ist sogar überraschend einfach. Zwar bin ich in manchen Punkten anderer Ansicht als Sitchin, aber bei vielem traf er genau ins Schwarze. Ich möchte jedoch den Leserinnen und Lesern gegenüber betonen, dass man zu einer solchen klaren Position nur gelangen kann, wenn man die Übersetzungen der alten Texte gründlich studiert und seine eigenen Schlüsse zieht.

Die Geheimnisse der Unsterblichkeit

Einer von zwei Gründen, warum die Anunnaki die Goldvorräte der Erde ausbeuten wollten, waren die lebensverlängernden Eigenschaften des Goldes. Das führt uns zu dem hoch umstrittenen so genannten weißen Goldpulver. Auf www.TokenRock.com heißt es dazu:

> Schon seit sehr langer Zeit suchen die Alchemisten den Stein der Weisen, das geheime weiße Goldpulver, das als Trägersubstanz für »das Licht des Lebens« gilt. Von diesem geheimen Material heißt es, dass es Unsterblichkeit schenkt und jenen, die es einnehmen, übernatürliche Fähigkeiten verleiht. Bestimmte berühmte Mystiker, Magier und Alchemisten wie Enoch, Thoth und Hermes Trismegistos sollen einst angeblich die heilige Kunst perfektioniert haben, den Stein der Weisen zu erschaffen. Dass sie von diesem Material Gebrauch machten, würde die vielen legendären übernatürlichen Kräfte erklären, die man ihnen zuschrieb.
>
> (»White Powder of Gold [ORME]«, 2010)

In alten Legenden ist *sehr* oft von geheimnisvollen Substanzen die Rede, mit denen der Mensch seine Lebensspanne verlängern kann. Neben dem oben erwähnten Stein der Weisen sprach man auch vom Manna des Himmels oder dem Elixier des Lebens. In China gibt es alte Sagen, wonach Quecksilber und Jade – durch bestimmte geheime alchemistische Methoden veredelt – das Leben eines Menschen um viele Jahre verlängern konnten. Im alten Indien wurde diese rätselhafte, Unsterblichkeit schenkende Substanz Amrita genannt. Auch in der Bibel ist von Menschen die

Rede, die außergewöhnlich lange lebten: Von Noah und Methusalem heißt es dort, sie seien fast tausend Jahre alt geworden – vielleicht nachdem ihnen von bestimmten großzügigen Anunnaki weißes Goldpulver verabreicht wurde.

In Johannes 6, 50–51 heißt es über Manna: »So aber ist es mit dem Brot, das vom Himmel herabkommt: Wenn jemand davon isst, wird er nicht sterben. Ich bin das lebendige Brot, das vom Himmel herabgekommen ist. Wer von diesem Brot ist, wird in Ewigkeit leben. Das Brot, das ich geben werde, ist mein Fleisch.«

Höchst faszinierend ist auch, dass in Psalm 78, 24–25 Manna als »Brot vom Himmel« bezeichnet wird. Alles das deutet stark darauf hin, dass die enorme Lebenserwartung der Anunnaki nicht natürlich war. Wie ein unsterblicher Vampir menschliches Blut braucht, benötigten die Anunnaki regelmäßig ihre persönliche »Dosis«, um sicherzustellen, dass sie nicht körperlich verfielen und viel jünger starben, als sie es gewohnt waren.

Ausplünderung der Erde zur Rettung einer fremden Welt

Nun kommen wir zum zweiten Grund, warum das Gold der Erde für die Anunnaki so wertvoll war. Der Planet Nibiru hatte etwas mit unserer Welt gemeinsam: Seine Ozonschicht wurde gefährlich dünn. Dagegen musste etwas unternommen werden – und zwar schnell. Die Umweltbehörde der USA (EPA) sagt über die Ozonschicht unseres Planeten: »Die Stratosphäre ist eine atmosphärische Schicht, die in einer Höhe von etwa 8 Kilometern beginnt und eine Dicke von etwa 42 Kilometern aufweist. Das Ozon in der Stratosphäre dient als Schutzschild, das schädliche Sonneneinstrahlung herausfiltert, unter anderem

Ultraviolett B, kurz UV-B. UV-B-Strahlung wird mit Augenschäden (Grauer Star) und Hautkrebs in Verbindung gebracht.« (»Repairing the Ozone Layer«, 2015)

Weiter heißt es bei der EPA: »Wissenschaftler fanden ›Löcher‹ in der Ozonschicht hoch über der Erde. Mit Hilfe des Gesetzes zur Luftreinhaltung aus dem Jahr 1990 sollen diese Löcher beseitigt werden, aber das wird lange Zeit dauern.« (Ebd.)

In der Tat, die Regenerierung der Ozonschicht wird lange dauern – wenn sie überhaupt vollständig gelingt. Die Probleme, denen wir uns heute und höchstwahrscheinlich noch für lange Zeit gegenübersehen, könnten sehr wohl auch die klügsten Köpfe der Anunnaki beschäftigt haben, allerdings vor über 400.000 Jahren. Der 2013 verstorbene Autor und Forscher Lloyd Pye – ein anerkannter Experte für Anomalien in der Frühgeschichte der Menschheit – deutete die sumerischen Überlieferungen so, dass der große Plan der Anunnaki vorsah, unser Gold in kleine Flocken umzuwandeln, die dann in unvorstellbar großen Mengen in der Atmosphäre Nibirus verstreut werden sollten. Dadurch wäre der ganze Himmel ihres Planeten in eine Wolkendecke aus Gold gehüllt worden. Demnach ging es den Anunnaki darum, ein Loch in ihrer Atmosphäre zu flicken – so wie wir, simpel ausgedrückt, ein Loch in einem Fahrradschlauch ausbessern würden. Sie wollten verhindern, dass die »schädliche Sonneneinstrahlung«, vor der die EPA uns heute warnt, ihre Zivilisation auf Nibiru zerstörte.

Eine solche Theorie mag unglaublich, unwahrscheinlich und nach reiner Science-fiction klingen, ist aber durchaus plausibel. Am 2. Dezember 2009 fand vor dem Ausschuss für Energieunabhängigkeit und Globale Erwärmung des US-Repräsentantenhauses eine Anhörung zum aktuellen Status der Klimaforschung, der globalen Erwärmung und der Gefahren durch eine Ausdünnung der Ozonschicht statt. Eine führende Rolle in der Debatte spielte

Manna: das Geheimnis des ewigen Lebens.

Dr. John P. Holdren, der wissenschaftliche Berater Präsident Obamas. Er schlug vor, dass angesichts der zunehmenden Aufheizung des Klimas bestimmte »Schadstoffe« in der Atmosphäre freigesetzt werden sollten. Damit ließen sich die Auswirkungen der globalen Erwärmung mildern und die Löcher in der dünner werdenden Ozonschicht reparieren. (Jha, 2009)

Holdren räumte ein, dass ein solcher massiver Eingriff in die Atmosphäre »gravierende Nebenwirkungen« nach sich ziehen könne, fügte aber kühl hinzu: »Es ist gut möglich, dass wir bald verzweifelt genug sein werden, um es trotzdem zu tun.« Vielleicht befanden die Anunnaki sich ja in einem solchen Zustand der Verzweiflung. Holdrens Ideen beruhten auf der Arbeit des legendären Physikers Edward Teller. In den 1970er Jahren machte Teller den ambitionierten Vorschlag, die obere Erdatmosphäre mit Schwermetallpartikeln zu fluten, unter anderem auch mit Gold, um einen Abwehrschild gegen tödliches Ozon und Strahlung zu erzeugen. Von den Anunnaki vor 400.000 Jahren über Edward Teller vor ein paar Jahrzehnten bis zur Menschheit des 21. Jahrhunderts bestätigt sich offenbar immer wieder: Man sät, was man erntet. (Ebd.)

Nun, nachdem wir gesehen haben, dass Goldabbau als Mittel zur Rettung eines Planeten vor Anarchie und Auslöschung ein keineswegs unrealistisches Szenario ist, werden wir in die ferne Vergangenheit zurückkehren – zu dem gewaltigen, den Planeten verändernden Programm der Anunnaki.

Die Ankunft der Anunnaki und die Errichtung eines außerirdischen Stützpunkts

Man kann kaum ermessen, wie groß Schock, Furcht und Leugnung des Unvermeidlichen bei den Anunnaki gewesen sein müssen, als sie erkannten, dass Nibiru, ihr Heimatplanet, sich in *sehr* ernsten Schwierigkeiten befand. Diese unendlich fortschrittliche Spezies besaß eine individuelle Lebenserwartung, die an Unsterblichkeit grenzte. Ihre eigene Auslöschung muss für sie etwas Lächerliches und Unvorstellbares gewesen sein. Doch letztlich blieb ihnen nichts anderes übrig, als sich mit ihrer Sterblichkeit zu konfrontieren – wie es auch keinem von uns Menschen erspart bleibt.

Im Mittelpunkt der Geschichte der Anunnaki stehen ihr Herrscher Anu und seine beiden Söhne Enki und Enlil, die auf Befehl Anus zur Erde reisten, und zwar als Nibirus Orbit sich ihr am stärksten annäherte – was angesichts der Logistik eines potenziell höchst riskanten Raumflugs sehr vernünftig erscheint. Die gewaltige Armada der Anunnaki-Raumschiffe – bemannt mit Hunderten, vielleicht Tausenden Besatzungsmitgliedern – muss ein Ehrfurcht gebietender Anblick gewesen sein. Auf einer Mission, bei der das Überleben ihrer Spezies auf dem Spiel stand, durchquerten sie mit fast unvorstellbarer Geschwindigkeit die Weiten des Weltraums. Als sie die Erde erreichten, stürzten sie sich in die Atmosphäre hinab, durchbrachen die Wolken und erblickten zum ersten Mal einen intakten, unverschmutzten Planeten, der damals noch nicht von der Menschheit ausgeplündert worden war. Das war für die Anunnaki, wie fortschrittlich sie als Spezies auch gewesen sein mögen, gewiss ebenfalls ein Ehrfurcht gebietender Moment.

Enkis und Enlils Auftrag bestand darin, einen günstigen Ort ausfindig zu machen, wo die Anunnaki eine Basis errichten konnten. Sie brausten in Fahrzeugen durch die Erdatmosphäre, die zweifellos fortschrittlicher waren als alle unsere heutigen Konstruktionen, und wählten das Gebiet aus, das die Menschen später Mesopotamien nennen würden. Dass dieser Ort als E-din bekannt wurde, führte verständlicherweise zu der Theorie, E-din und der biblische Garten Eden seien identisch gewesen. Heute kennen wir

Mesopotamien als die Kulturlandschaft entlang der Flusssysteme von Euphrat und Tigris, weshalb es auch Zweistromland genannt wird. Es erstreckt sich über Teile des Iraks und Irans, Syriens, der Türkei und Kuwaits. Der Überlieferung nach war die Mission von zunehmender Eifersucht zwischen Enki und Enlil überschattet, da sie beide um die Gunst des Vaters buhlten.

Forschungen deuten darauf hin, dass unter der Aufsicht von Enkis Sohn Marduk gewaltige Bauwerke errichtet wurden, in einem Gebiet, das sich heute unter dem Persischen Golf befindet. Während der folgenden Jahrtausende pendelte die riesige Raumschiff-Flotte zwischen Nibiru und der Erde und brachte Zehntausende Anunnaki in den Nahen Osten. All das diente einem einzigen Ziel: das Leben auf Nibiru vor der Auslöschung zu bewahren. Dazu bauten die Anunnaki auf der Erde gewaltige Goldmengen ab, was in speziell dafür ausgewählten Gebieten Afrikas geschehen sein soll.

Jenen, die dieses zugegebenermaßen fantastische Szenario anzweifeln, sei gesagt, dass die Anglo-American Corporation, ein südafrikanisches Bergbauunternehmen, in den 1970er Jahren Beweise für Bergbau in Südafrika entdeckte, der vor mindestens 100.000 Jahren stattfand – wer dort vor so langer Zeit Bergbau betrieb, ist bis heute ungeklärt.

Wie reich die Goldvorkommen in Südafrika sind, sieht man daran, dass allein im Jahr 2002 nicht weniger als 15 Prozent der gesamten Weltförderung an Gold aus diesem Land stammte. Zusätzliche Statistiken des amerikanischen geologischen Amtes (USGS) belegen, dass Südafrika in jenem Jahr über mehr als 50 Prozent der weltweiten Goldvorräte und fast 40 Prozent aller Goldreserven verfügte. Wenn außerirdische Besucher in ferner Vergangenheit die Absicht hatten, die Goldvorräte der Erde auszubeuten, kann man sich kaum eine bessere Vorgehensweise als die der Anunnaki vorstellen.

Interessanter- und bemerkenswerterweise bestehen Übereinstimmungen zwischen den Namen zahlreicher mesopotamischer Städte und Städten im fernen Mittelamerika, was vermuten lässt, dass die Anunnaki ihr Bergbauprojekt in globalem Maßstab durchführten, nicht nur beschränkt auf den Nahen Osten und Teile Afrikas. Zum Beispiel gab es in Mesopotamien die Stadt Zuivana. In Mittelamerika gab es Zuivan. Im Nahen Osten gab es Zalissa, dort Xalisco. Dann gab es noch Colua und das ähnlich benannte Colua-can. Das sind eindeutige Beweise dafür, dass in ferner Vergangenheit über viele tausend Kilometer hinweg eine Verbindung zwischen ansonsten völlig unverbundenen Erdteilen bestanden haben muss. Was beide Länder und Völker verband, waren sehr wahrscheinlich die Anunnaki. Und von Mittelamerika und dem Goldbergbau lässt sich ja nun wirklich nicht behaupten, dass sie nichts miteinander zu tun hätten!

Im Jahr 2014 wurden in Panama vier bedeutende Goldlagerstätten im Wert von geschätzten fünf Milliarden US-Dollar entdeckt. Auf www.Anpanama.com hieß es dazu:

> Die Regierung Panamas hat Bergbaukonzessionen für die meisten dieser Lagerstätten erteilt, doch bislang wurde noch an keiner von ihnen mit dem eigentlichen Abbau begonnen. Derzeit baut das Unternehmen Minera Panama die Panama-Cobre-Mine, was Investitionen in Höhe von 6 Milliarden erfordert. Der Abbau in dieser Mine soll Ende 2017 oder Anfang 2018 beginnen. Ein weiteres wichtiges Projekt zur Gold- und Silberförderung ist Petaquilla Gold, was aber gegenwärtig wegen finanzieller Probleme auf Eis liegt.
>
> (»Mining Concessions in Panama, 2015)

Aufstände und die Erschaffung einer Sklavenrasse

Zwar schritt das gigantische Programm der Anunnaki zur systematischen Ausbeutung der irdischen Goldvorräte planmäßig voran – nicht zuletzt weil es niemanden gab, der es hätte verhindern können –, aber eines war es gewiss nicht: einfach. Der Bedarf an Logistik und Personal muss astronomisch hoch gewesen sein. Das Gold, das sie an zahlreichen Orten auf der Erde abbauten, musste mit Raumschiffen nach Mesopotamien geflogen werden, wo es mit gewaltigem Aufwand eingeschmolzen wurde. Das war keine leichte Aufgabe, auch nicht für die Anunnaki mit ihrer fortschrittlichen Technologie. Schließlich arbeiteten sie auf einem fremden Planeten – in einer für sie völlig unvertrauten Umwelt. Die Temperatur auf der Erde – zudem im besonders heißen Klima Mittelamerikas, Afrikas und Mesopotamiens – muss für ihre Verhältnisse quälend hoch gewesen sein, wie auch der Sauerstoffgehalt der Atmosphäre und die Schwerkraft. Verständlicherweise führte das bei den Anunnaki zu gesundheitlichen Problemen. Und der zunehmende Machtkampf zwischen Enki und Enlil trug auch nicht gerade zu einem reibungslosen Verlauf bei.

Dann spitzten sich die Ereignisse dramatisch zu: Die unzähligen Anunnaki-Arbeiter gelangten an den Rand geistiger und körperlicher Erschöpfung. Überall verweigerten immer mehr von ihnen die Arbeit, bis der Erfolg des gesamten Projekts auf der Kippe stand – mit den entsprechenden katastrophalen Folgen für Nibiru. Dieser Aufstand der Arbeiter bewirkte, dass Nibirus Herrscher Anu auf die Erde kam und mit eiserner Faust seine Macht demonstrierte. Es musste unbedingt etwas geschehen, oder die gesamte Zivilisation der Anunnaki war dem Untergang geweiht – es sei denn, sie entschlossen sich zur massenhaften Migration auf einen Planeten (unseren), der nicht wirklich ihren Bedürfnissen entsprach.

Gemeinsam mit Enlil und Enki traf Anu eine radikale Entscheidung. Den Anunnaki war nicht entgangen, dass auf dem Kontinent, der heute Afrika heißt, eine primitive humanoide Spezies lebte, die wir als *Homo erectus* bezeichnen. Diese Spezies erschien in Afrika vor nicht weniger als zwei Millionen Jahren auf der Bildfläche. Es handelte sich um in weiten, trockenen Steppengebieten lebende Jäger und Sammler, die soziale Gruppen bildeten und bereits recht fortschrittliche Werkzeuge und Waffen benutzten. Interessant ist, dass laut Sitchin die Anunnaki dem *Homo erectus* einen faszinierenden Namen gaben: Adama, was, daran muss man wohl nur sehr wenige erinnern, sehr stark an Adam erinnert, den Namen des ersten Menschen in der Bibel.

Damit also die Bergbauarbeiten fortgesetzt werden konnten, die den alten Aufzeichnungen zufolge mehrere Jahrzehntausende dauerten, und alle beteiligten Anunnaki mit der Situation zufrieden waren, ordnete Anu etwas sehr Bemerkenswertes an – etwas, das unsere Zukunft als Spezies ganz entscheidend formen und beeinflussen sollte. Er initiierte ein Programm, bei dem Gene der Anunnaki mit denen des *Homo erectus* kombiniert wurden, um eine Sklavenrasse zu erschaffen, die optimal an die Atmosphäre, Temperatur und Schwerkraft der Erde angepasst war und widerstandlos ihren hoch überlegenen Meistern und Manipulatoren dienen würde, den Anunnaki.

Damit so etwas überhaupt möglich war, muss eine erstaunlich große Ähnlichkeit zwischen der DNA der Anunnaki und der des *Homo erectus* bestanden haben. Dieser Umstand spricht sehr dafür, dass eine noch sehr viel ältere und bis jetzt unbekannte außerirdische Rasse in fernster Vergangenheit den Samen des Lebens in diesem Teil des Universums aussäte, lange bevor die Zivilisation der Anunnaki entstand. Die enge genetische Kompatibilität zwischen den Anunnaki und *Homo erectus* für bloßen Zufall zu halten, widerspricht jedenfalls jeglicher Logik. Es hieße außerdem, sich gegen ein viel größeres und weit älteres Bild zu sperren, das wir gegenwärtig erst ansatzweise zu verstehen beginnen.

Nun stand also das erste Stadium einer genetischen Manipulation der Menschheit durch Aliens von einem fernen Planeten unmittelbar bevor – Aliens, die der urzeitliche Mensch für Götter hielt und die verzweifelt bestrebt waren, ihre Welt vor dem Untergang zu bewahren. Danach würde nichts mehr sein, wie es war – für die Anunnaki und für uns.

SECHS

Alien-Hybride in ferner Vergangenheit

Studium und Interpretation der alten sumerischen Texte ergeben, dass in der Führungsschicht der Anunnaki eine heftige Debatte darüber einsetzte, ob tatsächlich versucht werden sollte, primitive Menschen durch Gentechnik in etwas radikal Anderes zu verwandeln. Eine recht große Gruppe unter den Anunnaki war der Auffassung, dass es zutiefst verboten sei, Leben zu erschaffen. Dies sei allein ihrem Äquivalent einer Gottheit erlaubt, niemandem sonst. Diese Fraktion wandte sich entschieden dagegen, dass die Anunnaki sich gegenüber der menschlichen Spezies zu Göttern aufspielten, mochten die Folgen für ihren Heimatplaneten Nibiru noch so düster sein. Das ist faszinierend, denn es zeigt: Auch wenn wir von den Anunnaki erschaffen wurden, ist es keineswegs ausgeschlossen, dass tatsächlich ein göttliches Wesen der ursprüngliche Schöpfer des Lebens war. Zweifellos glaubten die Anunnaki an die Existenz eines solchen Schöpfers, was erklärt, warum sie zögerten, sich an der Schöpfung dieses Gottes zu vergehen.

Andere in der Anunnaki-Führung argumentierten, dass es, technisch gesehen, keine »Schöpfung« sei, wenn man eine *bereits existierende* Spezies (*Homo erectus*) verändere. Immerhin habe man es dabei eher mit einer »Modifikation« oder »Weiterentwicklung« zu tun. Nach intensiven Überlegungen erhielt der Plan zur Mutation des *Homo erectus* schließlich grünes Licht. Es regte sich keinerlei Widerstand mehr.

Nun, nachdem das Projekt also freigegeben war, müssen wir unsere Aufmerksamkeit einer wichtigen sumerischen Göttin zuwenden: Ninhursag, der Ehefrau keines Geringeren als Enki. Ninhursags Verbindung zur Welt der Genetik und menschlichen Fortpflanzung liefert uns einen wertvollen kollektiven Hinweis darauf, dass die wahre Geschichte des Ursprungs der Menschheit wahrhaft erstaunlich ist.

Ninhursag: eine Genetik-Expertin der nicht-menschlichen Art

Ninhursag spielte nicht nur eine führende Rolle bei der genetischen Manipulation des *Homo erectus*, sie führte auch andere äußerst bizarre Experimente aus, bei denen, wie wir noch sehen werden, eine Vielzahl obszöner und absonderlicher Kreaturen geschaffen wurde. Beginnen wir aber damit, was wir gesichert über diese Frau aus einer anderen Welt wissen. Nach der sumerischen Überlieferung handelte es sich bei Ninhursag um eine sehr mächtige und bedeutende Göttin. Die Übersetzung ihres Namens lautet: »Dame vom heiligen Berg«. Sie galt als Fruchtbarkeitsgöttin, wurde also mit der Erschaffung von Leben in Verbindung gebracht. Auch wurde sie als die Hebamme der Götter und als die Mutter aller Kinder bezeichnet. Besser lässt sich ihre zentrale Rolle bei der Erschaffung einer neuen Menschenrasse kaum beschreiben.

Wir haben es demnach mit einer mächtigen Göttin zu tun, die vom Himmel herabstieg – also höchstwahrscheinlich vom Planeten Nibiru kam – und von den Sumerern und den meisten anderen Völkern Mesopotamiens unmittelbar mit Fruchtbarkeit, Geburt und Leben in Verbindung gebracht wurde. Da verwundert es nicht, dass Sitchin zu dem Schluss gelangte, bei Ninhursag habe es sich keineswegs um ein übernatürliches Wesen gehandelt, sondern um eine Außerirdische mit großem Fachwissen darüber, wie die Geschöpfe der Erde genetisch verändert und sogar neue Spezies geschaffen werden konnten.

Die Menagerie der Monster

Mit seiner Vermutung, die Fabelwesen aus den alten Sagen, die Harpien, der Minotaurus, die Zentauren und Zyklopen, seien einst sehr real gewesen, befand Zecharia Sitchin sich sehr wahrscheinlich auf der richtigen Spur. Er stellte die faszinierende Theorie auf, die Sagen beruhten auf verzerrt wiedergegebenen Augenzeugenberichten von frühen Versuchen der Anunnaki, bei denen sie mit zahlreichen irdischen Spezies experimentierten, nicht nur mit Menschen. Ob diese Experimente mit nicht-menschlichen irdischen Lebensformen anderen Zwecken dienten oder nur erste Schritte darstellten, um dann gezielt den *Homo erectus* genetisch zu verändern, ist bis heute ungeklärt und umstritten.

Vielleicht versuchten die Anunnaki zunächst aus Tieren eine Sklavenrasse zu erschaffen, was aber einen schrecklichen Fehlschlag darstellte – nicht notwendigerweise, weil die Manipulation an sich nicht gelang, sondern weil die so gezüchteten Bestien sich nicht kontrollieren und zähmen ließen. Vielleicht entkamen diese Mischwesen ihren Herren oder wurden von ihnen freigelassen, so dass sie dann gelegentlich in den wilden Wäldern oder im Gebirge gesichtet und zum Gegenstand von Märchen und Sagen wurden. Vielleicht schreckten ja die Anunnaki sogar vor einem besonders albtraumhaften Szenario nicht zurück, bei dem sie eine unheilige Kreatur erschufen, eine Kreuzung zwischen Tier und Mensch. Das könnte der Ursprung der Legenden über solche Mischwesen sein.

Wenn ein solches Szenario für Sie klingt, als sei es einem fantastischen Roman wie H. G. Wells' *Die Insel des Dr. Moreau* entsprungen oder einem Horrorfilm wie *Die Fliege*, sollten Sie noch einmal in Ruhe darüber nachdenken: Die Verschmelzung von Mensch und Tier gehört nicht länger in den Bereich der Science-fiction. Sie ist längst Teil der wissenschaftlichen Realität.

Im Jahr 2011 wurde bekannt, dass in futuristischen, Frankenstein-artigen Laboratorien der Londoner Warwick-Universität und der Universität von Newcastle Wissenschaftler sich etwas angemaßt hatten, was ihnen eigentlich nicht zusteht: Sie hatten aus Genmaterial von Tier und Mensch erfolgreich eine grässliche Brut erschaffen – »Admix« genannte Chimären-Embryonen. Und das geschah nicht etwa nur bei wenigen Gelegenheiten, sondern in über 150 Fällen!

Diese höchst bedenklichen Forschungen begannen im Jahr 2008, als das britische Parlament den Human Fertilization Embryology Act verabschiedete, ein weitreichendes Embryonengesetz, das es erlaubt, mit den Genen, der DNA, den Zellen und Embryonen von Mensch und Tier zu experimentieren und, wenn gewünscht, auf diesem Weg schreckliche Mischwesen zu erschaffen. Eine Arbeitsgruppe veröffentlichte folgende Empfehlung:

> Die meisten Tierversuche beschränken sich auf den bisher üblichen Einsatz von Tieren in der Forschung. Hierfür genügt die bereits bestehende Gesetzgebung. Eine begrenzte Anzahl von Experimenten sollte durch den von uns empfohlenen Expertenbeirat geprüft und überwacht werden.

Genetische Experimente der grotesken Art.

> Und eine sehr begrenzte Anzahl von Experimenten sollte überhaupt nicht durchgeführt werden, wenigstens nicht, solange wir zu wenig über die möglichen Konsequenzen wissen.
>
> (Collins, 2011)

Als die britischen Medien Wind von der Sache bekamen und in großem Stil darüber berichteten, sagte Peter Saunders von der Christian Medical Fellowship, einer Vereinigung christlicher Mediziner: »Es ist beunruhigend, wenn Wissenschaftler von Wissenschaftlern kontrolliert werden, weil sie in der Regel keine Experten für Theologie, Philosophie und Ethik sind und häufig ideologische oder finanzielle Eigeninteressen verfolgen. Außerdem mögen sie es nicht, wenn ihre Arbeit Einschränkungen unterworfen wird.« (»British Lab Admits of Morphing Humans and Animals Into Hybrids«, 2011)

Die deutlichste Gegenrede kam von Lord David Alton während einer sehr kontroversen Parlamentsdebatte:

> Ich wende mich aus Prinzip gegen die Erzeugung von Mensch-Tier-Hybriden. Keiner der Wissenschaftler, die von uns während der Parlamentsanhörungen befragt wurden, konnte uns konkrete medizinische Anwendungsmöglichkeiten nennen, die diese Forschungen in irgendeiner Weise rechtfertigen würden. Die Wissenschaftler haben ihre Pläne immer damit gerechtfertigt, dass sie sagten: Wenn ihr uns das erlaubt, werden wir Heilmittel gegen sämtliche Krankheiten finden. Das ist emotionale Bestechung.
>
> Ethisch ist es nicht zu rechtfertigen – es bringt unser Land international in Misskredit. Das Gan-

> ze ist eigentlich sogar ziemlich grotesk. Für alle achtzig Behandlungsmöglichkeiten, die mit Hilfe der Stammzellenforschung entdeckt wurden, genügen adulte Stammzellen, man benötigt dafür keine embryonalen Stammzellen. Es gibt also weder moralisch-ethische noch wissenschaftliche oder medizinische Gründe, die Erzeugung von Mensch-Tier-Hybriden zu erlauben.
>
> (Brinkmann, 2011)

So erstaunlich das klingen mag: Vielleicht fand eine vergleichbare Debatte auch unter den größten Denkern der Anunnaki statt, allerdings vor Hunderttausenden von Jahren, als sie in einem Wettlauf gegen die Zeit versuchten, Nibiru vor Niedergang und Vernichtung zu bewahren.

Samen, Rippen und die Anfänge der Menschheit

In den sumerischen Texten gibt es einen faszinierenden Bericht darüber, wie das menschliche Leben auf die Erde gelangte – oder, richtiger ausgedrückt, wie es gezielt verändert wurde, indem man aus einer primitiven Urform etwas radikal Anderes erschuf. Die Sumerer glaubten, dass der Samen Enkis – bei dem es sich, so dürfen wir vernünftigerweise vermuten, um seine DNA, sein Sperma oder beides handelte – in die Erde gepflanzt wurde. Daraus seien dann acht Pflanzen gewachsen und erblüht. Allerdings handelte es sich nicht um normale Pflanzen. Als Enki von ihnen aß, wurde er ernsthaft krank. Als jedoch Ninhursag von ihnen aß, wurde sie kurze Zeit später schwanger – und gebar nicht weniger als acht sumerische Götter. Zu ihnen gehörte Ninti, die Göttin des Lebens. Sie half, Enki gesund zu pflegen, nachdem er von den für ihn giftigen Pflanzen gegessen hatte. Interessant ist, dass Nintis spezielle Aufgabe darin bestand, den Schaden zu kurieren, der an Enkis Rippen entstanden war.

In der christlichen Bibel spielte Adams Rippe eine wichtige Rolle bei der Erschaffung der Menschheit – denn aus dieser unbezahlbaren Rippe wurde Eva geboren. Hinzu kommt, dass die menschlichen Rippen in direktem Zusammenhang mit den Rh-Negativen der heutigen Zeit stehen, wie wir später in diesem Kapitel noch sehen werden. Jedenfalls zeigt sich hier wieder, wie tief Geschichten darüber, dass die – von den Sumerern als Götter betrachteten – Anunnaki Samen aussäten und Leben hervorbrachten, in die sumerische Kultur eingewoben waren. Man kann mit einiger Berechtigung sagen, dass die Menschen Mesopotamiens geradezu besessen von allen Fragen waren, die mit der Erzeugung von Leben zu tun hatten, Leben, erschaffen durch gnädige Götter – oder durch außerirdische Besucher.

Im akkadischen *Atrahasis*-Epos, das von etwa 1.800 v. Chr. stammt, wird Ninhursag als Nintu porträtiert, die Göttin der Gebärmutter. Wir finden hier also einen weiteren Hinweis auf Fortpflanzung und die Götter. Aber das ist noch nicht alles. Dieses Epos wurde 1.646 v. Chr. überarbeitet. Damals regierte Ammi-saduqua, ein Urenkel Hammurabis, des sechsten Königs von Babylon. Im *Atrahasis* heißt es explizit, dass die Götter die menschliche Rasse als Arbeitssklaven erschufen – worin sich unverkennbar die Agenda der Anunnaki widerspiegelt. Und auch das ist noch nicht alles.

In diesem Epos wird die fantastische Geschichte erzählt, wie Ninhursag/Nintu die Menschen erschuf. Sie nahm Lehmklumpen und vermischte den Lehm mit dem Blut und Fleisch eines ermordeten Gottes. Und, siehe da, zehn Monate später (es dauerte also einen Monat länger als heute üblich) wurde der Mensch geboren, wie wir ihn kennen. Wenn wir die *Atraha-*

sis-Legende im Licht heutiger wissenschaftlicher Fortschritte betrachten, liest sich diese Erschaffung eines neuen Wesens aus dem Blut und Fleisch eines Gottes – höchstwahrscheinlich eines Anunnaki – wie die verzerrte Beschreibung einer gentechnischen Manipulation, mit der, ganz so wie zwischen 2008 und 2011 in den erwähnten englischen Laboratorien, etwas Neues und Diabolisches hervorgebracht wurde.

Wie die »Herde« erschaffen wurde

Über den Ort, wo aus dem *Homo erectus* durch gentechnische Experimente eine stärkere, robustere und intelligentere Sklavenrasse erschaffen wurde, lesen wir bei Sitchin: »Die genetische Manipulation wurde durch Enki und Ninti in einem speziellen Laboratorium vorgenommen, das in der akkadischer Sprache Bit Shimti hieß – ›Haus, wo der Wind des Lebens eingehaucht wird‹. Diese Bezeichnung vermittelt uns eine ziemlich genaue Vorstellung vom Zweck des Laborgebäudes.« (Sitchin: *Genesis Revisited*, 1990)

Den *Homo erectus* in diesem Laboratorium zu einer neuen Menschenart umzuformen, die nicht nur Rh-negativ war, sondern zudem die Blutgruppe 0 hatte, wäre jedenfalls für die Anunnaki außerordentlich sinnvoll gewesen. Da die neue Sklavenrasse vor allem in Bergwerken schuften sollte, war immer wieder mit Verletzten zu rechnen. Schließlich ist die Arbeit von Bergleuten auch heute noch ziemlich gefährlich. Den Anunnaki muss das natürlich bewusst gewesen sein, und so ist anzunehmen, dass sie Vorsorge für einen besseren Schutz ihrer Arbeiter trafen. In unserer Zeit muss bei Verletzten sorgfältig darauf geachtet werden, dass sie bei Transfusionen die passende Blutgruppe erhalten, da sonst ernste Nebenwirkungen auftreten, die zum Tod führen können. Daher wäre es für die Anunnaki überaus praktisch gewesen, wenn alle Adama die gleiche Blutgruppe hatten. Dann konnten bei Unfällen für alle verletzten Bergleute die gleichen Blutkonserven verwendet werden, ohne dass man bei möglicherweise Tausenden von Verletzten bei jedem erst die Blutgruppe überprüfen musste.

Der Überlieferung zufolge wurde beschlossen, dass die erste Gruppe von Menschen – »Herde« wäre wohl die treffende Bezeichnung, wenn man bedenkt, wie arrogant die Anunnaki auf ihre Schöpfungen herabsahen – steril sein sollte. Das Letzte, was die Anunnaki-Hierarchie wollte, war eine rasche, unter Umständen aus dem Ruder laufende Fortpflanzung ihrer Arbeitssklaven. Das machte Sinn, erwies sich für die Anunnaki aber auch als problematisch. Für das Projekt, ihren Heimatplaneten Nibiru vor den zerstörerischen Folgen eines dramatischen Rückgangs seiner Ozonschicht zu bewahren, stand ihnen nun nämlich nur eine begrenzte Anzahl von Sklaven zur Verfügung, da sich selbst mit ihren überlegenen technologischen Möglichkeiten lediglich bestimmte Mengen im Labor heranzüchten ließen. Auch dauerte es seine Zeit, bis ein Sklave groß und alt genug war, um seinen lebenslangen Frondienst für die Götter antreten zu können.

Daher wurde eine radikale Entscheidung getroffen. Hätten die Anunnaki diese Entscheidung nicht getroffen, gäbe es die Menschheit in ihrer heutigen Form überhaupt nicht.

Der Mensch erscheint

Obwohl nicht alle Anunnaki glücklich über diese Vorgehensweise waren, wurde der mutierte *Homo erectus* weiter modifiziert. Dieses Mal beseitigte man seine Sterilität – ermöglicht vor allem durch Enkis und Ninhursags bahnbrechende Forschungsarbeit. Die »Fruchtbarkeitsgöttin« und ihr Mann waren in dieser Frage entschieden anderer Meinung als Enlil. Sitchin stellte die Hypothese auf, dass das Programm trotz der unterschiedlichen Auffassungen, die diesbezüglich unter den Anunnaki herrschten, weitergeführt wurde, weil sie ganz einfach eine ausreichend große Zahl Arbeiter benötigten. Daher wurde männliche und weibliche Adama-DNA mit Anunnaki-DNA kombiniert. Die Adama wurden noch stärker verändert. Ihre Unfruchtbarkeit gehörte damit endgültig der Vergangenheit an. Und wo fanden diese Experimente statt? Im mesopotamischen E-din, das die Anunnaki bei ihrer Ankunft auf der Erde als ersten Stützpunkt ausgewählt hatten.

Adama. Adam. E-din. Der Garten Eden. Der erste wirkliche Mann. Die erste wirkliche Frau. Menschliche Schöpfung und Fortpflanzung. Wir könnten es hier also mit einem überzeugenden Indiz dafür zu tun haben, dass dank den Anunnaki, die aus rein selbstsüchtigen Motiven eine Sklavenrasse erschufen, im alten Mesopotamien vor mehreren hunderttausend Jahren der Samen des biblischen Mythos von Adam und Eva und dem Garten Eden ausgesät wurde.

Durch die gezielte Manipulation der Anunnaki besaßen ihre Sklaven nun einen natürlichen Sexualtrieb, was sicherstellte, dass sie sich rasch und geradezu explosionsartig vermehrten. Das ermöglichte es ihren Schöpfern, den Abbau des wertvollen, zu Nibirus Rettung benötigten Goldes in immer größerem Maßstab durchzuführen.

Es gab noch eine andere Entwicklung – die von den Anunnaki vermutlich nicht vorhergesehen wurde. Die weiblichen Nachkommen dieser neuen Kreatur waren, wenn sie die Geschlechtsreife erreichten, keineswegs von plumpem und tierhaftem Äußeren. Die männlichen Anunnaki fanden sie überaus attraktiv – so dass sie die Menschenfrauen als Sexsklavinnen benutzten, sie sich aber auch zu Ehefrauen nahmen. Diese Entwicklung bildet wohl die Grundlage für die folgende Bibelstelle:

> Als die Menschen sich über die Erde hin zu vermehren begannen und ihnen Töchter geboren wurden, sahen die Gottessöhne, wie schön die Menschentöchter waren, und sie nahmen sich von ihnen Frauen, wie es ihnen gefiel. Da sprach der Herr: Mein Geist soll nicht für immer im Menschen bleiben, weil er auch Fleisch ist; daher soll seine Lebenszeit hundertzwanzig Jahre betragen. In jenen Tagen gab es auf der Erde die Riesen, und auch später noch, nachdem sich die Gottessöhne mit den Menschentöchtern eingelassen und diese ihnen Kinder geboren hatten. Das sind die Helden der Vorzeit, die berühmten Männer.
>
> (GENESIS 6,1–4)

Es ist sehr vernünftig anzunehmen, dass es sich bei den Gottessöhnen um die Anunnaki handelte, die die Befehle ihres Herrschers Anu ausführten. Die Nephilim könnten zur Hälfte Mensch und zur Hälfte Anunnaki gewesen sein – legendäre Gestalten wie Noah oder Methusalem (beide wurden angeblich über 900 Jahre alt) oder der Riese Goliath, der von David erschlagen wurde. Berühmte Männer wäre in der Tat eine passende Bezeichnung für diese Auserwählten gewesen.

Dass Gott hier anscheinend die menschliche Lebenserwartung auf 120 Jahre begrenzt, könnte sich ebenfalls auf gezielte genetische Manipulationen der Anunnaki beziehen – um sicherzustellen, dass die Menschen nicht die gleiche Beinahe-Unsterblichkeit wie die »Götter« selbst erreichten, jedenfalls nicht, solange Letztere das nicht wünschten.

SIEBEN

Kollidierende Welten und ein atomarer Angriff

Allen überlieferten Texten lässt sich entnehmen, dass die Bergbauprojekte der Anunnaki mehrere zehntausend Jahre dauerten. Unzählige Adama – vom frühen genmodifizierten *Homo erectus* über den Cro-Magnon-Menschen bis zu uns – wurden als Sklavenrasse missbraucht. Sie fristeten ihr ganzes Leben damit, unter dem strengen Regiment der Außerirdischen in den Goldminen zu schuften. Dennoch vertrauten die schwer arbeitenden Adama den Anunnaki und hielten sie für Götter. Das Programm schritt reibungslos und fast ohne Rückschläge voran – denn die Anunnaki behandelten die Adama grausam und herzlos. Für die Menschen hieß es: arbeiten oder sterben. Also entschieden sie sich, verständlicherweise, fürs Arbeiten. Und wie wir gesehen haben, pflegten die Anunnaki die Adama-Frauen auch als Sexobjekte zu missbrauchen. Das führte zur Geburt von Geschöpfen, die halb Mensch und halb Anunnaki waren, einzigartige Wesen, bei denen es sich fast ohne Zweifel um jene handelte, die in der Bibel als »Riesen« und »Helden der Vorzeit« bezeichnet werden.

Doch die Anunnaki waren weder unverletzlich noch allmächtig. Sie waren sich darüber im Klaren, dass ihre intensiven Bergbauprojekte nicht unbegrenzt weitergehen konnten. Tatsächlich wussten diese außerirdischen »Götter« nur zu gut, dass ihnen schwere Zeiten bevorstanden. Die Gefahr, die am Horizont aufzog, hatte mit ihrem Heimatplaneten zu tun.

Eine planetare Katastrophe droht

Es gibt faszinierende Hinweise darauf, dass die alten Sumerer genau über die Existenz Nibirus Bescheid wussten: Ein Studium der sumerischen Geschichte zeigt, dass sie über großes astronomisches Wissen verfügten und dem Sonnensystem ein Dutzend Himmelskörper zurechneten – namentlich die neun bekannten Planeten, plus Sonne und Mond, aber halt: Das sind nur elf! Welcher Planet war es also, von dem die Sumerer wussten, dass er die Sonne in einem sehr weiten Orbit umrundete? Zecharia Sitchin glaubte, dass es sich dabei um Nibiru handelte.

Forscher, die sich mit den Anunnaki beschäftigen, haben errechnet, dass Nibirus Orbit weit aus dem herausreicht, was wir als Sonnensystem betrachten – weit über den Orbit Plutos hinaus, des am weitesten außerhalb befindlichen bekannten Planeten (wobei Pluto allerdings 2006 zu einem Zwergplaneten degradiert wurde). Nibirus sonderbarer Orbit bewirkt, dass jedes Mal mehrere Jahrtausende vergehen, bis der Planet sich wieder der Erde annähert. Was die Anunnaki wussten, die Adama jedoch nicht, war, dass die nächste Annäherung zwischen Nibiru und der Erde, unserer heutigen Zeitrechnung nach, etwa um 10.000 v. Chr. erfolgen würde.

Die Anunnaki wussten noch etwas: Eine schreckliche, tödliche Katastrophe stand bevor. Nibiru mit seiner Größe und vor allem mit seinem gewaltigen Gravitationsfeld würde auf der Erde fürchterliche Zerstörungen verursachen. Es gab keinen

Ort auf der Erdoberfläche, wo man vor Nibirus die Landschaft zerstörendem Zorn sicher gewesen wäre. Selbst die Anunnaki waren trotz all ihrer Macht und Technologie nicht in der Lage, die Bewegungen der Planeten zu beeinflussen. Also ergriffen sie Notmaßnahmen, um diejenigen von ihnen zu schützen, die auf der Erde stationiert waren.

Sie planten, mit ihrer großen Raumschiff-Armada aufzusteigen und die Erde in sicherer Entfernung zu umkreisen, bis die zerstörerischen Gravitationskräfte nicht länger einwirkten. Dann wollten sie auf den verwüsteten Planeten zurückkehren, die Schäden an ihren Gebäuden und Anlagen beseitigen und von vorn anfangen. Was das Schicksal der Adama anging – nun, die sollten selbst sehen, wie sie mit der Katastrophe fertig wurden, wenn die Erde sich, in erschreckend kurzer Zeit, durch die Auswirkung von Nibirus Schwerefeld in einen Albtraum verwandeln würde.

Nicht alle Anunnaki waren damit einverstanden, die Adama dem sicheren Tod durch schreckliche Erdbeben, unvorstellbar heftige Orkane und planetenweite Mega-Tsunamis zu überantworten. Zu dieser Gruppe gehörte kein anderer als Enki. Das bringt uns zu einer weiteren zentralen Figur: Utnapischtim.

Sintflut-Legenden und die Geheimnisse der Unsterblichkeit

Wenn man weltweite Flutkatastrophen in ferner Vergangenheit erwähnt, denken viele Leute sofort an Noah und seine riesige Arche, die auf dem sturmgepeitschten Ozean trieb und schließlich auf einem Berg strandete, den viele Bibelgelehrte als den Berg Ararat in der heutigen Türkei identifizieren. Viele Christen sind sich nicht bewusst, dass die biblische Noah-Geschichte nur eine unter Dutzenden von Sintflut-Erzählungen ist, die weltweit überliefert wurden.

Was hat nun Utnapischtim damit zu tun? Ganz einfach, er war das sumerische Äquivalent zu Noah, und die Anunnaki behandelten ihn nicht wie einen gewöhnlichen Adama-Sklaven – was wohl darauf zurückzuführen ist, dass er zu jenen legendären »Helden der Vorzeit« gehörte, von denen in der Bibel die Rede ist. Er war das Kind eines Anunnaki und einer Adama-Frau und hatte das Glück, die enorme Lebenserwartung der Anunnaki geerbt zu haben. Es gibt starke Hinweise darauf, dass es sich bei Utnapischtim und Noah um ein und dieselbe Person handelt – die Noah-Geschichte also auf einer viel älteren sumerischen Überlieferung beruht. Die Geschichten von Utnapischtim und Noah ähneln sich so unglaublich, dass die eine ganz klar auf der anderen basieren *muss.*

Es mag Christen überraschen und vielleicht ärgern, aber die Sage von Utnapischtim ist erheblich älter als die biblische Noah-Erzählung. Daher ist davon auszugehen, dass letztere auf ersterer beruht. Sie steht im Gilgamesch-Epos, von dem angenommen wird, dass es vor etwa 6.000 Jahren geschrieben wurde. Für die Menschen Mesopotamiens, einschließlich der Sumerer, hatte dieses Epos den Rang, den für die Christen die Bibel einnimmt. Es erzählt in Gedichtform die Geschichte Gilgameschs, eines mächtigen sumerischen König, der über die Stadt Uruk herrschte. Die Anfänge dieser Stadt reichen bis etwa 4.000 v. Chr. zurück. Ihre Ruinen stehen östlich des Euphrat, der in der Türkei entspringt, durch Syrien und den Irak fließt und in den Persischen Golf mündet. Die in dem Epos enthaltenen Geschichten reichen allerdings noch viel weiter in die Vergangenheit zurück, möglicherweise bis in die Zeit, als Nibiru auf der Erde eine globale Katastrophe verursachte.

Es gibt starke Hinweise darauf, dass Gilgamesch einen Anunnaki-Vater hatte, weshalb er als »Halbgott« galt. Er soll 126 Jahre in der Stadt Uruk regiert haben, was auf eine deutlich höhere Lebensspanne als die eines normalen Menschen hinweist. Außerdem wird im Gilgamesch-Epos deutlich zum Ausdruck gebracht, dass der König und sein Volk um die enorme Lebensdauer ihrer Götter – der Anunnaki – wussten. An einer Stelle in dem Epos heißt es, dass unter der Sonne nur die Götter ewig regieren. Den Menschen hingegen sei kein langes Leben beschieden. Ein weiterer Beleg dafür, dass Gilgamesch zur Hälfte Anunnaki gewesen sein muss, findet sich in einem alten Text, der 200 v. Chr. oder noch früher entstand: dem *Buch der Riesen*. Darin wird – wie der Titel ahnen lässt – Gilgamesch als ein dem biblischen Goliath ähnelnder Riese beschrieben.

Dort, wo im Gilgamesch-Epos Utnapischtim auftaucht, gibt es zahlreiche Hinweise auf die Unsterblichkeit und die Fähigkeit, den Alterungsprozess hinauszuzögern – oder gar umzukehren. Es wird berichtet, wie König Gilgamesch sich auf die Reise begibt, um Utnapischtim zu finden, der als ein direkter Vorfahre des Königs bezeichnet wird. Obwohl Gilgamesch relativ lange lebte, war er kein unsterblicher Gott. Schließlich war er vermutlich zur Hälfte Mensch. Das genügte Gilgamesch aber nicht. Weil Utnapischtim unsterblich zu sein schien, verlangte der König, er solle ihm das Geheimnis des ewigen Lebens verraten. Dieses Geheimnis fand man angeblich in einer geheimnisvollen Pflanze, die tief unter dem Wasser eines bestimmten Flusses verborgen war. Die Pflanze konnte zwar keine völlige Unsterblichkeit schenken, aber den Alterungsprozess bis zu einem gewissen Grad rückgängig machen. Gilgamesch, der sich in obsessiver Weise vor dem Tod fürchtete, versuchte nach Kräften, die Pflanze aus dem Fluss zu holen. Doch er wurde daran von einer sich sehr schnell bewegenden Schlange gehindert.

Man darf spekulieren, ob die Schlange ein Hinweis auf die Einmischung eines Anunnaki ist – der als Gestaltwandler die Form eines Reptils angenommen hatte und Gilgamesch die Unsterblichkeit verweigerte. Wie auch immer die Wahrheit ausgesehen haben mag, der König gab seinen Versuch ewiges Leben zu erlangen, jedenfalls auf, kehrte nach Uruk zurück und wusste von nun an, dass es ihm nicht bestimmt war, ein Leben wie die Götter zu führen. Wir sollten Gilgamesch deswegen aber nicht bedauern. Immerhin regierte er 126 Jahre lang, und wir wissen nicht, wie alt er war, als er König wurde.*

Schauen wir uns nun die Verbindung von Gilgamesch und Utnapischtim einmal etwas genauer an.

Wie die »Samen« an Bord des Lebensbewahrers vor der Vernichtung geschützt wurden

Im Gilgamesch-Epos heißt es, dass der Anunnaki Enki es war, der Utnapischtim vor der nahenden Katastrophe warnte. Als Weltraumreisender musste Enki ja wissen, was der Erde bevorstand. Unzählige Millionen würden in einer verheerenden Flut umkommen. Städte würden vernichtet und für immer unter neu entstehenden Ozeanen begraben werden. Die Welt, die Utnapischtim bisher gekannt hatte, würde für immer ausgelöscht werden. Enki erteilte Utnapischtim genaue Anweisungen, wie er sich selbst und seine Familie retten könne. Utnapischtim solle ein riesiges Schiff bauen – stark genug, um die Einwirkung von Nibirus Gravitationskräften zu überstehen.

Es gibt noch andere Parallelen zur biblischen Sintflut-Geschichte. Wie Noah hat auch Utnapischtim eine Familie. Und so wie Noah von Gott die Anweisung erhält, von jeder Tierart ein

* Das Gilgamesch-Epos bildet auch die Grundlage für Zecharia Sitchins Schlüsselroman über die Anunnaki, *Der König, der sich weigerte zu sterben* – er wurde erst nach seinem Tod veröffentlicht und liegt im Amra Verlag vor. Das umfangreiche Werk *Die Anunnaki-Chroniken*, ebenfalls bei Amra erschienen, versammelt alle wichtigen Aussagen Sitchins aus seinem Lebenswerk. – *Der Verlag*

Paar mit auf die Arche zu nehmen, so weist Enki Utnapischtim an, sein Schiff mit Tieren zu bevölkern, oder jedenfalls werden Enkis Worte so interpretiert. Tatsächlich sagte Enki, dass Utnapischtim die Samen aller Lebewesen mit an Bord nehmen soll. Das klingt weit *weniger* nach ganzen, lebenden Tieren und weit *mehr* nach kostbarem genetischen Material, das man nutzen konnte, um später die vielen Tier- und Pflanzenarten wieder auferstehen zu lassen, die von der Flut ausgelöscht werden würden. Schon aus praktischen Gründen erscheint es wesentlich einfacher, die DNA aller Tiere in einem Schiff zu transportieren, als mühsam ein Pärchen jeder Tierart einzufangen und an Bord zu bringen.

Ein deutlicher Unterschied zwischen der Bibel und dem Gilgamesch-Epos besteht darin, dass jenes Wasserfahrzeug, das in der Bibel als Arche bezeichnet wird, in letzterem »Lebensbewahrer« heißt. Dieser Lebensbewahrer muss ziemlich eindrucksvoll gewesen sein. Er war aus Holz gebaut, etwa 60 Meter lang und besaß sieben Decks. Und er wurde in nur einer Woche erbaut. Es fragt sich, ob es sich dabei wirklich um ein gewöhnliches Schiff handelte. Oder war der Lebensbewahrer ein technologisch fortschrittliches, seetüchtiges Fahrzeug der Anunnaki? Dieses Szenario ist keineswegs auszuschließen, denn im Gilgamesch-Epos heißt es, dass zwar Utnapischtim und die Menschen seines Dorfes den Lebensbewahrer bauten, entworfen und konstruiert hatte ihn aber Enki selbst.

Nibiru, der Todesbringer

Während Nibiru sich, wie ein kosmisches Damoklesschwert, immer weiter auf die Erde zubewegte, war sein Anblick gewiss furchterregend. Die Menschen konnten ihn schon am Himmel sehen, lange bevor seine physikalischen Auswirkungen spürbar wurden. Auch wenn sie vermutlich nicht genau wussten, was sich da am Himmel abspielte, dürften sie geahnt haben, dass sich etwas Bedrohliches zusammenbraute, wie ein Krebsgeschwür, das beängstigend schnell wuchs.

Als die Monate vergingen und die unmittelbare Konfrontation der beiden Planeten nur noch eine Frage von Wochen war, und dann nur noch von Tagen oder Stunden, wurde vermutlich die gesamte Menschheit von Panik ergriffen. Aus einem allmählich wachsenden Lichtpunkt war ein gigantischer Planet geworden, das größte Objekt am Himmel. Anfangs gab es nur ungewöhnlich heftige Gewitter, kleinere Stürme und andere lokale Wetteranomalien sowie leichte Erdbeben – ausgelöst durch erste, die Erde treffende Vorboten gewaltiger Gravitationskräfte. Schon bald wurde daraus ein verheerendes weltweites Inferno, das einen großen Teil des Lebens auslöschte. Welche Ausmaße diese Katastrophe hatte, lässt sich an den *weltweit* anzutreffenden Legenden über schreckliche Sintfluten erkennen.

Als Nibiru und die Erde ihre größte Annäherung erreichten, der Himmel schwarz und schrecklich war, die Erde bebte, Gebirge einstürzten und neue Landmassen aus dem Meer auftauchten, befand sich Utnapischtim mit dem Lebensbewahrer bereits auf See. Bei ihm waren seine Familie und die Menschen seines Dorfes, und der Lebensbewahrer trug die Samen aller Lebewesen. Im Gilgamesch-Epos heißt es, dass das zerstörerische Wüten der Gravitation Nibirus zwölf Tage und Nächte andauerte. Diese Zeit genügte, um die Erdoberfläche so zu verwandeln, dass sie kaum wiederzuerkennen war. Eine solche Zeitspanne ist dafür mehr als ausreichend, wenn man bedenkt, dass wir durch einen globalen Atomkrieg eine vergleichbare Zerstörung innerhalb von *Minuten* herbeiführen können.

Eine neue Welt

Als Nibiru sich wieder von der Erde entfernte und der zerstörerische Einfluss seines Gravitationsfeldes immer mehr nachließ und schließlich ganz aufhörte, konnte Utnapischtim endlich einen Blick hinaus wagen. Das muss ein schrecklicher Moment für ihn gewesen sein. Das Land war verschwunden. Da war nur Wasser, aus dem ein kleiner Teil des Berges Nimusch aufragte. Utnapischtim steuerte den Lebensbewahrer vorsichtig an den Berggipfel heran. Er und seine Leute verließen das Schiff und setzten den Fuß auf das, was von der Welt, die sie gekannt hatten, noch übrig war.

Zwar konnte die genaue Lage des Nimusch bis jetzt nicht identifiziert werden, aber man nimmt an, dass es sich um den Omar Gudrun handelt, einen fast dreitausend Meter hohen Berg in der Nähe der kurdischen Stadt Sulaimaniyya. Wie in der späteren biblischen Erzählung von Noah schickt auch Utnapischtim Vögel aus, damit sie Land finden – eine Taube, eine Schwalbe und einen Raben. Letzterer sah Land, als das Wasser endlich zurückwich. Nun war es Zeit, mit dem Wiederaufbau zu beginnen.

Die Sintflut-Erzählung im Gilgamesch-Epos hat einen weiteren wichtigen Aspekt: Zum Dank dafür, dass Utnapischtim Enkis Anweisungen gewissenhaft ausgeführt und die Samen aller Lebewesen beschützt und bewahrt hatte, erhielten er und seine Frau die Gabe der Unsterblichkeit und standen von da an bei den Anunnaki in hohem Ansehen.

Können wir das so interpretieren, dass bei Utnapischtim und seiner Frau von den dankbaren Anunnaki eine genetische Manipulation vorgenommen wurde – vielleicht indem man ihnen weißes Goldpulver oder »Manna vom Himmel« verabreichte? Ja, das können wir!

Gibt es irgendeinen konkreten, harten Beweis dafür, dass sich auf der Erde vor vielen Jahrtausenden tatsächlich diese Katastrophe ereignete? Die erstaunliche Antwort lautet: Ja. Überlegen Sie einmal: Um etwa 8.700 v. Chr. verschwand in Amerika die Clovis-Kultur, und gleichzeitig starben zahlreiche Tiere aus – und zwar während einer sehr kurzen Zeitspanne. Dann haben wir noch die Theorie des Geologen James Kennett und des Geophysikers Allen West, wonach vor 12.900 Jahren ein großer Komet mit der Erde kollidierte, was zu gewaltigen Zerstörungen und einem großen Artensterben führte. Es könnte doch sein, dass die Zerstörungen nicht auf den Einschlag eines Kometen zurückzuführen waren, sondern auf die Annäherung Nibirus und die daraus resultierenden Gravitationskräfte.

In ähnlicher Richtung argumentieren Whitley Strieber und Art Bell bezüglich der in Sibirien und Alaska gefundenen Mammut-Überreste. Diese Mammuts starben vor über 10.000 Jahren ganz plötzlich infolge einer abrupten, dramatischen Klimaänderung:

> Dass diese Tiere ganz plötzlich einfroren, kann nicht Resultat eines heftigen Schneesturms gewesen sein. Welcher Sturm könnte einen so abrupten Temperatursturz bewirken, dass die friedlich grasenden Tiere davon völlig überrascht wurden und noch nicht einmal Zeit hatten, irritiert aufzublicken? … Allem Anschein nach wurden sie regelrecht schockgefroren, von einem Augenblick zum anderen.
>
> (Bell & Strieber, 2004)

Zu beachten ist auch, dass auf der Erde bis vor etwa 10.000 Jahren eine Eiszeit herrschte. Wenn Sie das mit der plötzlichen Auslöschung der Mammuts sowie dem Aussterben unzähliger Tierarten auf dem Gebiet der heutigen USA und den Beweisen für massive Zerstörungen kombinieren, die nach Ansicht von Kennett und West durch einen Kometen verursacht wurden, haben Sie unwiderlegbare Beweise dafür, dass sich um diese Zeit herum eine weltweite Katastrophe ereignet haben muss. Diese Katastrophe – oder eine Reihe von Katastrophen – geschah zu einer Zeit, als unsere Vorfahren bereits in der Lage waren, die Erinnerungen an diese Ereignisse von Generation zu Generation weiterzugeben. Und jede diese Erinnerungen und Legenden lässt sich direkt auf das Auftauchen des am wenigsten willkommenen himmlischen Besuchers überhaupt zurückführen: Nibiru.

Wer daran zweifelt, dass in unserem Sonnensystem unbekannte Planeten existieren könnten, sollte das folgende Statement der NASA vom 13. September 2001 lesen:

> Milliarden Kilometer von der Erde entfernt, jenseits der Umlaufbahn des Neptun, liegt der wohl verbotenste Teil unseres Sonnensystems, ein riesiges Gebiet, wo es so kalt und dunkel ist, dass vernünftige Astronauten sich zurecht davor fürchten. Die Sonne, die uns auf der Erde so wohlig wärmt, ist dort draußen lediglich der hellste Stern am Nachthimmel. Und es ist so kalt, dass die Atmosphäre des Pluto – der als einziger Planet so weit von der Sonne entfernt ist – fast immer gefroren auf der Planetenoberfläche liegt …
>
> Würde ein Raumschiff diesen äußeren Bereich unseres Sonnensystems erkunden, gäbe es für die Astronauten die meiste Zeit sehr wenig zu sehen.

> Und tatsächlich glaubten die Astronomen im vergangenen Jahrhundert lange, es gäbe dort kaum etwas: nur einen kleinen Eisplaneten, Pluto, und seinen merkwürdigen Mond Charon. Da wäre es wohl das Beste, gleich zum nächsten Stern weiterzufliegen. Aber warten Sie! Vielleicht ist das äußere Sonnensystem doch nicht so langweilig. Kürzlich haben Astronomen entdeckt, dass die Weite jenseits des Neptun alles andere als leer ist. Es wimmelt dort von Tausenden dunklen, mysteriösen Objekten, an denen kein Forschungsreisender achtlos vorbeifliegen sollte.
>
> (»What Lurks in the Outer Solar System?«, 2001)

Vier Jahre später, genauer gesagt am 29. Juli 2005, veröffentlichte die NASA eine Pressemitteilung mit der Überschrift: »Zehnter Planet entdeckt«. Dr. Mike Brown vom California Institute of Technology (Caltech) gab darin bekannt, dass im äußeren Sonnensystem ein neuer Planet gefunden worden war, schätzungsweise 97 Mal so weit von der Sonne entfernt wie die Erde. Er befindet sich in jener kalten, dunklen äußeren Zone, von der in der Pressemitteilung von 2001 bereits die Rede war. Offiziell wird dieser äußere Teil des Sonnensystems als Kuipergürtel bezeichnet (benannt nach dem holländischen Astronomen Gerard Kuiper, der an der Universität von Chicago forschte). Die Größe des Objekts im Vergleich zu den bekannten Planeten des Sonnensystems bedeute, so Brown, dass es sich um einen Planeten handeln müsse. Dieser neu entdeckte Planet erhielt die fantasielose Bezeichnung UB313. Inzwischen wurde er Eris getauft und gilt als der größte unter den so genannten Zwergplaneten. Es ist jedoch extrem unwahrscheinlich, dass Eris und Nibiru identisch sind, da der neu entdeckte Planet, wie 2010 nachgewiesen werden konnte, nur etwa so groß wie Pluto ist (der inzwischen ebenfalls als Zwergplanet klassifiziert wurde).

Diese Entdeckung beweist uns aber, dass es im äußeren Teil unseres Sonnensystems noch unentdeckte Himmelskörper gibt – und einer von ihnen ist immerhin ein, wenn auch kleiner Planet: Eris. Wo es *einen* Planeten gibt, können sehr wohl weitere um die Sonne kreisen, die von der NASA bisher nur nicht gefunden wurden. Da Eris erst im Jahr 2005 entdeckt wurde, dürfen wir durchaus auf weitere aufregende Entdeckungen dort draußen im äußeren Sonnensystem hoffen – vielleicht wird auch Nibiru bald gefunden.

Die Anunnaki führen Krieg gegeneinander, und Sumer verwandelt sich in eine radioaktive Hölle

Als Folge des weltweiten Chaos, das der nahe Vorbeiflug Nibirus hinterlassen hatte, begannen die Anunnaki nach und nach im Verlauf mehrerer Jahrhunderte (eine winzige Zeitspanne für diese fast unsterblichen Wesen) in einzelne Gruppen zu zerfallen. Miteinander konkurrierende Fraktionen entstanden, zwischen denen immer heftigere Konflikte ausbrachen. Es zeigte sich zunehmend, dass die nun schon fast eine Ewigkeit dauernde Herrschaft der Anunnaki über die Erde – und über die von ihnen selbst erschaffene Menschheit – sich dem Ende zuneigte.

Der Konflikt eskalierte derartig, dass die gegnerischen Fraktionen schließlich zu einem schier unvorstellbaren Mittel griffen. Scheinbar ohne sich darum zu kümmern, dass die Erde sich immer noch von den Zerstörungen erholte, die Nibiru verursacht hatte, bekämpften die Anunnaki einander mit taktischen Atomwaffen, verzweifelt bestrebt, die Kontrolle über ihren jeweiligen Teil des Planeten zu behalten.

In der Zeit nach der Sintflut, die nur ein kleiner Teil der Menschheit überlebt hatte, ließen sich das langfristige Programm der Anunnaki zur ständigen Schaffung von Rh-Negativen durch DNA-Manipulation und der Goldbergbau nur noch mühsam und stark reduziert aufrechterhalten. Ein großer Teil Sumers war im Meer versunken. In den alten Texten gibt es Beschreibungen von gewaltigen Zerstörungen auf den verbliebenen Landflächen, die beängstigend an einen Nuklearangriff erinnern:

> *Das Land* (Sumer) *befiel ein großes Unheil,*
> *wie man es nie zuvor erlebt hatte*
> *und gegen das niemand etwas ausrichten konnte.*
>
> *Ein großer Sturm vom Himmel …*
>
> *Ein das Land verheerender Sturm …*
>
> *Ein böser Wind wie eine hereinbrechende Flut …*
>
> *Ein gewaltiger Sturm, mit dem eine sengende Hitze kam …*
>
> *Bei Tag war das Licht der Sonne nicht mehr zu sehen und nachts leuchteten die Sterne nicht …*
>
> *Die Menschen fürchteten sich und konnten kaum atmen. Der böse Wind erfasste sie, und es gab für sie kein Morgen …*
>
> *Sie bluteten aus dem Mund, ihre Gesichter waren blutüberströmt …*
>
> *Der Böse Wind ließ ihre Gesichter bleich werden.*
>
> *Städte wurden entvölkert, Häuser blieben leer zurück, Ställe und Schafsgatter standen leer …*
>
> *Das Wasser in Sumers Flüssen wurde bitter, auf den*

Feldern wuchs Unkraut, das Gras auf den Weiden verkümmerte.

(Alford, 1996)

Sodom und Gomorra: ein Atombombenabwurf

Prä-Astronautik-Forscher vermuten, dass die Geschichte vom Untergang der Städte Sodom und Gomorra einen atomaren Schlagabtausch der Anunnaki zum Hintergrund hat. Die im Buch Genesis geschilderte Vernichtung dieser beiden Städte, die am Jordan gelegen haben sollen, durch Feuer und Schwefel geschah laut der Bibel, weil die Bewohner durch ihr böses Treiben den Zorn Gottes erregt hatten.

In Genesis 19 erhält Lot Besuch von »zwei Engeln«. Die Geschichte geht folgendermaßen weiter: »Die Männer sagten dann zu Lot: Hast du hier noch einen Schwiegersohn, Söhne, Töchter oder sonst jemand in der Stadt? Bring sie weg von diesem Ort! Wir wollen nämlich diesen Ort vernichten; denn schwer ist die Klage, die über die Leute zum Herrn gedrungen ist. Der Herr hat uns geschickt, die Stadt zu vernichten.« (Genesis 19,12–13)

Das klingt sehr danach, dass bestimmten Menschen freundlich gesonnene Anunnaki diese vor einer drohenden Katastrophe warnten, so wie Enki Utnapischtim vor der bevorstehenden Sintflut warnte. Am folgenden Morgen führte Lot, in Angst vor der Gefahr, seine Frau und seine Töchter aus Sodom weg, weil die »Engel« ihn beharrlich dazu gedrängt hatten. Als Lot mit seiner Familie Sodom verlassen hatte, berichtet die Bibel weiter:

> … ließ der Herr auf Sodom und Gomorra Schwefel und Feuer regnen, vom Herrn, vom Himmel herab. Er vernichtete von Grund auf jene Städte

und die ganze Gegend, auch alle Einwohner der Städte und alles, was auf den Feldern wuchs. Als Lots Frau zurückblickte, wurde sie zu einer Salzsäule. Am frühen Morgen begab sich Abraham an den Ort, an dem er dem Herrn gegenübergestanden hatte. Er schaute gegen Sodom und Gomorra und auf das ganze Gebiet im Umkreis und sah: Qualm stieg von der Erde auf wie der Qualm aus einem Schmelzofen.

(Genesis 19, 24–28)

Eine bessere Beschreibung eines atomaren Angriffs wird sich kaum finden lassen – außer vielleicht die folgende. Sie stammt aus dem *Mahabharata*, einem unglaublich alten indischen Epos.

Sodom wird in einem Atomkrieg der Anunnaki von einer Atombombe vernichtet.

Darin werden Ereignisse geschildert, die erschreckend nach den atomaren Gefechten der Anunnaki in der Zeit nach der großen Flut klingen. Besonders interessant ist diese Textstelle aus dem *Mahabharata*:

> … [es war] *ein einzelnes Projektil,*
> *geladen mit der Macht des Universums.*
> *Eine weißglühende Säule aus Rauch und Feuer,*
> *so hell wie tausend Sonnen,*
> *erhob sich in all ihrer Herrlichkeit.*
>
> *… es war eine unbekannte Waffe,*
> *ein eiserner Blitz,*
> *ein gigantischer Bote des Todes,*
> *der die gesamte Rasse der Vrishnis und Andhakas*
> *zu Asche verbrannte.*
>
> *… die Leichen waren verbrannt*
> *bis zur Unkenntlichkeit.*
> *Die Haare und Nägel fielen aus.*
> *Keramik zerbrach ohne erkennbaren Grund,*
> *und die Vögel wurden weiß.*
>
> *Nach ein paar Stunden*
> *waren alle Lebensmittel vergiftet …*
> *… um dem Feuer zu entgehen,*
> *sprangen die Soldaten in die Flüsse,*
> *um sich und ihre Ausrüstung zu waschen.*
>
> (»Ancient Atomic Knowledge«, 2015)

Dann findet sich in dem alten Text diese Stelle: »Gurkha, der in seinem schnellen und mächtigen Vimana flog, schleuderte gegen die drei Städte der Vrishnis und Andhakas ein einzelnes Projektil, das mit der Macht des Universums geladen war.« (Ebd.)

Auch hier gilt wieder: Die Vermutung liegt nahe, dass ein atomarer Schlagabtausch zwischen kriegführenden Mächten beschrieben wird, höchstwahrscheinlich Anunnaki gegen Anunnaki. Schlimmer noch: Sogar E-din, jener Ort, der Vorbild des Gartens Eden in der Bibel war, wurde ausgelöscht. Zweifellos war das der Tropfen, der das Fass zum Überlaufen brachte. Eine drohende völlige Katastrophe, vielleicht sogar die völlige Vernichtung ihrer Spezies vor Augen, kamen die Anunnaki im letzten Moment zur Besinnung. Man beschloss, die Auseinandersetzung zu beenden und nach Nibiru zurückzukehren. Die Menschheit, einschließlich der von den Anunnaki so aufwendig erschaffenen und so oft genetisch veränderten Rh-Negativen, überließ man ihrem Schicksal.

Vielleicht verließen aber gar nicht alle Anunnaki die Erde. Das bringt uns zum nächsten verblüffenden Kapitel unserer Geschichte: Eine kleine Gruppe von Anunnaki blieb zurück und setzte ihre Experimente fort – allerdings in reduziertem Umfang und unter strenger Geheimhaltung, denn anders als in der Zeit vor der großen Flut wurden sie nun nicht mehr von den Menschen als unbesiegbare Götter verehrt.

ACHT

Lilith: eine Anunnaki-Verwalterin

Wenn wir annehmen, dass die große Mehrheit der Anunnaki nach Nibiru zurückkehrte, als ihre nuklearen Kriege sie auf der Erde an den Rand der Auslöschung gebracht hatten, ist es sehr gut möglich, dass sie kleine Gruppen von Verwaltern zurückließen, deren Aufgabe es war, die gentechnische Arbeit fortzuführen, die sie über mehrere hunderttausend Jahre auf unserem Planeten betrieben hatten. Wenn das der Fall war, dann mussten diese Teams in sehr viel bescheidenerem Rahmen operieren, denn nach dem großen Exodus nach Nibiru kann ihre Zahl auf der Erde nur noch klein gewesen sein.

Die Götter von einst, die Jahrhunderttausende lang arrogant über den gesamten Planeten und seine Bevölkerung geherrscht und seine Goldvorräte geplündert hatten, waren verschwunden – vielleicht für alle Zeiten.

Jene Anunnaki, die auf der Erde zurückblieben, waren vermutlich nur mehr ein Schatten ihrer Vorfahren. Nach dem Atomkrieg dürften ihre Lebensbedingungen schwierig gewesen sein. Vermutlich versuchten sie, durch List und Täuschungsmanöver ihr einstiges mächtiges Götter-Image aufrechtzuerhalten – aber das war bloß noch Fassade, ein schwacher Abglanz ihrer einstigen Größe.

Alledem wohnt eine feine Ironie inne: Wenn die atomare Strahlung die auf der Erde zurückgebliebenen Anunnaki schwer geschädigt hatte, waren ihre genetischen Experimente nun vermutlich nicht mehr von dem Wunsch getrieben, Sklavenrassen zu züchten, um deren Arbeitskraft auszubeuten. Möglicherweise drohte ihnen durch die Strahlenschäden eine genetische Degeneration, die ihr Überleben gefährdete. In dieser Situation wurden sie abhängig von unserer menschlichen DNA, unseren Eiern und Spermien, um weiterleben zu können. Genau das scheint der Hintergrund der »Entführungen durch Außerirdische« zu sein. Die Entführer werden oft als schwache, kränkliche Wesen beschrieben, die unser Genmaterial benötigen, um gewissermaßen ihre eigene »Brut« aufzupeppen und zu stärken. Möglicherweise wissen wir jetzt warum: Der Atomkrieg, den die Anunnaki damals auf der Erde gegeneinander führten, bescherte jenen, die nicht nach Nibiru zurückkehrten, sondern auf der Erde blieben, eine düstere Zukunft als von Strahlenschäden schwer Gezeichnete. Und seitdem und bis heute benutzen diese überlebenden Anunnaki unser menschliches Genmaterial, um allmählich ihre alte Macht und Langlebigkeit zurückzuerlangen.

Oder, ein anderes Szenario, die Anunnaki haben biologische Roboter oder Drohnen konstruiert und auf der Erde zurückgelassen, die während der langen Abwesenheit der »Götter« deren Werk fortsetzen. Diese Möglichkeit ist gar nicht so weit hergeholt, wie wir gleich sehen werden.

Einer, der seine Gedanken über genau dieses Szenario enthüllte, war Oberst Philip Corso. Zusammen mit William Birnes verfasste er das 1997 erschienene, höchst umstrittene Buch *Der Tag nach Roswell.* Darin berichtet Corso von dem so genannten Roswell-Zwischenfall, der sich im Sommer 1947 ereignete. Damals soll in der Nähe des Städtchens Roswell in New Mexico ein UFO abgestürzt sein. Corso behauptete, er hätte erheblich zum wissenschaftlichen und militärischen Fortschritt der USA beigetragen, weil es zu seinen Aufgaben gehörte, die fantastischen Technologien, die man angeblich in dem Roswell-UFO fand, der amerikanischen Rüstungsindustrie und anderen US-Privatunternehmen zugänglich zu machen, ohne deren außerirdische Herkunft preiszugeben.

Obwohl Corso von jenen, die an den Absturz eines mit außerirdischen Wesen besetzten Raumschiffs in Roswell glauben, häufig als Zeuge angeführt wird, hielt er selbst ein anderes Szenario für wahrscheinlicher. Corso vertrat die Auffassung, dass es sich bei den sonderbaren Körpern, die man in dem Wrack gefunden hatte, um künstlich genetisch erzeugte Wesen handelte, die eigens dafür gezüchtet worden waren, die körperlichen Härten eines Raumflugs zu überstehen, *nicht* jedoch um die eigentlichen Erbauer des UFOs. Bis zu seinem Tod im Jahr 1998 beharrte Corso darauf, die US-Regierung habe noch immer keine Ahnung, wer das Roswell-UFO konstruiert und auf gentechnischem Weg die Wesen erschaffen hatte, die an Bord und in der unmittelbaren Nähe des Wracks gefunden worden waren.

Corsos Aussage ist nicht nur für den Roswell-Zwischenfall von Belang, sondern auch generell bezüglich jener kleinen, grauhäutigen, schwarzäugigen Wesen, die als Greys (»Graue«) bezeichnet werden. Viele Augenzeugen haben sie als drohnen- oder roboterhaft beschrieben: in ihren wie programmiert ablaufenden Verhaltensweisen Bienen oder Ameisen ähnelnd. Es ist ein faszinierender Gedanke, dass es sich bei den Greys nicht um außerirdische Wesen, sondern um biologische Roboter handeln könnte, erschaffen von den Anunnaki – die sich schon seit Langem, nämlich seit den unruhigen Kriegszeiten nach der großen Flut, diskret im Hintergrund halten. Diese Theorie wird durch die Tatsache gestützt, dass auch, wenn die Anunnaki *tatsächlich* vor mehreren tausend Jahren unseren Planeten verließen und nach Nibiru zurückkehrten, hier auf der Erde weiterhin eine Macht am Werk ist, die durch Genmanipulationen neues Leben erschafft, alte Lebensformen durch Mutation verändert und hinter den Kulissen Herrschaft ausübt – jedoch nicht persönlich, sondern durch äußerst merkwürdige, sich extrem distanziert und emotionslos verhaltende Handlanger.

Der 2009 verstorbene Autor und Blogger Mac Tonnies war von der Idee fasziniert, die Greys könnten künstlich erschaffen worden sein. Er sagte: »Manche Berichte deuten darauf hin, dass die Greys eine Art Dienervolk sind, vielleicht sogar gentechnisch erzeugte Arbeitsdrohnen. Der stets umstrittene Whitley Strieber beschrieb leblose außerirdische Körper, die wie ›fremdbewegte Anzüge‹ benutzt werden, um in der materiellen Welt Aufgaben erledigen zu können.« (Tonnies, 2010)

Schauen wir uns nun aber mögliche Belege für das Szenario an, dass zwar die überwiegende Mehrheit der Anunnaki die Erde verließ – jedoch nicht alle. Wir werden uns dabei mit einem furchteinflößenden Wesen beschäftigen, bei dem es sich um ein Mitglied einer Gruppe von Anunnaki gehandelt haben könnte, die sich entschieden, auf der Erde zu bleiben, als die meisten von ihnen die Reise nach Nibiru antraten. Diese Gruppe könnte es sein, die Oberst Corsos Bioroboter oder, wie Mac Tonnies die Greys nannte, »gentechnisch erzeugte Arbeitsdrohnen« steuert. Und der Name des furchteinflößenden Wesens lautet Lilith.

Die Dämonin der Nacht verbreitet Furcht und Schrecken

Zweifellos ist Lilith eines der unheilvollsten und erschreckendsten unter den mutmaßlich übernatürlichen Wesen. Als räuberische, bösartige Kreatur, die seit unermesslichen Zeiten existiert, fügt sie den Menschen Schaden zu und wird mit Sexualität, Fortpflanzung und dem Stehlen neugeborener Kinder in Verbindung gebracht. Sie soll verantwortlich sein, wenn halb menschliche, halb dämonische Monstrositäten geboren werden. Liliths grausige Spuren lassen sich bis in die alte mesopotamische und sumerische Überlieferung zurückverfolgen – was in geografischer Hinsicht Beachtung verdient.

Im Hebräischen bedeutet das Wort *Lilith* »Nacht-Dämonin«. Das gibt uns einen guten Hinweis auf die Natur und Erscheinung dieser gefährlichen Kreatur, der man unter allen Umständen aus dem Weg gehen sollte. Auch besteht bei ihr erstaunlicherweise eine enge Verbindung zu Adam und dem Garten Eden – und das macht sie, wie wir gleich sehen werden, mit großer Wahrscheinlichkeit zu einem Geschöpf der Anunnaki, oder sogar zu einer von ihnen. Ehe wir uns mit der Verbindung Liliths zu Adam und den Anunnaki beschäftigen, will ich Ihnen von den Ursprüngen der Lilith-Legenden berichten.

Woher kommen die Geschichten über Lilith, den höchsten judäischen Dämon? Sie stammen aus Mesopotamien, vor allem von den Sumerern, aber auch von den Babyloniern. In beiden Kulturen gab es einen starken Glauben an mächtige, tödliche, manipulative Dämonen, die nichts anderes im Sinn hatten, als die Menschheit zu quälen und zu vernichten.

In den frühen Überlieferungen der mesopotamischen Kultur galten weibliche Dämonen als besonders schrecklich. Sie schlichen sich nachts in die Zimmer der Männer, bestiegen sie und hatten Geschlechtsverkehr mit ihnen. Für das Opfer war dieses Erlebnis in keiner Weise aufregend oder lustvoll, sondern höchst traumatisch.

Lilith, eine außerirdische Verführerin.

Ein besonderer Kenner mesopotamischer Mythen und Legenden war der englische Abenteurer und Entdeckungsreisende Reginald

C. Thompson. In seinem 1903 erschienenen Buch *Devils and Evil Spirits of Babylonia* beschreibt er eine ganze Menagerie von dem Menschen feindlich gesinnten übernatürlichen Kreaturen, vor denen die Babylonier schreckliche Angst hatten. Eines dieser Ungeheuer war ein weiblicher Dämon, dessen Beschreibung sehr jenem Wesen gleicht, das als Lilith bekannt wurde, auch wenn Thompson diesen Namen nicht erwähnt.

Joseph McCabe, ein Franziskanermönch, der im Jahr 1955 starb, brachte wie Reginald C. Thompson Jahre damit zu, die alten Texte zu analysieren und die Natur jener Wesen zu verstehen, vor denen die Menschen Mesopotamiens sich so fürchteten – vor allem die Sumerer, die eine wichtige Rolle in der Geschichte der Rh-Negativen spielen.

McCabe interessierte sich besonders für ein Paar hoch gefährlicher Dämonen namens Lilu und Lilitu. Die Ähnlichkeit der Namen zu Lilith ist offensichtlich, was vermuten lässt, dass alle drei auf eine gemeinsame ursprüngliche Quelle zurückgehen – die leider heute im Nebel der Zeiten verborgen liegt. McCabe schrieb: »Eine junge Frau litt an Anämie? Dann hatten sich offensichtlich Lilu und Lilitu nachts an ihr vergangen. Hatten Mann oder Frau einen erotischen Traum, der sie erregt aber unbefriedigt erwachen ließ? Dafür war Ardat Lili [ein Kind von Lilitu und Lilu] verantwortlich.« (McCabe, 1929)

McCabe fuhr fort: »Sogar ›der böse Wind, der schreckliche Wind, der uns die Haar zu Berge stehen lässt‹ hatte seinen Dämon. Bildlich wurden sie als wilde Geschöpfe mit Tierköpfen und Menschenkörpern dargestellt: Prototypen unserer eigenen Teufelsdarstellungen. Manche waren so mächtig, dass sie fast den Rang von Göttern einnahmen.« (Ebd.)

Nun, da wir den Ursprung Liliths kennen, werden wir uns anschauen, warum sie eine so zentrale Rolle für die in diesem Buch erzählte Geschichte spielt.

Lilith: die Verbindung Adams zu den Anunnaki

Es gibt nur einen Grund, warum Lilith mit der Geschichte Adams und des Gartens Eden in Verbindung gebracht wird. Die Bibel enthält zwei Versionen der Schöpfungsgeschichte, die zueinander deutlich im Widerspruch stehen. In Genesis 1, 26–27 wird uns erzählt, Gott habe Mann und Frau *gemeinsam* erschaffen. Wörtlich heißt es dort: »Dann sprach Gott: Lasst uns Menschen machen als unser Abbild, uns ähnlich. Sie sollen herrschen über die Fische des Meeres, über die Vögel des Himmels, über das Vieh, über die ganze Erde und über alle Kriechtiere auf dem Lande. Gott schuf also den Menschen als sein Abbild; als Abbild Gottes schuf er ihn. Als Mann und Frau schuf er sie.« (Genesis 1, 26–27)

In Genesis 2 dagegen wird eine ganz andere Geschichte erzählt, mit der wir uns schon befasst haben: Dort heißt es, Gott habe erst Adam erschaffen, dann jedoch beschlossen, ihn zu anästhesieren, ihm eine Rippe zu entnehmen und daraus eine Frau, Eva, zu erschaffen. Es können unmöglich beide Szenarien richtig sein. Entweder wurden Adam und Eva gleichzeitig erschaffen, oder Eva folgte Adam später nach. Oder könnte tatsächlich *beides* zutreffen? Dass es zwei Erklärungen für das wichtigste Ereignis der Menschheitsgeschichte – den Ursprung des Menschen – gab, ließ den frühen jüdischen Rabbinern keine Ruhe, und so kamen sie auf eine faszinierende rationale Erklärung für diese Anomalie.

Man stellte die Theorie auf, dass beide Versionen zutreffend seien, und zwar aus einem ganz bestimmten Grund: *Eva war nicht Adams erste Frau*. Der jüdischen Lehre zufolge schuf Gott tatsächlich – wie in Genesis 1, 26–27 berichtet – Mann und Frau gemeinsam, aber bei dieser ersten Frau handelte es sich nicht um Eva. Erst im Mittelalter gab man Adams erster Frau einen Namen: Lilith. Offenbar – so sagen die jüdischen Lehren – war

Adam nicht glücklich mit Lilith. Sie floh aus Eden und kehrte nie zurück. Daraufhin schenkte Gott Adam eine neue Frau: Eva, geboren aus Adams Rippe. Auch wenn die hebräische Bibel keinen Hinweis enthält, dass Lilith Adams erste Frau war, wird darin doch Liliths Existenz anerkannt.

In Jesaja 34, 14–15 heißt es: »Auch Lilith (das Nachtgespenst) ruht sich dort aus und findet für sich eine Bleibe. Der Kauz hat hier sein sicheres Nest. Er legt seine Eier und brütet sie aus.«

Zu dem Wesen, das in der Jesaja-Übersetzung »Kauz« genannt wird, also eine Eule im weiteren Sinne, kommen wir später noch, denn es ist wichtig für unsere Geschichte.

Adam und Lilith: keine glückliche Ehe

Nach der ersten Erwähnung der dämonischen Lilith in der hebräischen Bibel dauerte es eine Weile, bis die Verbindung zwischen Lilith und Adam sich wirklich etablierte. Hierbei dreht sich alles um einen Text, der zwischen dem 8. und 11. Jahrhundert n. Chr. von einem unbekannten Autor verfasst wurde: *Das Alphabet des Ben Sira*. Weil die in diesem Text erzählte Geschichte ganz wesentlich ist, um die außerirdischen Manipulationen bei der Entstehung der heutigen Menschheit zu verstehen, nachfolgend ein Zitat aus dem alten Manuskript:

> Als Gott Adam erschuf, sagte Er: »Es ist nicht gut, wenn der Mensch allein ist.« Zusammen mit Adam erschuf Er eine Frau. Er machte sie aus Erde, wie Er Adam gemacht hatte, und nannte sie Lilith. Adam und Lilith stritten vom ersten Augenblick an. Sie sagte: »Ich will nicht unten liegen.« Er aber sagte: »Ich werde nicht unter dir liegen, nur auf dir. Denn

> für dich geziemt es sich, die untere Stellung einzunehmen, während ich der Überlegene bin.« Lilith erwiderte: »Wir sind einander gleichwertig, denn wir wurden beide aus Erde erschaffen.« Doch sie hörten einander nicht zu. Als Lilith das erkannte, sprach sie den Unaussprechlichen Namen (Gottes) laut aus, schwang sich in die Luft und flog davon. Adam trat betend vor seinen Schöpfer: »Herrscher des Universums«, sagte er, »die Frau, die du mir geschenkt hast, ist mir weggelaufen.« Unverzüglich sandte der Gesegnete Eine drei Engel aus, um sie zurückzuholen.
>
> (Bronznick, 2015)

Heutzutage erscheint es uns unverständlich, dass die Beziehung zwischen Adam und Lilith zerbrach, weil sie gleichberechtigt an Adams Seite leben wollte, als eine Frau mit freiem Geist und dem Anspruch, sich sexuell nicht unterzuordnen. Doch laut dem Text war genau das der Fall: Adam war keineswegs bereit, Lilith als gleichberechtigte Partnerin anzuerkennen.

In *Das Alphabet des Ben Sira* heißt es weiter:

> Der Heilige Eine sagte zu Adam: »Wenn sie einwilligt, zu dir zurückzukehren, ist das, was erschaffen wurde, gut. Wenn nicht, muss sie einwilligen, dass an jedem Tag einhundert ihrer Kinder sterben.« Die Engel verfolgten Lilith und stellten sie auf dem Meer, in den mächtigen Wassern, in denen später die Ägypter ertrinken sollten. Sie verkündeten Lilith, was Gott gesagt hatte, aber sie weigerte sich, zurückzukehren. Die Engel sagten: »Wir werden dich im Meer ertränken.« …

»Lasst mich allein«, sagte sie. »Ich wurde dazu erschaffen, kleinen Kindern Krankheit zu bringen. Wenn das Kind ein Junge ist, habe ich nach seiner Geburt acht Tage Macht über ihn. Wenn das Kind ein Mädchen ist, zwanzig Tage.« …

Als die Engel Liliths Worte hörten, beharrten sie darauf, dass sie zurückkehren müsse. Aber sie schwor ihnen beim Namen des lebendigen und ewigen Gottes: »Wann immer ich euch oder eure Namen oder eure Gestalt auf einem Amulett sehe, habe ich keine Macht über dieses Kind.« Auch willigte sie darin ein, dass an jedem Tag einhundert ihrer Kinder sterben sollten. Aus diesem Grund werden seitdem an jedem Tag einhundert Dämonen ausgelöscht, und aus dem gleichen Grund schreiben wir die Namen der Engel auf die Amulette kleiner Kinder. Wenn Lilith ihre Namen sieht, erinnert sie sich an ihren Schwur, und das Kind wird gesund.«

(Ebd.)

Der anonyme Verfasser von *Das Alphabet des Ben Sira* kombiniert die bekannten Legenden über Liliths dämonisches Wesen mit der Geschichte Adams und der Erschaffung der Menschheit. Zwar leugnen viele Christen, dass Adam vor Eva noch mit einer anderen Frau verheiratet war, aber es gibt deutliche Hinweise, dass der Autor dieses umstrittenen Textes über uraltes, archaisches Geheimwissen verfügte. Das führt uns zu einem dramatischen Aspekt, den ich bislang absichtlich verschwiegen habe.

In den alten sumerischen Sagen taucht Lilith ebenfalls auf, und zwar als Ehefrau unseres alten Freundes Enlil – eines hochrangingen Anunnaki, der bei der Erschaffung der Menschheit und der Entwicklung der Rh-Negativen eine zentrale Rolle spielte. Daraus folgt zwingend, die Legende von Lilith in einen außerirdischen Zusammenhang zu stellen, statt sie als Dämonen-Märchen zu betrachten.

Lilith: die Frau des Anunnaki

Dass Lilith mit einem Anunnaki verheiratet war, legt zumindest nahe, dass sie auch selbst zu den Außerirdischen zählte. Aber das ist noch nicht alles. Bedenken Sie die Strafe, die Gott in *Das Alphabet des Ben Sira* über Lilith verhängte, dass nämlich an jedem Tag hundert von Liliths dämonischen Nachkommen sterben sollen. Der Zorn Gottes bewirkte also, dass Lilith gezwungen war, unaufhörlich neue Kinder zu gebären, um ihre Familie zu erhalten. Und wie schaffte sie das? Indem sie nachts ahnungslose schlafende Männer heimsuchte und ihnen Sperma stahl. Es gab zwei Methoden, durch die Lilith sich das genetische Material verschaffte, das sie für die Zeugung ihrer unheiligen Brut benötigte: Die eine bestand darin, Sex mit dem Opfer zu haben, das sich in einem Zustand des Tiefschlafs befand, bei der anderen wurde bei Männern, die masturbiert hatten, deren Sperma eingesammelt.

Dämonologen würden dazu raten – oder sogar verlangen –, diese Schilderungen wörtlich zu nehmen. Die meisten Leute würden das alles als erotische Träume oder Aberglauben abtun. Es gibt aber eine andere Möglichkeit: dass Lilith eine Anunnaki war (oder zumindest durch ihre Ehe mit Enlil eine enge Verbindung zu ihnen bestand). Und als der Massenexodus nach Nibiru stattfand, beschloss sie, auf der Erde zu bleiben, wo sie pflichtbewusst die niemals endende Aufgabe ausführte, menschliches Sperma zu sammeln, und zwar heimlich, im Schutz der Nacht. In diesem

Szenario beruhen die alten Geschichten auf einem wahren Kern, der aber nichts mit Dämonen zu tun hat.

Lilith könnte einfach eine Metapher für ein auf der Erde zurückgebliebenes Anunnaki-Team sein, das mit unermüdlichem Ehrgeiz die genetische Manipulation der menschlichen Spezies weiterführte. Und wenn man berücksichtigt, dass die Geschichten über die dämonische Lilith sich nur bis etwa 2.500 v. Chr. zurückverfolgen lassen, muss dieses geheime genetische Programm begonnen haben, nachdem die überwiegende Mehrheit der Anunnaki der Erde und den Adama Lebewohl gesagt hatte. Es handelte sich also lediglich um ein letztes Überbleibsel der ursprünglichen Experimente, die von den Anunnaki mehrere hunderttausend Jahre zuvor am *Homo erectus* vorgenommen worden waren. Man kann sich leicht ausmalen, wie die Aktionen der verbliebenen Anunnaki – immer wieder menschliches Sperma, DNA und andere genetische Materialien zu beschaffen – die abergläubische Bevölkerung dazu veranlassten, solche Dinge für das Werk einer schrecklichen Dämonin mit unersättlicher Sexgier zu halten.

In der Kabbala werden wir mit einem Szenario konfrontiert, das lange nach der Erschaffung Adams und Evas spielt, in einer Zeit, in der die beiden getrennt leben. Dafür gibt es einen guten Grund: Adam ist wieder von Lilith umgarnt worden. Die beiden verbringen ihre Zeit damit, dämonische Nachkommen zu zeugen. Oder, sollte man wohl besser sagen, Mensch-Alien-Hybride. Schließlich war Adam ja ein Mensch. Lilith war die Frau eines Anunnaki oder sogar selbst eine Außerirdische. Was in der Kabbala über Adams Beziehung zu Lilith nachzulesen ist, lässt in der Tat an Sex zwischen zwei unterschiedlichen Spezies denken.

Niemand, der sich mit der UFO-Forschung auskennt, kann übersehen, dass diese uralten Geschichten von traumatischen nächtlichen Begegnungen mit übernatürlichen Wesen stark an die modernen Berichte über Entführungen durch Außerirdische erinnern – wobei auch bei vielen dieser Entführungsfälle männliche Opfer ihres Spermas beraubt werden. Und, so unglaublich das klingen mag, es besteht eine Verbindung zwischen der Lilith früherer Zeiten und den so genannten Greys der heutigen UFO-Begegnungen.

UFOs und Eulen

In Jesaja 34, 14–15 heißt es über Lilith, dass dort, wo sie sich ausruht und eine Bleibe findet, »der Kauz ein sicheres Nest« hat. »Er legt seine Eier und brütet sie aus.« Das ist äußerst wichtig, denn es gibt unzählige moderne Berichte über Zusammenhänge zwischen Entführungen durch Außerirdische und Wesen, die als Eulenvögel wahrgenommen werden. Doch es spricht viel dafür, dass sich hinter den vermeintlichen Erinnerungen an Eulen Begegnungen mit weitaus fremderen Geschöpfen verbergen. Ein anderer alter Name für Lilith lautet »die Schreieule«, was diese Verbindung zusätzlich unterstreicht.

Whitley Strieber ist der Autor des wohl anerkanntesten Buchs über das Phänomen der UFO-Entführungsfälle. Vielleicht ist es das bekannteste UFO-Buch überhaupt: *Die Besucher*. Dieser *New-York-Times*-Bestseller erschien 1987. Auf dem Cover sieht man das geradezu hypnotische Bild eines Greys. Gewiss ist es kein Zufall, dass Strieber unmittelbar nach seinem ersten Entführungserlebnis, an das er sich erinnert – am 26. Dezember 1985 –, ständig Bilder von seltsamen »Eulen« im Kopf herumspukten.

Anfang der 1960er Jahre hatte Striebers Schwester ebenfalls ein Erlebnis mit einer merkwürdigen Eule. Strieber schreibt, dass seine Schwester damals spätabends mit dem Auto zwischen Comfort und Kerrville in Texas unterwegs war. Als die Geisterstunde begann, » … sah sie zu ihrem Schrecken, wie ein riesiges Licht vor ihr über der Straße dahinschwebte. Ein paar Minuten später flog eine Eule vor dem Auto her. Ich frage mich, ob es sich dabei um eine verfälschte Erinnerung handelt, aber meine Schwester ist anderer Meinung.« (Strieber, 1987)

Strieber hat weitere solcher Geschichten gesammelt. In einer fährt ein Ehepaar, Doug und Sandy, eine einsame Straße auf Hawaiis Big Island entlang. Plötzlich sehen sie etwas, das an eine große Eule erinnert und fast mit ihrem Wagen zusammenprallt. Danach folgen zwei Erfahrungen: Sie begegnen einer leuchtenden Gestalt, und daran, was danach geschieht, können sie sich nicht erinnern, das heißt, in ihrem Erleben klafft eine Zeitlücke.

Eine ältere Kanadierin namens Quinn berichtete dem 2011 verstorbenen UFO-Forscher Budd Hopkins von einer UFO-Begegnung in den Rocky Mountains. Als sie mit ihrem Mann und ihrem Sohn dort unterwegs war, begegnete ihnen ein Wesen, das an eine Eule erinnerte, aber mindestens einen Meter zwanzig groß war. Quinn sagte zu Hopkins: »Ich persönlich glaube nicht, dass es eine Eule war. Aber das ist es, woran mein Bewusstsein sich erinnert. Und auch mein Sohn und mein Mann erinnern sich an eine Eule.« (»Quinn's Story … Profile of an Abductee«, 1992)

Solche Fälle sind in der UFO-Forschung sehr zahlreich, was sehr auffällig ist. Für unser Thema genügt es aber, noch den nachfolgenden zu erwähnen …

Anomale Eulen und Rh-Negative

Mike Clelland ist der Initiator des Blogs *Hidden Experience.* Clelland wurde Zeuge zahlreicher sonderbarer Phänomene, von denen viele mit UFOs in Zusammenhang stehen. Dabei spielen oft Eulen eine Rolle, und es stellt sich die Frage, ob sich hinter diesen häufig anzutreffenden Eulen-Erinnerungen nicht andere, bizarrere Erinnerungen verbergen. Clelland hatte selbst viele solcher Erlebnisse, was ihn veranlasste, einen ganzen Berg Berichte von Leuten zu sammeln, die ähnliche Erfahrungen machten. Er schrieb einen detaillierten, ausgezeichneten Artikel zu dem Thema. Im Hinblick auf Clelland und seine Erfahrungen ist noch ein anderer Aspekt bemerkenswert. Im März 2012 sagte er:

> Ich habe gerade zu Hause mit einem Selbsttest meine Blutgruppe ermittelt. Ich habe A-negativ. *Das bedeutet, ich bin Rh-negativ.* Wer den aktuellen Stand der Forschungen über UFO-Entführungsfälle kennt, weiß, dass potenzielle Entführungsopfer neuerdings immer auch nach ihrer Blutgruppe gefragt werden. Ich war gerade auf einer UFO-Konferenz, und alle fragten sich gegenseitig nach ihrer Blutgruppe … Etwa 15 Prozent der Weltbevölkerung sind Rh-negativ. Und manchen Forschern zufolge sind unter den Opfern von Entführungen durch Außerirdische 54 Prozent Rh-negativ.«
>
> (Clelland, 2012)

Clelland fügte hinzu: »Und mein Vater hatte die Blutgruppe 0 negativ, die bei Transfusionen von allen Menschen vertragen wird.« (Ebd.)

❧ • ❧

Wenn man alle diese Aspekte berücksichtigt, müssen wir uns fragen, ob Lilith keine übernatürliche, räuberische Dämonin war, sondern etwas ganz anderes. Warum war sie so besessen davon, menschliches Sperma zu sammeln? Was ist mit ihrem Bedürfnis, unaufhörlich Mensch-Alien-Hybride zu erschaffen, was mit ihrer Ehe mit dem Anunnaki Enlil und dem ersten Menschen, Adam? Und warum wird sie immer wieder mit Eulen in Verbindung gebracht – so sehr, dass man ihr sogar den Beinamen »Schreieule« gab? Warum gibt es heute so viele Verbindungen zwischen UFOs und Eulen?

Alle in diesen Fragen angesprochenen Themen deuten auf ein uraltes, von den Anunnaki initiiertes genetisches Programm hin, das gestartet wurde, nachdem die meisten von ihnen nach Hause zurückgekehrt waren, und das bis heute durchgeführt wird. Dabei wird das Bewusstsein der Opfer mit falschen Erinnerungen an Eulen gezielt manipuliert, um zu verschleiern, was sich in Wahrheit abspielt. Ganz so, wie vor Jahrtausenden die falschen Erinnerungen an angebliche Dämonen die Sumerer und Babylonier in Angst und Schrecken versetzten. War Lilith, der schrecklichste weibliche Dämon, in Wahrheit eine Anunnaki?

Wetten Sie besser nicht dagegen!

NEUN

Incubus und Succubus

Die vielen Berichte über Begegnungen mit so genannten Incubi und Succubi sind so eng mit der Geschichte Liliths verwoben, dass es sich dabei eindeutig um einen weiteren Aspekt des Gesamtphänomens handeln muss. Incubi sind männliche Dämonen, bei den Succubi handelt es sich um die weibliche Variante. Die nächtlichen sexuellen Übergriffe dieser Dämonen finden sich schon in den Sagen der Sumerer und Babylonier – wie es ja auch bei Lilith der Fall ist.

Der Begriff »Incubus« ist vom lateinischen Wort *incubare* abgeleitet, das »auf etwas liegen« bedeutet. Typischerweise fanden – und finden auch heute noch – die Angriffe in den frühen Morgenstunden statt, meist zwischen zwei und fünf Uhr – wenn die Menschen sich im Tiefschlaf befinden und besonders offen und verletzlich für Attacken des Übernatürlichen sind. Oder für Übergriffe Außerirdischer.

Hier sei auf die Worte des Augustinus von Hippo verwiesen – besser bekannt als der Heilige Augustinus, ein Philosoph, der 430 n. Chr. im heutigen Algerien starb. Er schrieb über das Phänomen der Incubi und Succubi:

> Viele Menschen bestätigen, aus eigenem Erleben oder vom Hörensagen, dass die Satyrn und Faune, die im Volk als Incubi bekannt sind, sich vor Frauen zeigen und diese zum Beischlaf zwingen. Es wäre demnach Unsinn, dergleichen zu leugnen. Doch Gottes heilige Engel konnten vor der Sintflut nicht auf eine solche Stufe absinken. Mit den Gottessöhnen sind daher die Söhne Seths gemeint, die gut waren. Mit den Menschentöchtern sind jene gemeint, die von Kain abstammen. Es verwundert nicht, dass von ihnen Riesen geboren wurden. Nicht alle waren Riesen, aber vor der Sintflut gab es sie in größerer Zahl als danach.
>
> (Aquin, 1997)

Dass Augustinus gerade in diesem Zusammenhang »Satyrn und Faune« erwähnt – berühmte Dämonen und Naturgeister der antiken Mythologie –, ist bemerkenswert. Warum? Ganz einfach: Zecharia Sitchin vertrat die Auffassung, dass diese sagenhaften Geschöpfe wie auch die Zyklopen, der Zentaur und der Minotaur Produkte scheußlicher Experimente der Anunnaki darstellten, und zwar aus jener Zeit, als die Aliens auch die DNA des *Homo erectus* manipulierten. (Ebd.)

Schreckliche Besucher im Schlafzimmer

1486 verfasste der deutsche Dominikanerpater Heinrich Kramer den *Hexenhammer*, lateinisch: *Malleus maleficarum*. Das Buch wurde im darauffolgenden Jahr veröffentlicht. Dr. Paul Chambers, Autor von *Sex and the Paranormal*, beschrieb den *Hexenhammer* als »bemerkenswert und furchterregend«. (Chambers, 1999)

Kramer war eine treibende Kraft bei den grausamen Ketzer- und Hexenverfolgungen jener Zeit, der über seine dämonologischen Forschungen Vorträge hielt. In seinem für jeden, der von Incubi, Succubi und anderen bösen, verführerischen Wesen fasziniert ist, lesenswerten Werk, geht Kramer auf ein immer wiederkehrendes Thema ein: das Bedürfnis dieser Wesen, menschliches Sperma zu stehlen und für ihre Zwecke zu nutzen. Er schrieb: »Zunächst scheint es im Widerspruch zum katholischen Glauben zu stehen, dass Teufel, womit hier Incubi und Succubi gemeint sind, Kinder zeugen können: Hat doch Gott selbst die menschliche Fortpflanzung eingerichtet, ehe die Sünde in die Welt kam, denn Er erschuf die Frau aus der Rippe des Mannes, damit sie seine Gefährtin sei.« (Summers, 2013)

Kramer war jedoch der Ansicht, dass der katholische Glaube den größeren Zusammenhang der Existenz dieser dämonischen Wesen nicht sehen wolle. Er fügte hinzu: »Es lässt sich aber durchaus die Auffassung vertreten, dass die Teufel, die in der heutigen Zeit eine Rolle spielen, nicht die eigentliche Ursache darstellen, sondern eine sekundäre und künstliche Ursache, denn sie mischen sich in den Vorgang des gewöhnlichen Beischlafs und der Empfängnis ein, indem sie menschlichen Samen entwenden und transferieren.« (Ebd.)

Abschließend sind von Kramer noch folgende aufschlussreiche Worte überliefert:

> Ein Kind zu zeugen ist ein Akt des lebendigen Körpers, doch Teufel können Körpern kein Leben einhauchen, denn das Leben kommt aus der Seele, und der Zeugungsakt ist ein Akt materieller Organe, die körperlich existieren. Daher können die Teufel zwar eine körperliche Gestalt annehmen, in dieser aber weder zeugen noch gebären.

> Man kann jedoch sagen, dass diese Teufel nicht körperliche Gestalt annehmen, um selbst Leben hervorzubringen, sondern um menschlichen Samen an sich zu bringen und diesen an einen anderen Körper weiterzugeben.
>
> (Ebd.)

So wie zuvor die Anunnaki über Jahrhunderttausende und wie Lilith seit mindestens 2.500 v. Chr. in Sumer und Babylonien, führten offenbar auch die Incubi und Succubi ein Programm aus, bei dem es darum ging, Sperma zu gewinnen und neues Leben zu erzeugen – und zwar Leben, das infolge der nicht-menschlichen Natur dieser geradezu parasitenartigen Wesen zum Teil übernatürlicher Art war.

Von Incubus und Succubus zur alten Hexe

Im 1899 in Chicago erschienenen Buch *Die Geschichte des Teufels von den Anfängen der Zivilisation bis zur Neuzeit* des deutsch-amerikanischen Schriftstellers Paul Carus erfahren wir, was einige unserer Vorfahren über die unheilige Nachkommenschaft eines Incubus und einer Frau oder eines Succubus und eines Mannes zu sagen hatten. Carus schreibt:

> Die Theorie der Incubi und Succubi stützt sich in all ihrer Anstößigkeit auf die Autorität des heiligen Thomas von Aquin, der in seinem Kommentar über Hiob (Altes Testament, Kapitel 40) den Behemoth (ein großes Tier, vermutlich ein Elefant) als den Teufel interpretiert. Aus der Erwähnung der sexuellen Potenz dieses Tieres (Vers

> 16) leitet Thomas von Aquin die Theorie ab, böse Dämonen könnten mit dem Menschen Geschlechtsverkehr praktizieren. Satan soll angeblich erst als ein Succubus (weiblicher Teufel) den Männern beischlafen, um dann als Incubus (oder männlicher Teufel) Frauen zu schwängern. Der heilige Thomas fordert, dass auf diese Art gezeugte Kinder als Kinder derjenigen Männer betrachtet werden sollten, mit denen Satan als Succubus Geschlechtsverkehr hatte. Diese Kinder seien aber hinterlistiger als normale Kinder, was auf den dämonischen Einfluss zurückzuführen sei, dem sie vor der Geburt ausgesetzt waren. Matthäus Paris erwähnt, dass ein solches Incubus-Baby in nur sechs Monaten ein vollständiges Gebiss und die Größe eines siebenjährigen Jungen entwickelte, während seine Mutter an Schwindsucht erkrankte und starb.
>
> (Carus, 2004)

Diese schrecklichen, auf unheimliche Weise gezeugten Kinder der Nacht hatten etwas eindeutig Nicht-Menschliches. Thomas von Aquin, auf den Carus sich bezieht, besaß beträchtliches Wissen auf diesem Gebiet. Über solche nächtlichen Überfälle auf Schlafende und Unvorsichtige und die Natur der daraus hervorgehenden Kinder schrieb er: »Wenn manche dieser Kinder von Dämonen empfangen werden, so stammt der Samen dennoch nicht von diesen Dämonen oder aus den von ihnen angenommenen Körpern. Vielmehr handelt es sich um den Samen von Männern, der ihnen zu genau diesem Zweck gestohlen wurde. Ebenso nehmen die Dämonen auch den Samen anderer Lebewesen, um daraus etwas zu erschaffen.« (Ebd.)

Ein großes Problem im Zusammenhang mit den Incubi und Succubi ist die Frage ihres körperlichen Aussehens – oder, genauer gesagt, ihrer Fähigkeit, Menschen in unterschiedlicher Gestalt zu erscheinen. Personen, die eine Schlafparalyse erlebten, haben Begegnungen mit den so genannten außerirdischen Greys beschrieben, wie man in der UFO-Literatur nachlesen kann. Andere haben Vergewaltigungen durch Wesen beschrieben, die tatsächlich so aussahen, wie wir uns Dämonen oder Teufel vorstellen: mit gegabeltem Schwanz, Hörnern und glühenden Augen. Und nicht wenige berichten über sexuelle Attacken durch scheinbar völlig reale Werwölfe, die über die Fähigkeit der Gestaltwandlung verfügten.

Viele erzählen von schrecklichen Besuchen durch eine Erscheinung, die als »die alte Hexe« bekannt ist. Dieses Geschöpf scheint ein weltweites Phänomen zu sein, sucht aber, aus bislang ungeklärten Gründen, ganz besonders die Menschen in Neufundland, Kanada, heim. Wie der Name vermuten lässt, manifestiert dieses dämonische Wesen sich als weißhaarige, kreischende alte Furie, was sie nicht gerade zu einem gern gesehenen Gast macht.

Alles nur Einbildung?

Die heute vorherrschende skeptische Deutung von Begegnungen mit einem Incubus oder Succubus besagt, dass sie durch Hypnagogie zu erklären sind, besser bekannt als Schlafparalyse, ein uraltes Phänomen. Der Begriff »Hypnagogie« wurde im 19. Jahrhundert von dem französischen Arzt Louis Ferdinand Alfred Maury geprägt. Es handelt sich dabei um einen Zustand zwischen Wachen und Schlafen. Während dieser kurzen Phase getrübten Bewusstseins, wenn wir von einem Zustand in einen anderen überwechseln, verhalten sich unser Körper und Geist sonderbar – vor allem, wenn dieser Übergang gewaltsam unterbrochen wird.

Die Schlafparalyse versetzt Menschen in einen traumartigen Zustand, in dem sie körperlich bewegungsunfähig sind. Sie sind vollständig paralysiert, einschließlich ihrer Stimmbänder. Die Betroffenen sind also nicht in der Lage, zu schreien oder um Hilfe zu rufen. Typischerweise bemerken sie dabei die Anwesenheit eines zutiefst bösartigen Wesens im Zimmer – oder, bei anderen Gelegenheiten, werden raubtierartige Kreaturen beschrieben, die sich bedrohlich heranschleichen. Gleichzeitig werden oft seltsame, unheimliche Stimmen gehört, und eine gefährliche Gestalt ragt drohend über dem Bett auf. Verzweifelt versuchen die Betroffenen, wach zu werden und sich zu bewegen. Wenn ihnen das endlich gelingt, sind die düstere Atmosphäre und das oder die bösen Wesen auf der Stelle verschwunden, als wären sie nie dagewesen.

Wer die Meinung vertritt, Schlafparalyse habe ausschließlich innere Ursachen, würde wahrscheinlich sagen, dass die große Zahl der unheimlichen Begegnungen mit der alten Hexe in Neufundland auf kulturelle Konditionierung zurückzuführen ist. Dadurch wird dem Unterbewusstsein ein Bezugsrahmen vorgegeben, in den es das Erlebnis dann einfügt. Doch nur eines wissen wir mit Sicherheit: Wenn eine Hypnagogie auftritt, tauchen diverse übernatürliche Wesen aus dem Äther auf und zwingen uns gewaltsam zu sexuellen Handlungen.

Es ist leicht zu verstehen, warum Hypnagogie als Ursache für Angriffe von Incubi oder Succubi betrachtet wird. Aber es gibt hier wichtige Fragen, die beantwortet werden müssen. Die Schlafparalyse ist ein reales Phänomen, dessen Existenz unbestritten ist. Aber ist sie ein *inneres* Produkt unserer eigenen Bewusstseinsaktivität? Möglicherweise nicht. Es könnte sich um einen *von außen*, auf medialem Weg herbeigeführten Zustand handeln – in dem auch unsere Trauminhalte gezielt manipuliert werden. Das, was die Menschen seit so langer Zeit für übernatürliche, dämonische Wesen halten, könnten in Wirklichkeit Außerirdische sein,

Schlafparalyse: nächtlicher Schrecken.

die uns im Verlauf der Menschheitsgeschichte in immer neuen Tarnungen erscheinen, mal als Lilith, mal als alte Hexe, mal als Incubus oder Succubus.

Welche bessere Methode könnte es für diese Aliens geben, ihre *wahre* Identität vor uns zu verbergen – dass sie Außerirdische sind, die uns gewaltsam Sperma und Eizellen stehlen und unsere DNA manipulieren –, als uns Bilder von Ungeheuern, Teufeln und schrecklichen Hexen vorzugaukeln? Diese furchteinflößenden Menagerie ist die raffinierte Tarnung der Aliens, in deren Schutz sie heimlich ihr Werk verrichten.

ZEHN

Die Feen: das »Kleine Volk« und die menschliche Fortpflanzung

So, wie es eine Verbindung zwischen der menschlichen Fortpflanzung, sexuellen Kontakten, den Adama, den Anunnaki, Lilith und übernatürlichen Begegnungen gab, die sich vor Jahrtausenden ereigneten, sehen wir einen ähnlichen Trend im Europa des Mittelalters und hier vor allem in der keltischen Kultur.

Wie wir gleich zeigen werden, ist dies von besonderer Wichtigkeit, weil eine sehr überzeugende Verbindung zwischen den Kelten und den Basken besteht. Der Umstand, dass die Basken unmittelbar von den Cro-Magnon-Menschen abstammen, deren Herkunft uns direkt zu den Anunnaki führt, die die Gene der Menschheit manipuliert haben, lässt eine erstaunliche Möglichkeit plausibel erscheinen: Obwohl die Anunnaki schon lange vor der Geburt Christi die Erde verließen, beschloss eine kleine Gruppe von ihnen, auf dem Planeten zu bleiben – oder aber wir haben es mit künstlichen Wesen zu tun, die von den Anunnaki durch gentechnische Manipulationen erschaffen wurden. Jedenfalls setzten die auf der Erde verbliebenen Anunnaki oder, bei letzterer Variante, von ihnen zurückgelassene Bioroboter die genetischen Experimente an der menschlichen Bevölkerung fort, was in späteren Jahrhunderten offenbar vor allem in keltischen Regionen geschah.

Im April 2001 wurden Forschungsergebnisse des University College of London (UCL) veröffentlicht, wonach die Basken die »genetischen Blutsbrüder« der Iren und Waliser sind. Professor David Goldstein, der das Forschungsprojekt leitete, sagte dazu der BBC: »Das Projekt begann damit, dass wir untersuchten, ob die Wikinger wichtige genetische Spuren in der Bevölkerung der Orkneys hinterlassen haben.« (»Genes Link Celts to Basques«, 2001)

Beim Vergleich der Y-Chromosomen von Menschen keltischer Herkunft mit denen von Norwegern offenbarten sich nur wenige Gemeinsamkeiten. Als das Forschungsteam dann aber genetische Vergleiche zwischen Bewohnern keltischer Länder und den Basken anstellte, machte es eine unerwartete, bahnbrechende Entdeckung. Professor Goldstein berichtete der BBC: »Die keltische Bevölkerung weist ein erstaunliches Merkmal auf, nämlich eine sehr geringe genetische Variation des Y-Chromosoms. Was das Y-Chromosom angeht, gibt es keine statistischen Unterschiede zwischen der keltischen Bevölkerung und den Basken.« (Ebd.)

Und hier nun die wichtigste Feststellung des Wissenschaftlers: »Wir kennen außer der unseren keine andere wissenschaftliche Untersuchung, die einen direkten Beweis für die enge Verwandtschaft in der paternalen (väterlichen) Vererbung zwischen den Basken und der keltisch sprechenden Bevölkerung Großbritanniens nachweist.« (Ebd.)

Die Bedeutung dieser Entdeckung wird noch größer, wenn man berücksichtigt, dass es, wie wir in diesem und dem folgenden Kapitel zeigen werden, eine nicht geringe Zahl von UFO-Fällen gab, die einen starken Einfluss auf die alte keltische Überlieferung und die gälische Sprache ausübten. Diese UFO-Connection verbindet die Kelten nicht nur mit den Basken, sondern auch mit der Thematik des Rh-negativen Blutfaktors, und hier besonders der Blutgruppe 0. Beginnen wir mit einer Reise in die Vergangenheit von England, Irland, Schottland und Wales – der Heimat der »kleinen Leute«, auch bekannt als Feen.

Eine Insel voller Geheimnisse

Wenn man das Gespräch auf die Feen lenkt, weckt das in den meisten Leuten Bilder von kleinen tanzenden, fliegenden weiblichen Wesen mit zarten Flügeln. Viele sind überrascht, dass dieses Bild von den Feen – so wohlwollend und freundlich wie die kleine Tinkerbell in den Abenteuern des Peter Pan – relativ neu ist. Der Schöpfer der Figur des Peter Pan, der schottische Autor Sir James Matthew Barrie, veröffentlichte dessen erste Abenteuergeschichte im Jahr 1902. Doch lange bevor Barrie Feen zu etwas machte, von dem seither die Kinder weltweit fasziniert sind, gab es bereits die *echten* Feen. Und die waren eindeutig anders als Tinkerbell.

Es gibt eine lange und höchst spannende keltische Geschichte und Überlieferung von Begegnungen mit den Feen, die – in der Rückschau und aus einer modernen Perspektive – viel mehr nach Begegnungen der genetischen, reproduktiven Art klingen, die auf unheimliche Weise übermenschlich wirken. Schauen wir uns die Beweise an.

Wir beginnen auf der Isle of Man, die zwischen Irland und England in der Irischen See liegt. Durch archäologische Ausgrabungen konnte nachgewiesen werden, dass die Insel schon seit über 8.000 Jahren besiedelt ist. Es überrascht deshalb nicht, dass es dort einen reichen Schatz an magischen Erzählungen über un-

Verzaubert vom »Kleinen Volk«.

heimliche Begegnungen mit dem Paranormalen gibt. Die Folklore der Isle of Man wurde über Jahrhunderte von Geschichten über Manannán mac Lir dominiert, einen Meeresgott, nach dem die Insel benannt ist. Interessant ist, dass Manannán mac Lir ein mächtiges Schiff namens Scuabtuinne besaß, das ohne Segel die rauen Gewässer um die Insel durchfuhr. Es konnte sogar abtauchen und wieder auftauchen, ohne dass die Besatzung dabei zu Schaden kam. Also ist durchaus denkbar, dass es sich bei der Scuabtuinne (was übersetzt »Wellenbezwinger« bedeutet) um ein technologisch fortschrittliches U-Boot handelte.

An den Überlieferungen der Isle of Man bezüglich Manannán mac Lir ist noch etwas bemerkenswert: der Kessel der Erneuerung. Dabei soll es sich um eine Art Jungbrunnen gehandelt haben, der ein fast ewiges Leben ermöglichte, Heilung von allen Krankheiten und sogar die Wiedererweckung von Toten. Das klingt stark nach der von den Anunnaki entwickelten Technologie – die primitive Menschen dazu verleitete, die Außerirdischen für allmächtige Götter zu halten. Es könnte auch noch eine unklare Verbindung zum sagenhaften »Manna vom Himmel« und dem weißen Goldpulver geben. Zudem scheint eine gewisse Ähnlichkeit zwischen Manannán mac Lirs Wellenbezwinger und Utnapischtims archeähnlichem Lebensbewahrer zu bestehen.

Interessanterweise berichtet uns die walisische Überlieferung von einer gewaltigen Riesin namens Cymidei Cymeinfoll. Auf die gleiche Art, wie die riesenhaften Anunnaki eine Sklavenzivilisation erschufen, gebar Cymidei Cymeinfoll alle eineinhalb Monate einen kampfbereiten Soldaten. *Und* sie war die Hüterin des bereits erwähnten Kessels der Erneuerung. Ihre enorme Körpergröße in Verbindung mit ihren erstaunlichen Reproduktionstechniken deuten möglicherweise auf eine Verbindung Cymideis zu den Anunnaki hin, die sich auch in den Sagen um Manannán mac Lir wiederfindet.

Es besteht noch eine Verbindung, und sie hat mit dem Material zu tun, das den Anunnaki so teuer war: Gold. Im Februar 1896 fand man in der Nähe der nordirischen Kleinstadt Limavady eine erstaunliche Ansammlung unbezahlbarer Artefakte, die auf das erste vorchristliche Jahrhundert datiert wurden.

Der Schatz wurde rein zufällig von James Morrow und Thomas Nicholl beim Pflügen eines Feldes entdeckt. Unter den erstaunlichen Fundstücken befand sich ein achtzehn Zentimeter langes Bootsmodell aus massivem Gold, das zu Ehren von niemand anderem als Manannán mac Lir angefertigt worden war, dem Gott, der niemals alterte und aus einer Welt kam, wo alle Krankheiten besiegt waren und beständige Regeneration eine Selbstverständlichkeit war, und der die Ozeane mit einem eigenartigen Wasserfahrzeug befuhr, das sich ohne Wind und Segel fortzubewegen vermochte.

Das alles wird noch sonderbarer, wenn man berücksichtigt, dass die Überlieferung der Isle of Man geradezu überquillt von Geschichten, die aus heutiger Sicht wie eine durch eine fremde Zivilisation durchgeführte hochtechnologische Genmanipulation der örtlichen Bevölkerung klingen.

Hüte dich vor den Wechselbälgern!

Die Feen der Isle of Man – und das trifft auf *alle* Feen des keltischen Kulturkreises zu – hatten mit dem modernen Feenbild nichts gemeinsam, das wir aus dem Disney Channel kennen. Im Gegensatz zu dem Glauben, Feen seien um die fünfzehn Zentimeter groß, betrug die Körpergröße der Feen auf der alten Insel rund einen Meter. Meistens werden sie als alt und runzlig beschrieben, oft mit einer bösartigen Ausstrahlung. Sie hausten tief unter der Erde, in den dunklen Höhlen zerklüfteter Berge und in Zauberreichen, wo – da haben wir es wieder – weder Alter noch Krankheit existierten und das Leben ewig zu währen schien.

Hinzu kommt, dass das »kleine Volk« – wie die Feen überall auf dem Planeten – besessen von der menschlichen Fortpflanzung war. Kaltherzig raubten die Feen den Menschen der Isle of Man neugeborene Kinder. Manchmal tauschten sie diese gegen Kinder ihrer eigenen, magischen Art aus. Eine solche Kreatur wurde »Wechselbalg« genannt. Meistens handelte es sich dabei um ein Feen-Baby, manchmal aber auch um eine kranke, sehr alte Fee. Bei anderen Gelegenheiten ließen die Feen anstelle des geraubten Säuglings Figuren zurück, oft aus Holz geschnitzt, die einem Baby ähnelten und als »Holzstock« oder »Doppelgänger« bezeichnet wurden. Doch schon nach wenigen Tagen verlor die Figur ihre Form, und es zeigte sich, dass sie nichts als ein Stück verrottenden Holzes von einem alten Baum war. Dass diese Figuren keinerlei Trost für die verzweifelten Eltern darstellten, kann man sich denken. Die wünschten sich nur sehnlich, dass ihre Kinder möglichst bald zurückkehrten. Doch leider geschah das fast nie.

Es gab einen guten Grund dafür, dass die Feen so versessen darauf waren, menschliche Kleinkinder zu rauben: In zahlreichen Feengeschichten heißt es, dass diese Wesen große Schwierigkeiten hatten, gesunde Kinder zu zeugen. Oft kam es bei ihnen zu Fehlgeburten, oder sie brachten kranke, missgebildete Kinder zur Welt. Daher trachteten sie danach, ihr Erbgut durch fremdes Blut aufzufrischen – unseres, um genau zu sein. In der Regel wurde das gestohlene Kind, wenn es herangewachsen war, mit einer Person aus dem Feen-Adel verheiratet – *um das Erbmaterial der außerirdischen Elite zu stärken*, kann man wohl zurecht schlussfolgern. Bei den Fortpflanzungsproblemen des »kleinen Volkes« könnte es sich um eine Folge der radioaktiven Strahlung handeln, der ihre Vorfahren viele Generationen zuvor durch den Atomwaffeneinsatz nach der Sintflut ausgesetzt gewesen waren.

Was die Auffrischung des Genmaterials der Feen angeht, passen auch die zahlreichen keltischen Geschichten darüber ins Bild, dass Männer von den Feen betäubt oder verzaubert wurden – sehr oft spätabends auf einsamen Straßen oder in tiefen, dunklen Wäldern. Die Männer wurden dann in das Feenkönigreich entführt, wo sie Sex mit weiblichen Feen hatten, und zwar meistens mit Feenköniginnen. 1886 schrieb F. S. Wilde, ein angesehener Historiker und Kenner der keltischen Mythologie:

> Die Königin [der Feen] ist schöner als alle irdischen Frauen, doch Finvarra [der König der Feen] liebt die sterblichen Frauen mehr. Er betört sie in seinem Feenpalast mit der magischen Feenmusik, wodurch sie für immer den Feen verfallen. Ihre Freunde trauern um diese Frauen wie um Verstorbene, doch in Wirklichkeit führen sie ein vergnügtes Leben tief unter dem Hügel, im Feenpalast mit seinen silbernen Säulen und kristallenen Wänden.
>
> (Wilde, 1992)

Wenn die Zeit stillsteht

Dann ist da das Phänomen der »fehlenden Zeit«. Etwas galt als untrügliches Zeichen für eine Begegnung mit den Feen: Wenn jemand diesen magischen Wesen begegnete oder – wie man vielleicht besser sagen sollte – von ihnen heimgesucht wurde und anschließend in unsere Welt zurückkehrte, stellte er oder sie typischerweise fest, dass Tage, Wochen oder manchmal gar *Jahre* vergangen waren. Dabei waren die Betroffenen selbst felsenfest davon überzeugt, nur wenige Stunden fort gewesen zu sein.

Ein klassisches Beispiel hierfür ist die aus dem 13. Jahrhundert stammende Geschichte von Thomas dem Reimer, einem schottischen Barden aus Berwickshire. Thomas ging eines Abends allein am Ufer des Flusses Leader spazieren, als er plötzlich der schönsten Frau begegnete, die er je gesehen hatte. Sie saß auf einem großen weißen Pferd. Ihr Haar war golden, und ihr grüner Umhang mit kostbaren, glitzernden Juwelen verziert. Sie sagte, sie sei die Feenkönigin. Völlig hypnotisiert von ihrer Schönheit, bat Thomas sie um einen Kuss. Die Königin willigte ein, verlangte aber als Gegenleistung, dass Thomas sie ins Feenkönigreich begleiten und ihr dort zu Diensten sein müsse – ein Euphemismus dafür, dass sie Sex von ihm forderte. Dazu war er nur zu gerne bereit, was ja auch nicht weiter überrascht. Thomas selbst hatte den Eindruck, er hätte nur drei Tage bei der Feenkönigin verbracht, als er in unsere Welt zurückkehrte. Doch zu seinem Schrecken stellte er fest, dass sieben Jahre vergangen waren. Thomas war der Königin, die ihm die Gabe des Weissagens geschenkt hatte, derart verfallen, dass er schließlich ins Reich der Feen zurückkehrte, um den Rest seines Lebens dort zu verbringen. Vermutlich fühlte er sich in unserer Welt nicht mehr heimisch, nachdem er gesehen hatte, was hinter dem Schleier lag.

Eine ähnliche Geschichte aus dem 19. Jahrhundert handelt von zwei Walisern, Llewellyn und Rhys, die nachts auf dem Heimweg betörend schöne Musik hörten. Rhys war ganz verzaubert, doch Llewellyn nicht: Er wusste, das war der unheimliche Lockruf der Feen. Wenn man dieser Musik zu lange lauschte, geriet man in den Zauberbann des »kleinen Volkes«. Rhys stand da wie angewurzelt, doch Llewellyn floh. Am folgenden Tag kehrte Llewellyn widerstrebend an die Stelle zurück und fand, zu seiner Verblüffung und Sorge, Rhys wild herumtanzend in einem so genannten »Feenring« vor – einer kreisrunden Fläche mit veränderter Vegetation, vergleichbar unseren heutigen Kornkreisen. Obwohl inzwischen fast ein ganzer Tag verstrichen war, glaubte Rhys, Llewellyn wäre erst vor ein paar Minuten weggegangen.

Viele Menschen werden die Idee, dass es tatsächlich Feen geben könnte – oder zumindest vor Jahrhunderten gab –, für dummen Aberglauben halten. Doch man sollte die Sache einmal aus einem anderen Blickwinkel betrachten: Kleine, zwergenhafte Wesen mit scheinbar übernatürlichen Fähigkeiten und einer sonderbaren, morbiden Obsession für neugeborene Kinder und die menschliche Fortpflanzung sowie das Gefühl der »fehlenden Zeit« bei den Opfern sind auch die typischen Merkmale, die beim modernen Phänomen der »Entführungen durch Außerirdische« auftreten.

Nehmen wir einmal an, dass es sich bei dem, was von unseren Vorfahren als Feen, Kobolde und dergleichen wahrgenommen wurde, in Wirklichkeit um Aliens handelte oder vielleicht um künstlich geschaffene Arbeitsdrohnen der Anunnaki, die seit unendlich langer Zeit menschliches Erbgut stehlen, synthetisieren und manipulieren. Die Legenden über böse Feen mit übernatürlichen Fähigkeiten, die kleine Kinder aus den Häusern der Menschen rauben, hätten dann einen realen, aber nicht weniger beunruhigenden Kern.

Nun wird es Zeit, einen großen Schritt vorwärts ins 20. Jahrhundert zu tun, wo wir auf Beweise dafür stoßen werden, dass die Anunnaki in der heutigen Zeit immer noch aktiv sind.

ELF

Die Anunnaki und die CIA

Truman Bethurum, 1898 in Kalifornien geboren, schlug sich lange Zeit mit Gelegenheitsjobs durchs Leben. Seine erste Ehe begann und zerbrach während des Zweiten Weltkriegs. Wenige Monate vor Kriegsende heiratete er wieder und fand schließlich Arbeit im Straßenbau – unter harten Bedingungen in der heißen Wüste Nevadas, während seine zweite Frau Mary daheim in Santa Barbara, Kalifornien, zurückblieb. Dort draußen in der Wüste, im Jahr 1952, behauptete Bethurum, er habe auf dem Berg Mormon Mesa im Moapa Valley in Nevada Kontakt mit Außerirdischen gehabt.

An jenem Abend war Bethurum nach der Arbeit auf den Berg gestiegen, um für Mary nach Muscheln zu suchen, die diese leidenschaftlich gern sammelte. Bethurum berichtete, er sei in einen merkwürdig veränderten Bewusstseinszustand geraten. Vor seinen Augen manifestierten sich technologisch fortschrittliche Aliens, die einer riesigen, metallisch funkelnden Fliegenden Untertasse entstiegen waren. Die Fremden waren zwar nur etwa einen Meter fünfzig groß, sahen aber verblüffend menschenähnlich aus und behaupteten, sie kämen von einem fernen Planeten namens Clarion. Nicht nur das: Die Anführerin war eine Raumschiffkapitänin namens Aura Rhanes, ausgesprochen sexy, vom üppigen Pamela-Anderson-Typ. Bethurum beschrieb sie als »wunderschön, mit einer Topfigur«. Mary, im fernen Santa Barbara, war plötzlich vergessen. (Bethurum, 1954)

Bethurums angebliche Erlebnisse gingen weiter und nahmen immer erstaunlichere Formen an, wie auch seine Beziehung zu der flirtfreudigen Kapitänin Rhanes. Auch wenn Bethurum das nicht explizit zugab, deuten manche Schilderungen in Bethurums Büchern darauf hin, dass es zwischen den beiden zum Äußersten kam. Da überrascht es nicht, dass viele UFO-Forscher Bethurum als Schwindler abtun oder davon ausgehen, sein außeririsches Liebesabenteuer habe sich nur in seiner Fantasie abgespielt, geboren aus seinen unglücklichen Ehen mit Frau Nummer eins und Frau Nummer zwei. Es gibt am Fall Truman Bethurum aber einen sehr faszinierenden Aspekt, der nur selten Beachtung findet.

Einer, der ihm Beachtung schenkte, war Whitley Strieber, der durch seinen 1987 erschienenen Bestseller *Die Besucher* das Phänomen der Entführungen durch Außerirdische einem Massenpublikum bekannt machte. Während seiner Recherchen für das Buch machte Strieber eine bemerkenswerte Entdeckung: Der Name Aura Rhanes erinnert stark an den gälischen Ausdruck *Aernach Reann*, der übersetzt in etwa »himmlischer Luft-Körper« bedeutet. Die Art und Weise, wie Bethurum dem Zauber Aura Rhanes erlag, gleicht fast aufs Haar den jahrhundertealten Geschichten von gälischen Männern, die, wie im vorigen Kapitel geschildert, von der Feenkönigin betört wurden. (Strieber, 1987)

Und die Verbindungen reichen noch weiter.

Etwa zur gleichen Zeit, in der die Truman-Bethurum-Affäre sich ereignete (und »Affäre« trifft den Sachverhalt ja ziemlich genau) beobachtete die CIA bestimmte Entwicklungen in Zentralafrika, vor allem in jenem Gebiet, das bis in die 1960er Jahre Belgisch-Kongo hieß. Im Jahr 1915 entdeckte ein Mann namens Robert Rich Sharp ein riesiges Uranvorkommen in der kongolesischen Kleinstadt Shinkolobwe. »Riesig« ist gar kein Ausdruck: Edgar Sengier, der belgische Direktor der Minengesellschaft Union Miniere du Haut Katanga, ließ aus der sich über 400 Kilometer erstreckenden massiven Ader 4.200 Tonnen hochprozentiges Uranerz abbauen.

Die Qualität dieses Urans war so gut, dass es intensiv für das Manhattan-Projekt der amerikanischen Regierung verwendet wurde – den Bau der Atombombe während des Zweiten Weltkriegs. Generalmajor Kenneth Nichols leitete damals die Uranproduktion in Oak Ridge, Tennessee. Über die Uranvorkommen in Belgisch-Kongo sagte er: »Unsere beste Uran-Quelle, die Shinkolobwe-Mine, ist eine ganz außergewöhnliche Laune der Natur. Sie ist die uranreichste Erzlagerstätte der Welt. Danach wurde nie wieder etwas Vergleichbares entdeckt.« (Nichols, 1987)

All das bringt uns wieder zurück ins Jahr 1952, zur CIA und den Fliegenden Untertassen. In einem Dokument vom 16. August 1952 wird enthüllt:

> Kürzlich wurden über den Uranbergwerken im südlichen Belgisch-Kongo, im Distrikt Elizabethville östlich des Flusses Luapula, zwei leuchtende Flugscheiben beobachtet. Die Flugscheiben flogen in eleganten Kurven und wechselten mehrfach die Position, was bewirkte, dass sie vom Boden aus

gelegentlich wie Untertassen aussahen, manchmal auch eine ovale Form hatten oder strichförmig wirkten. Plötzlich schwebten beide Flugscheiben einen Moment lang regungslos auf der Stelle, um dann in einem völlig außergewöhnlichen Zickzack-Flugkurs in nordwestlicher Richtung zu verschwinden. Dabei war, wie Augenzeugen berichteten, die das Geschehen vom Boden aus beobachteten, ein fauchendes, summendes Geräusch zu hören. Die ganze Sichtung dauerte etwa 10 bis 12 Minuten.

(Central Intelligence Agency, 1952)

In dem Bericht heißt es weiter, dass ein Commander Pierre, der auf dem in der Nähe gelegenen Flugplatz Elizabethville stationiert war, über das Auftauchen der UFOs informiert wurde. Er rannte zu seinem Kampflugzeug, startete und nahm die Verfolgung der Flugscheiben auf. Erstaunlicherweise gelang es Pierre tatsächlich, eines der beiden seltsamen Luftfahrzeuge einzuholen. Er näherte sich ihm bis auf gefährliche 120 Meter, so dass er das Objekt gut betrachten konnte. Er gab an, das UFO hätte einen Durchmesser von 12 bis 15 Metern gehabt und sei diskusförmig gewesen. Die Farbe seiner Außenhaut habe an Aluminium erinnert. Es hatte einen »inneren Kern«, der sich nicht bewegte, während der äußere Rand feurig leuchtete und schnell um diesen Kern rotierte. Der Militärpilot schloss daraus, dass dieses UFO eine enorme Rotationsgeschwindigkeit aufweisen musste. (Ebd.)

Die Bewegungen des UFOs ließen für Pierre keinen Zweifel daran, dass es sich keinesfalls um irgendeinen Flugzeug-Prototypen handeln konnte: Die beiden Flugobjekte waren in der Lage, sich horizontal und vertikal zu bewegen, wobei ihre Flughöhe zwischen 800 und 1.000 Metern schwankte. Einmal gingen sie in einem rasanten vertikalen Sinkflug, der fast wie ein Absturz

Was weiß die CIA über die Anunnaki?

aussah, bis auf dreißig Meter über die Baumwipfel am Rand des Uranbergwerks herunter. Die bei diesen Manövern auftretenden g-Kräfte mussten so gewaltig sein, dass kein Pilot sie unbeschadet überstanden hätte. Daraus schloss Pierre, dass die UFOs unbemannt waren und ferngesteuert wurden – von wem, blieb für ihn völlig rätselhaft. Nach 15 Minuten endete die Verfolgung, als beide UFOs plötzlich einen durchdringenden Pfeifton erzeugten und, nach Pierres Schätzung, auf etwa 1.500 Stundenkilometer beschleunigten. Innerhalb von Sekunden verschwanden sie außer Sichtweite.

Schon der Bericht allein ist absolut bemerkenswert, noch interessanter ist aber, was geschah, als er bei der CIA eintraf: Er wurde, ergänzt durch einen Einsatzbericht von Commander Pierre, von Mitarbeitern der CIA-Abteilung für Wissenschaftsspionage (OSI) ausgewertet. Sie gelangten zu drei Schlüssen: 1. Commander Pierre war ein äußerst glaubwürdiger Zeuge. 2. Seine Beobachtung der UFOs aus relativ großer Nähe war sehr aufschlussreich. 3. Man empfahl weitere Nachforschungen, um herauszufinden, ob auch über anderen Bergwerken in Afrika UFOs beobachtet wurden. Interessanterweise empfahl die OSI außerdem, nach möglichen UFO-Sichtungen über afrikanischen *Goldminen* zu suchen. Wusste man schon in den Anfangsjahren der CIA während der 1950er dort etwas über die alte Verbindung der Anunnaki mit Afrika und deren gewaltiges Goldabbau-Programm? Wenn ja, machte man sich dann bei der CIA Sorgen, die Anunnaki könnten zurückgekehrt sein und beobachteten jetzt *unsere* Bergbauprojekte in jenen Regionen, wo sie selbst Jahrtausende zuvor Bergbau betrieben hatten?

Und es gibt noch weitere bemerkenswerte und höchst faszinierende Zusammenhänge.

Die Weltraumgötter stürzen ab

Seit Jahrzehnten kursieren Gerüchte, im Frühjahr 1952 sei auf der norwegischen Insel Spitzbergen ein UFO abgestürzt. Geschichten über abgestürzte UFOs, die in geheimen Operationen zusammen mit den Leichen ihrer Insassen vom Militär geborgen werden, gibt es in der Ufologie reichlich. Besonders bemerkenswert an dem Spitzbergen-Zwischenfall ist, dass das UFO – angeblich wurde es von der norwegischen Regierung heimlich dem US-Militär übergeben – nach Fort Knox in Kentucky überführt worden sein soll. Fort Knox ist nicht nur ein wichtiger Stützpunkt der US-Armee, sondern beherbergt auch das Bullion Depository, wo ein großer Teil der US-Goldreserven aufbewahrt wird. Dort befinden sich etwa drei Prozent allen Goldes, das während der gesamten Menschheitsgeschichte gewonnen wurde. Man schätzt den Gesamtwert des im Bullion Depository eingelagerten Goldes auf etwa 380 Milliarden US-Dollar.

Also haben wir es hier mit einer sehr kuriosen Situation zu tun: Truman Bethurum erlebte 1952 seine Affäre mit einer Außerirdischen, ein Erlebnis, das starke Parallelen zu entsprechenden keltischen Berichten aufweist. Die Kelten wiederum sind genetisch eng mit den Basken und durch diese mit den Cro-Magnon-Menschen der Frühzeit verwandt, die von den Anunnaki gentechnisch manipuliert wurden. Im selben Jahr empfiehlt die CIA, möglichen UFO-Aktivitäten über afrikanischen Goldminen besondere Aufmerksamkeit zu schenken. Und dann wird 1952 obendrein angeblich ein abgestürztes UFO heimlich nach Fort Knox gebracht. Sollten wir also die unglaubliche Möglichkeit in Betracht ziehen, dass das Spitzbergen-UFO größere Mengen Anunnaki-Gold an Bord hatte? Ja, das ist in der Tat sehr gut möglich. Ein solcher Fund wäre jedenfalls ein erstklassiger Grund für die CIA gewesen, nach UFOs in Bergbaugebieten Ausschau zu halten – vor allem über Goldminen.

ZWÖLF

Unheimliche Begegnungen der keltischen Art

Zur selben Zeit, als Truman Bethurum unter dem hypnotischen Zauberbann der feenähnlichen und einen keltischen Namen tragenden Aura Rhanes stand, behauptete ein Mann namens George Adamski, in der kalifornischen Wüste erstaunliche Begegnungen mit menschenähnlichen Außerirdischen zu erleben. Zweifellos war und ist Adamski *der* UFO-Kontaktler schlechthin – was auch immer man von seinen angeblichen Erlebnissen mit den langhaarigen, menschlich aussehenden »Weltraumbrüdern«, wie er sie nannte, halten mag. Besonders interessant ist, dass einer von Adamskis angeblichen Brüdern aus dem All den Namen FirKon trug.

Dazu schreibt Strieber: »*Fir* als Vorsilbe bedeutet ›Mann‹ und *Conn* bedeutet ›Kopf‹. Es handelt sich um den Namen eines irischen Königs aus dem siebten Jahrhundert, dessen Sohn, so weiß es die Überlieferung, von einer schönen Dame in einem Luftfahrzeug entführt wurde.« (Strieber, 1987)

Eine brasilianische Abstammungslinie

Nun wird es Zeit, sich einem der umstrittensten Alien-Kontakte überhaupt zuzuwenden. Er ist für die Verbindung der UFOs zur keltischen Kultur von besonderer Bedeutung. Am 22. Februar 1958 verfasste ein junger brasilianischer Farmer namens Antônio Vilas Boas für Dr. Olavo Fontes – angesehener Gastroenterologe und Dozent an der Medizinischen Fakultät der Universität von Rio de Janeiro und engagierter UFO-Forscher – ein sensationelles Dokument. Darin berichtet Vilas Boas von einer Begegnung mit einem Alien, die er acht Tage zuvor erlebt hatte. Dabei handelte es sich nicht um ein steriles Entführungserlebnis mit insektenäugigen, dürren Kreaturen, die sich für sein Rektum interessierten. Nein. Vilas Boas erzählte Fontes, er hätte eine höchst intime Begegnung mit einer heißen Lady aus den geheimnisvollen Weiten des Alls gehabt:

> »Meine Familie besitzt eine Farm in der Nähe von Francisco de Sales in Minas Gerais«, begann Vilas Boas den Bericht über sein extraterrestrisches Sex-Abenteuer. Alles hätte am 5. Oktober begonnen. Damals sah er »ein sehr weißes Licht, und ich weiß nicht, woher es kam. Es schien von hoch oben zu kommen, als würde von dort ein Autoscheinwerfer herabstrahlen … dann verschwand das Licht und kehrte nicht zurück«.
>
> (Vilas Boas, 1958)

Allerdings nicht für lange.

Schon eine knappe Woche später tauchte das leuchtende Objekt – oder ein anderes, ähnliches – abends nach Einbruch der Dunkelheit wieder über der Farm auf. Vilas Boas ruhte sich, auf dem Traktor der Familie sitzend, nach einem langen, schweren Tag ein wenig aus, bevor er die Feldarbeit fortsetzte, die noch bis in die Nacht dauern würde. Die Form des Objekts erinnerte an ein Wagenrad. Es schwebte in etwa hundert Metern Höhe, und für einen Moment strahlte es ein grellrotes Licht aus, das Vilas Boas heftig in den Augen schmerzte. Dann war das UFO plötzlich verschwunden – oder nur das Licht war ausgeschaltet worden, und es schwebte nun in völliger Stille und Dunkelheit. Er ahnte nicht, was (und dass er selbst) noch kommen würde: Vierundzwanzig Stunde später, Vilas Boas war wieder mit schwerer Feldarbeit beschäftigt, die bis weit in die Nacht dauerte, sah er »um genau ein Uhr nachts plötzlich einen roten Stern am Himmel … der rasch näher kam und sich als hell leuchtendes, eiförmiges Objekt erwies, das mit erschreckender Geschwindigkeit auf mich zuraste. Es bewegte sich so schnell, dass es bereits über dem Traktor schwebte, ehe ich wusste, wie mir geschah«. (Ebd.)

Vilas Boas starrte ehrfürchtig zu dem UFO hinauf. Diese Ehrfurcht verwandelte sich in nackte Angst, als es sich auf eine Höhe von 25 Metern herabsenkte. Vilas Boas sprang vom Traktor und rannte davon. Doch ihm blieb keine Chance zur Flucht.

»Es kam näher und näher«, schrieb Vilas Boas und fügte hinzu: »Ich konnte jetzt erkennen, dass es sich um eine seltsame Maschine handelte. Sie besaß eine runde Form, und war von kleinen rötlichen Lichtern umgeben … Das Objekt wirkte wie ein großes, in die Länge gezogenes Ei, aus dessen Vorderseite drei Metallgebilde ragten, die wie Zahnräder aussahen … Auf der Oberseite der Maschine gab es etwas, das mit hoher Geschwindigkeit rotierte und von dem ein intensiver, fluoreszierender roter Lichtschein ausging.« (Ebd.)

Sein Versuch, ins Wohnhaus der Farm zu fliehen, scheiterte daran, dass er sich plötzlich benommen, schwach und desorientiert fühlte. Er schaffte es nur dreißig, vierzig Meter weit, dann packten starke Hände ihn am Arm. Vor Angst erstarrt sah er sich einem etwa einen Meter fünfzig großen, menschlich wirkenden Individuum gegenüber, das mit einer Art Fliegeroverall bekleidet war. Das UFO war in geringer Entfernung gelandet. Immer noch tauchte es die Umgebung in ein blendend helles Licht, wodurch seine Form nicht wirklich zu erkennen war – was möglicherweise zu Tarnzwecken geschah. Drei weitere Besatzungsmitglieder kamen hinzu, und gemeinsam schleppten sie den benommenen, sich nur schwach wehrenden jungen Farmer auf das hell erleuchtete UFO zu. Kein gutes Zeichen.

Die vier kleinwüchsigen Männer schafften Vilas Boas in das ziemlich enge Innere des sonderbaren Fluggerätes. Sie zogen ihn aus und schoben ihn in einen kleinen Raum, wo sie ihn von Kopf bis Fuß mit einer Art Seife einrieben. Dann wurde er mit einem Schlauch abgespritzt, und sie nahmen ihm am Kinn Blut ab. Sie brachten ihn in einen anderen, ebenso engen Raum – nicht größer als eine Toilette –, der sich zu seinem Schrecken rasch mit dichtem Rauch fühlte, so dass er kaum noch Luft bekam. In seinen eigenen Worten: »Es war, als würde ich einen dichten Rauch einatmen, der mich zu ersticken drohte. Es roch wie brennende Kleidung … Mir wurde so übel, dass ich mich übergeben musste.« (Ebd.)

»Ein guter Zuchthengst, um ihr Blut aufzufrischen.«

Nach einer ihm quälend lang erscheinenden Wartezeit gab es endlich Licht am Ende des Tunnels. Von Aliens gekidnappt, an Bord ihres Schiffs gebracht und wie ein schmutziges altes Auto mit dem Schlauch abgespritzt zu werden, war eine Sache. Eine andere war es, nach diesem traumatischen Erlebnis durch wohlgeformte weibliche Reize belohnt zu werden. Aber wenn stimmt, was

Vilas Boas dem UFO-Forscher Fontes berichtete, geschah genau das. Eine Metalltür öffnete sich, und eine nackte Frau betrat den Raum. Hören wir aus erster Hand, wie es weiterging:

> Ihre Augen waren groß und blau, eher länglich als rund, leicht mandelförmig … Sie hatte hohe Wangenknochen … Ihre Lippen waren sehr dünn, kaum zu sehen … Ihr Körper war schöner als bei jeder Frau, die ich bis dahin gekannt hatte. Er war schlank, mit großen, perfekt geformten Brüsten, dünner Taille und flachem Bauch, breiten Hüften und üppigen Schenkeln … Auch fiel mir auf, dass das Haar in ihren Achselhöhlen und an einer anderen Stelle rot war, fast wie Blut.
>
> (Ebd.)

Natürlich war es diese »andere Stelle«, wie Vilas Boas sie taktvoll umschrieb, die seinen Blick magisch anzog. Diese offenbar völlig reale Barbarella ließ sich nicht lange bitten, sondern kam sofort zur Sache:

> Sie näherte sich mir schweigend und sah mich an, als erwartete sie etwas von mir. Plötzlich umarmte sie mich und rieb ihr Gesicht an meinem. Es ergriff mich eine völlig unkontrollierbare sexuelle Erregung, was mir noch nie passiert war. Ich vergaß mich völlig, umklammerte die Frau und erwiderte ihre Liebkosungen heftig. Allerdings stieß sie immer wieder merkwürdige Grunzlaute aus, was mir fast alles verdarb, denn es gab mir das Gefühl, es nicht mit einem Menschen, sondern mit einem Tier zu tun zu haben. Schließlich war sie erschöpft,

> und ihr Atem ging schnell. Ich wollte weitermachen, aber sie verweigerte sich nun und wich vor mir zurück.
>
> (Ebd.)

Auch wenn Vilas Boas die animalischen Lautäußerungen der Frau wenig liebreizend fand, schien er zufrieden mit seiner sexuellen Performance zu sein. »Das war es, was sie von mir wollten – ich war ein guter Zuchthengst, um ihr Blut aufzufrischen«, sagte er zu Fontes. (Ebd.)

Als die Frau zur Tür ging, »drehte sie sich noch einmal zu mir um, zeigte auf ihren Bauch, dann auf mich, und dann zeigte sie mit einem Lächeln hinauf in den Himmel«. Anschließend führten die männlichen Besatzungsmitglieder Vilas Boas noch kurz durch ihr UFO. Als er aber versuchte, eine kleine Apparatur zu stehlen, um sie als Beweis für seine Geschichte mitzunehmen, wurde er von einem der Männer streng ermahnt – und dann brachten sie ihn ohne Dank und viele Worte von Bord. Er sah zu, wie das UFO mit seinem Mädchen aus einer anderen Galaxie im Nachthimmel verschwand. (Ebd.)

Gegenüber Fontes schilderte er es so:

> Die Flugmaschine stieg langsam in die Luft, bis sie eine Höhe von 30 bis 50 Metern erreicht hatte … Ein surrender Lärm ertönte, und die rotierende Scheibe auf der Oberseite drehte sich plötzlich mit beängstigender Geschwindigkeit … Die Maschine änderte abrupt die Richtung. Dabei ertönte ein lauteres Geräusch, eine Art »Schlag«. Dann, sich leicht auf eine Seite legend, schoss das Objekt wie eine Kanonenkugel in südlicher Richtung davon, so schnell, dass es innerhalb weniger Sekunden au-

> ßer Sichtweite war. Ich ging zu meinem Traktor zurück. Um circa Viertel nach ein Uhr morgens hatten sie mich an Bord ihrer Flugmaschine gebracht, und gegen fünf Uhr dreißig ließen sie mich wieder frei. Ich war also vier Stunden und fünfzehn Minuten dort drin gewesen. Es erstaunte mich, dass so viel Zeit vergangen war.
>
> (Ebd.)

Es war vorbei. Die Aliens waren aufgetaucht und wieder verschwunden, eine von ihnen beglückt durch den »guten Zuchthengst« Vilas Boas. Aus dem jungen Bauern wurde später ein erfolgreicher und angesehener Rechtsanwalt. Bis er 1992 im Alter von nur 58 Jahren starb, beharrte er sein ganzes Leben stets darauf, dass sich alles genau so zugetragen hatte.

So wie es bei Truman Bethurum der Fall war, erscheint auch Antônio Vilas Boas' Geschichte ziemlich unglaublich. Andererseits sollten wir zwei Faktoren in Betracht ziehen: 1. Die leuchtend roten Haare von Vilas Boas' Frau aus dem All sind unter Menschen keltischer Herkunft häufig, und 2. weist in ganz Südamerika Brasilien den größten Anteil Rh-Negativer mit der Blutgruppe 0 auf. Das legt die Frage nahe: Hatte auch Antônio Vilas Boas die Blutgruppe 0 Rh-negativ? Wenn ja, würde das erklären, warum er ausgewählt wurde: um ein Wesen zu begatten, das ebenfalls die Blutgruppe 0 Rh-negativ hatte und vermutlich das Produkt außerirdischer Genmanipulationen war.

Frühstück mit Aliens

Im April 1961 ereignete sich in Wisconsin eine UFO-Begegnung, die viele Forscher für Betrug oder ein Hirngespinst halten. Doch es könnte sich um etwas ganz anderes gehandelt haben – etwas, das uns erneut auf die rätselhaften Wesen der keltischen Überlieferung hinweist. Am Morgen des 18. April wurde das Frühstück von Joe Simonton unsanft durch Besucher aus einer anderen Welt unterbrochen. Der Hühnerzüchter Simonton hatte sich gerade zum Essen hingesetzt, als plötzlich ein tosender Lärm ertönte. Er dachte, ein Militärjet sei im Tiefflug über sein Haus gedonnert. Doch das war es nicht. Er lief nach draußen und stand vor einer Fliegenden Untertasse von etwa zehn Metern Durchmesser, die über seinem Garten schwebte.

Eine Tür öffnete sich. Drei Männer stiegen aus und näherten sich ihm. Sie waren klein – ungefähr einen Meter fünfzig groß – und in eine Art Militäroverall gekleidet. Einer der drei hielt Simonton etwas hin, das einem völlig irdischen Krug glich, und bedeutete ihm durch Gesten, dass er Wasser benötigte. Simonton füllte ihnen eilig den Krug. Zum Dank schenkten die Aliens Simonton einen Teller mit kleinen Pfannkuchen oder etwas, das wie Pfannkuchen aussah. Das schien ein guter Handel zu sein. Der Anführer der Gruppe machte eine sonderbare salutierende Geste, dann stiegen die drei wieder in ihr UFO und flogen davon. Simonton aß einen der Pfannkuchen – aber sie schmeckten ihm nicht.

Wer würde diese Geschichte glauben? Dabei ist sie noch gar nicht zu Ende. Simonton verständigte unverzüglich die Polizei – was ein Schwindler doch wohl eher vermieden hätte. Kurze Zeit später trat die U.S. Air Force in Aktion –, und die Medien griffen die Geschichte auf. Interessanterweise gelangte die Air Force zu dem Schluss, dass Simonton die Geschichte nicht aus Geldgier oder Geltungssucht erfunden hatte, sondern dass sie für ihn real war – erlebt in einem traumartigen veränderten Bewusstseinszustand. Und da ist noch etwas: Wie schon erwähnt, hatte Simonton ja nur einen der außerirdischen

Pfannkuchen gegessen. Die Air Force ließ die übrigen von einem Wissenschaftler analysieren, der nur eine einzige Anomalie fand: Es handelte sich um ganz gewöhnliche Pfannkuchen, aber sie enthielten keinerlei Salz.

Zu den Hauptzutaten eines Pfannkuchens gehören Milch und Eier. Eine Tasse Milch enthält etwa 100 mg Natrium. Falls die Sache ein Schwindel war und Simonton die Pfannkuchen selbst zubereitet hatte, wie hatte er es dann angestellt, das Salz aus ihnen zu entfernen? Dafür fand sich nie eine Erklärung. Sie waren 100-prozentig salzfrei, enthielten nicht ein einziges Salzmolekül.

Ein Skeptiker könnte jetzt einwenden: Na und, was bedeutet das schon? Nun, laut der keltischen Überlieferung verabscheuen die Feen Salz. Zudem heißt es über die Angehörigen des »kleinen Volkes«, dass eine Fee, vor der man Salz auf den Boden streut, gezwungen ist, jedes einzelne Salzkorn zu zählen – eine ziemlich mühselige Aufgabe. Beim Fall von Joe Simonton haben wir es also mit einer Gruppe relativ kleiner Humanoider zu tun, die eine Abneigung gegen Salz hatten. Feen? Außerirdische? Oder sind sie ein und dasselbe?

»Aus Angst vor den kleinen Männern.«

Joe Simontons Erlebnis ist durchaus kein Einzelfall. Walter Yeeling Evans-Wentz war ein Kenner der keltischen Überlieferung und Autor des 1911 erschienenen und immer noch sehr geschätzten Buches *The Fairy Faith in Celtic Countries.* Darin erzählt er eine faszinierende Geschichte, die Ähnlichkeiten zu der von Joe Simonton aufweist. Ein Ire namens Pat Feeny erhält Besuch von einer zwergenhaft kleinen Frau, die ihn um Haferflocken bittet. Evans-Wentz schrieb: »Paddy hatte davon so wenig, dass er sich schämte, ihr welche anzubieten. Er fragte, ob er ihr nicht stattdessen Kartoffeln geben könne, aber sie wollte Haferflocken, also bot er ihr seinen ganzen bescheidenen Vorrat an. Sie nahm davon aber nur eine kleine Menge und sagte, er solle den Rest wieder in die Vorratskammer stellen. Am nächsten Morgen quoll das Gefäß über vor Haferflocken. Die Frau war eine von den kleinen Leuten.« (Evans-Wentz, 2004)

Der Dichter William Allingham.

Und da ist »The Fairies«, ein bekanntes Gedicht aus dem Jahr 1850, in dem der Autor William Allingham schreibt, dass die Feen, er nannte sie »kleine Männer«, als Speise »knusprige Pfannkuchen« bevorzugten. Auch zu den an anderer Stelle erwähnten sonderbaren Eulen stellt er einen Bezug her. Allinghams Gedicht beginnt folgendermaßen:

Auf den luftigen Bergen,
unten am rauschenden Bach,
wagen wir nicht zu jagen
aus Angst vor den kleinen Männern;
Zwergenvolk, gutes Volk,
diese ganze Schar
mit grüner Jacke, roter Mütze
und weißer Eulenfeder.

Unten am felsigen Meeresstrand
hausen manche von ihnen,
essen knusprige Pfannkuchen,
gebacken aus Meeresschaum;
manche wohnen im Ried
des schwarzen Sees in den Bergen,
ihre Hunde fressen Frösche
und wachen die ganze Nacht.

(ALLINGHAM, 1950)

Allingham beschreibt auch etwas, das sich wie der klassische Fall einer Entführung durch Außerirdische anhört:

Sie stahlen die kleine Bridget,
sieben Jahre blieb sie bei ihnen;
als sie wieder zurückkam,
waren all ihre Freunde fort.

Da holten sie Bridget zurück,
zwischen Nacht und Morgen;
sie dachten, das Mädchen schlafe nur,
doch es war gestorben vor Sorgen.

Seitdem bewachen sie Bridget,
tief unten in ihrem See,

auf einem Bett aus Zweigen,
bis dass sie wieder erwacht.

(Ebd.)

Funkkontakt mit Außerirdischen

In einer Nacht im Juli 1961, drei Monate nach Joe Simontons seltsamer Begegnung, lauschte in einer Kleinstadt in Massachusetts ein junger Mann namens Bob Renaud mit seinem Amateurfunkgerät in den Äther (Keel, 2014). Nach einigen sonderbaren Pieptönen hörte Renaud eine weibliche Stimme, die sich ihm später als Linn-Erri vom Planeten Korrendor vorstellte.

Wie bei vielen UFO-Kontaktfällen der 1950er und 1960er Jahre führte Renaud häufige und ausgedehnte Unterhaltungen mit seinen neuen außerirdischen Freunden, die oft um die Sorge der Aliens kreisten, dass die Menschheit in Gefahr war, sich selbst auszulöschen. Und wie manche andere Kontaktperson unternahm auch Renaud mit Linn-Erri und ihren Kameraden UFO-Flüge zu geheimen Basen der Außerirdischen. Sie brachten ihm bei, komplizierte Apparate zu bauen, unter anderem ein Gerät, das an einen Fernseher erinnerte. Angeblich war es eine Art Bildtelefon, das es ihm ermöglichte, Linn-Erri zu sehen, während er mit ihr kommunizierte. Sie war eine atemberaubende Blondine, die wie neunzehn wirkte, aber behauptete, nach menschlichen Zeitbegriffen schon Mitte siebzig zu sein. Eine alterslose Anunnaki, vielleicht?

Sicher ist es vorstellbar, dass wir es hier mit nichts weiter zu tun haben, als den hormongetriebenen nächtlichen Fantasien eines jungen Mannes. Doch wie bei den gleichfalls umstrittenen Geschichten von Truman Bethurum und Joe Simonton gibt es auch bei diesem Fall ein Element, das ihn für dieses Buch sehr relevant macht.

Der Name Linn-Erri ähnelt stark dem gälischen Wort *Lionmhair-reacht*, das übersetzt »Fülle« bedeutet. (Strieber, 1987)

Auch der Name des angeblichen Heimatplaneten der Außerirdischen, Korendor, ist bemerkenswert: Er ähnelt verblüffend dem gälischen *Cor-Endor*, was »Berg von Endor« bedeutet oder, wie Whitley Strieber schreibt, »ein Ort der Weissagung«. (Ebd.)

Aliens, die Gälisch sprechen

Betty Andreasson stand schon ihr ganzes Leben in Kontakt mit Wesen aus der Anderswelt. Einmal, in den 1960er Jahren, als Andreasson ein intensives Channeling-Gespräch mit einem kleinen, großköpfigen Alien namens Quaazga führte, hörte sie Sätze in einer ihr fremden Sprache. Aber es gab jemanden, der diese Sprache verstand – ein Mann namens Leonard Keane. Als er sich Tonbandaufnahmen anhörte, auf denen Andreasson die Sätze Wort für Wort wiedergab, identifizierte er die Sprache des Außerirdischen als eine altertümliche Form des Gälischen. Die Übersetzung lautete: »Die lebenden Nachkommen des Nördlichen Volkes irren in universeller Dunkelheit umher. Ihre Mutter klagt. Etwas Dunkles kündigt sich an, wenn die Schwäche der Mächtigen das Leben erneut schwierig macht, es ist eine Phase von Fehlern, die von den Mächtigen begangen werden, eine schwere Zeit.« (Strieber, 1988)

Betty Andreasson besaß keinerlei Kenntnisse der gälischen Sprache. Sie war finnisch-englischer Abstammung. Bemerkenswerterweise liegt in Finnland die Zahl der Rh-Negativen deutlich über dem Durchschnitt.

Dieses und das vorige Kapitel verdeutlich uns etwas unendlich Wichtiges: Eine Betrachtung bestimmter UFO-Zwischenfälle des 20. Jahrhunderts beweist, dass Verbindungen bestehen zwischen der Welt der alten Kelten, Menschen mit Y-Chromosomen, die sich nicht von jenen der Basken unterscheiden und eindeutig Cro-Magnon-artig sind, und den Anunnaki.

Darüber hinaus dürfen wir Betty Andreassons finnische und Antônio Vilas Boas' brasilianische Herkunft nicht außer Acht gelassen werden – zwei Länder mit einem hohen Rh-negativen Bevölkerungsanteil. Ebenso wenig ignorieren lässt sich die Tatsache, dass es bemerkenswerte Fälle von Alien-Kontakten gibt, bei denen alte keltische Worte eine Rolle spielen: FirKon, Aura Rhanes, Korendor und Linn-Erri sind nur vier von vielen Beispielen. Zudem gibt es beim Bethurum- und beim Vilas-Boas-Fall deutliche sexuelle und fortpflanzungsbiologische Aspekte. Die keltische Namenbezüge aufweisende Bob-Renaud-Affäre von 1961 ebenso wie keltische Feen-Kontakte in früheren Jahrhunderten weisen eindeutig sexuelle und sinnliche Elemente auf.

Es ist vermutlich angemessen, dieses Kapitel mit einem Zitat Whitley Striebers zu beenden, der über die keltisch-gälische UFO-Connection schreibt: »Es scheint fast so, als ob wir gegenwärtig Zeugen einer Wiederentdeckung der uralten Beziehung zwischen uns selbst und einem Phänomen werden, das völlig missverstanden wurde.« (Strieber, 1987)

DREIZEHN

Die Entführer erscheinen auf der Bildfläche

Vor Jahrzehnten wurde in UFO-Büchern und -Zeitschriften ausführlich über Truman Bethurum und Antônio Vilas Boas berichtet. Doch gerade die offensichtlich sexuelle Natur ihrer angeblichen Erlebnisse veranlasste viele UFO-Forscher, diese Fälle als Schwindel, Fantasie oder Wunschdenken abzutun. Diese Situation änderte sich nach dem 19. September 1961. In jener Nacht ereignete sich ein UFO-Zwischenfall, dem allgemein eine geradezu historische Bedeutung beigemessen wird. Es ging dabei nicht um Sex wie beim Fall Vilas Boas, aber die menschliche Fortpflanzung spielte dennoch eine wichtige Rolle. Dieser Zwischenfall löste intensive Forschungen aus, die darauf hindeuten, dass ein Zuchtprogramm für Alien-Mensch-Hybriden nicht nur vor Jahrtausenden stattfand, sondern *bis zum heutigen Tag* weitergeführt wird – auch wenn die Anunnaki, oder ein großer Teil von ihnen, die Erde vor sehr langer Zeit verließen.

Wenn die Anunnaki tatsächlich damals unsere Welt verließen, um auf ihren im Niedergang befindlichen Heimatplaneten zurückzukehren, wie konnte dann dieses Programm trotzdem fortgesetzt werden? Wie bereits erwähnt, besteht durchaus die

Möglichkeit, dass sie eine Armee von gentechnisch erzeugten »Drohnen« zurückließen, die dafür geschaffen wurden, bestimmte Aufgaben auszuführen – wozu auch die langfristige genetische Manipulation der Menschheit gehört, während ihre gottgleichen Herren unsichtbar im Hintergrund bleiben.

An besagtem 19. September 1961 befand sich das Ehepaar Barney und Betty Hill aus New Hampshire spätabends auf der Rückfahrt von einem Urlaub in Montreal, Kanada. Und nach dem Erlebnis, das ihnen in jener Nacht bevorstand, waren sie vermutlich gleich wieder urlaubsreif.

Entführer von oben

Gegen 22.30 Uhr waren sie mit ihrem Wagen südlich von Lancaster, New Hampshire, unterwegs, als sie plötzlich über sich am Himmel ein seltsames Licht bemerkten. Die Hills beobachteten das Objekt mit einem Feldstecher und kamen zu dem Schluss, dass es sich nicht um ein Flugzeug handelte. Sie setzten ihre Fahrt durch die Berge fort und bekamen beide das sonderbare Gefühl, dass die Insassen des leuchtenden Flugobjekts sie beobachteten – sie schienen mit den Hills ein Spiel zu spielen und sie regelrecht dazu zu animieren, den Manövern der sonderbaren Flugmaschine zu folgen.

Plötzlich geschah etwas, das ihnen die Haare zu Berge stehen ließ: Das UFO näherte sich dem Auto der Hills und sank abrupt auf eine Höhe von etwa dreißig Metern. Barney Hill machte vor Schreck eine Vollbremsung, mitten auf einer unbeleuchteten, einsamen Passstraße. Später beschrieb er das unirdisch aussehende Gefährt als pfannkuchenförmig. Er stieg aus dem Wagen und betrachtete es durch seinen Feldstecher. So sah er hinter den Fenstern des UFOs etwa ein Dutzend Wesen, die umherliefen und zu dem nun zutiefst verängstigten Ehepaar hinabstarrten. Das UFO näherte sich immer mehr ihrem Auto. Barney rief Betty zu, dass diese Wesen sie offenbar entführen wollten. Die Hills sprangen wieder ins Auto und rasten davon, was nicht weiter verwundert. Das UFO und seine Besatzung folgten ihnen nicht – oder jedenfalls schien es zu diesem Zeitpunkt so.

Hypnose, verdrängte Erinnerungen und ein Schwangerschaftstest

Damit war das traumatische Erlebnis noch nicht zu Ende. Schon bald wurde Betty und Barney klar, dass mit ihrer Rückfahrt etwas nicht stimmen konnte. Es fehlten ungefähr zwei Stunden, an die sie sich nicht erinnern konnten. Die Hills litten fortan unter nächtlichen Albträumen. Erinnerungsfetzen tauchten auf, die darauf schließen ließen, dass in jener Nacht oben auf der Passstraße mehr passiert sein musste als das, was ihr Wachbewusstsein erinnerte. Die Hills konsultierten den Psychiater und Neurologen Dr. Benjamin Simon in Boston, der mit ihnen ab Januar 1964 eine Reihe von Hypnosesitzungen durchführte.

Was zutage trat, als der Arzt Barney und Betty in Hypnose versetzte, war, gelinde gesagt, erstaunlich. Wenn es sich bei den Resultaten der Sitzungen nicht um Produkte von Fantasie oder Suggestion handelte, waren die Hills an Bord eines außerirdischen Raumschiffs entführt und dort medizinischen Prozeduren unterzogen worden, die beide zutiefst traumatisiert hatten. Eine dieser Prozeduren – an Betty ausgeführt – deutet darauf hin, dass die menschliche Fortpflanzung eine Rolle spielte. Und etwas, das Barney berichtete, stand eindeutig, wie wir gleich näher beleuchten werden, in Zusammenhang mit den Rh-Negativen. Die moderne Ära der Entführungen durch Außerirdische hatte begonnen – bei der ein klarer Zusammenhang zur menschlichen Fortpflanzung und einer Alien-Abstammungslinie erkennbar ist.

Die bemerkenswerte Geschichte von Betty und Barney beruht auf ihren Traumerinnerungen und den Informationen, die in den Hypnosesitzungen mit Dr. Simon zutage traten. Beginnen wir mit Betty. Ihr Erlebnis war zutiefst traumatisierend: Sie lag in dem Raumschiff auf einer Art OP-Tisch und musste zu ihrem Entsetzen mit ansehen, wie eines der Wesen, die um den Tisch herumstanden, eine Art Nadel in ihren Bauchnabel einführte, um, wie es sagte, festzustellen, ob sie schwanger sei. Das Wesen versicherte ihr darüber hinaus, dass die Untersuchung sehr hilfreich sei – aber warum wurde nicht erklärt. Und auch nicht, für wen: für Betty oder die Aliens? Man darf wohl annehmen, für Letztere.

Betty erinnerte sich, die Nadel sei 10 bis 15 Zentimeter lang und an einen Schlauch angeschlossen gewesen. Im Gegensatz zum Einstich einer normalen medizinischen Nadel fühlte sich der Schmerz, den diese Nadel verursachte, an, als würde jemand ihr ein Messer in den Bauch rammen. Mit anderen Worten, er war *unerträglich*. Darauf reagierten das Wesen, das die Untersuchung durchführte, und ein zweites, das von Betty und Barney als eine Art Anführer identifiziert wurde, überrascht und spürbar besorgt. Das Wesen, das die Aktion leitete, vollführte daraufhin mit der Hand eine wischende Bewegung vor Bettys Augen, und sofort verschwand der Schmerz vollständig. Jedenfalls spielte die Szene sich in Bettys wiederkehrenden Alpträumen so ab.

Unter Hypnose erinnerte sie sich jedoch, dass die grässlichen Schmerzen keineswegs verschwanden, sondern die ganze Zeit über anhielten. Das deutet darauf hin, dass ihr Unterbewusstsein die Erfahrung offenbar durch eine positivere, weniger traumatische Verfälschung entschärft und erträglicher gemacht hatte. Doch während der Hypnosesitzung entpuppte das Erlebnis sich als noch weit schrecklicher, als ihr eigener Geist ihr einzureden versuchte. Die Erinnerung an ihre Angst und ihre Schmerzen setzten Betty einem so großen Stress aus, dass Dr. Simon die Sitzung vorsichtshalber abbrach. Dieser Aspekt des Hill-Falles weist Ähnlichkeit zur so genannten Amniozentese auf, der Fruchtwasseruntersuchung.

Eine Amniozentese, durchgeführt von Aliens?

In der Schwangerschaft ist der Embryo von der so genannten Amnionflüssigkeit umgeben, dem Fruchtwasser. Dabei handelt es sich um eine wasserähnliche Flüssigkeit, deren Untersuchung Rückschlüsse auf Gesundheit und Entwicklung des Fötus ermöglicht. Hierfür nutzt man unter anderem das Alpha-Fetoprotein und die in der Entwicklung befindlichen Hautzellen des Kindes.

Bei der Untersuchung wird, in der Regel zwischen der 15. und 18. Schwangerschaftswoche, eine Nadel in die Gebärmutter der Frau eingeführt. Da das Verfahren Komplikationen verursachen kann, wird es kontinuierlich mittels Ultraschall überwacht. Mit der Nadel wird eine kleine Menge Fruchtwasser entnommen, die dann im Labor untersucht werden kann. Typischerweise wird die Amniozentese aus genetischen Gründen durchgeführt, zum Beispiel um festzustellen, ob das Kind an Muskeldystrophie, Mukoviszidose oder dem Down-Syndrom leidet. Man wendet sie vor allem bei Schwangeren an, die bereits Mitte dreißig oder älter sind (da bei ihnen ein erhöhtes Risiko besteht, ein Kind mit einer Erbkrankheit oder mit chromosomalen Besonderheiten zu gebären). Es mag also kein Zufall gewesen sein, dass Betty dieser Untersuchung unterzogen wurde, denn zum Zeitpunkt der Entführung war sie bereits Anfang vierzig.

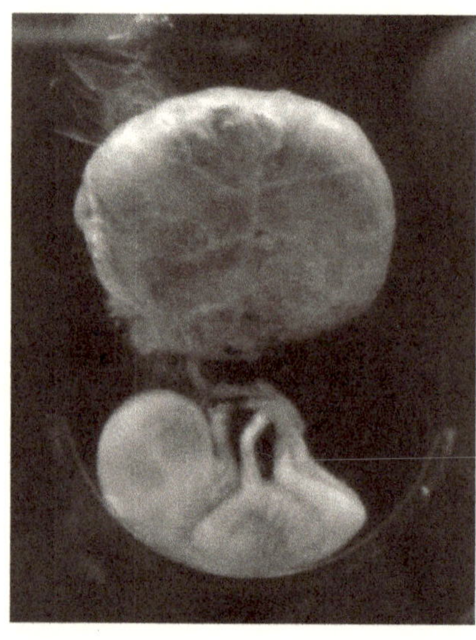

Der ungeborene menschliche Fötus.

Eines der Risiken, die bei der Amniozentese bestehen, hat unmittelbar mit dem Rh-negativen Blutfaktor zu tun. Während mit Hilfe der Nadel dem Fötus Hautzellen und Alpha-Fetoprotein entnommen werden, kann es geschehen, dass Blutzellen des Kindes in den Blutkreislauf der Mutter gelangen. Wenn der Rhesusfaktor bei Mutter und Kind gleich ist, stellt das kein Problem dar. Ist die Mutter Rh-negativ, das Kind aber nicht, kommt es zu einer Rh-Sensibilisierung und der Körper der Mutter entwickelt Antikörper gegen die Blutzellen des Fötus. Nur dadurch, dass der Mutter Anti-D Immunoglobulin verabreicht wird, kann verhindert werden, dass ihr Immunsystem das Kind schädigt.

Amniozentese oder doch etwas anderes?

Allerdings besteht ein erheblicher Unterschied zwischen der Prozedur, der Betty Hill ausgesetzt wurde, und einer Fruchtwasseruntersuchung: Bei Betty wurde die Nadel durch den Bauchnabel eingeführt. Bei der Amniozentese erfolgt dies durch die Bauchdecke in die Gebärmutter. Dennoch ist es bemerkenswert, dass das außerirdische Wesen zu Betty sagte, mit der Untersuchung solle festgestellt werden, ob sie schwanger sei.

Jene, die Zweifel an Bettys Bericht hegen, weise ich darauf hin, dass schon im Jahr 1930 ein Ärzteteam, bestehend aus Leland E. Holly, Thomas Orville Menees und J. Duane Miller, bei einer Schwangeren eine Amniozentese durchführte, um zu Forschungszwecken die Plazenta und den Fötus zu untersuchen. Und bereits in den 1950er Jahren setzte man diese Methode ein, um festzustellen, ob eine Rh-negative Frau ein Rh-positives Kind austrug. Das Verfahren blieb aber noch lange sehr risikoreich, bis man ab den frühen 1970er Jahren dazu überging, für die Entnahme von Alpha-Fetoprotein und Hautzellen Ultraschalltechnik einzusetzen.

Ist es denkbar, dass Betty von diesen frühen Anwendungen der Amniozentese gehört oder gelesen hatte? Unmöglich ist es jedenfalls nicht. Und 1960, nur ein Jahr vor dem Alien-Kontakt der Hills, wurde die Amniozentese erstmalig eingesetzt, um die Möglichkeit der Weitergabe einer Hämophilie von der Mutter zum Kind zu untersuchen. Doch über diese neue Methode wurde damals überwiegend in medizinischen Fachzeitschriften berichtet, die Betty wohl kaum gelesen haben dürfte. Falls Betty aber irgendwo etwas über die Amniozentese gelesen hatte, ist es nicht auszuschließen, dass die Erinnerung an das Gelesene unbewusst in ihre Träume und die Hypnose-Erinnerungen einfloss. Andererseits, wenn Betty wusste, dass die Amniozentese eine Methode ist, die sich auf den Unterleib und die Gebärmutter konzentriert, wieso hätte sie dann berichten sollen, dass man ihr die Nadel in den Bauchnabel einführte?

In mancher Hinsicht klingt das, was Betty erzählte, weit mehr nach einer Bauchspiegelung (Laparoskopie), bei der durch einen kleinen Schnitt in der Bauchdecke ein beleuchteter Schlauch eingeführt wird, um die Beckenorgane zu untersuchen. Da zu den Beckenorganen der Frau aber Gebärmutter, Eileiter, Vagina und Eierstöcke gehören, dürfte es sich in jedem Fall um eine gynäkologische Untersuchung gehandelt haben.

Die sonderbare Geschichte von Barneys Wirbelsäule

Befassen wir uns nun mit zwei Erfahrungen, von denen Bettys Mann Barney berichtete. Während Barney medizinisch untersucht wurde, hielt eines der Wesen etwas über seinen Penis, das bei ihm einen Orgasmus und eine Ejakulation auslöste. Offensichtlich wollten die Aliens eine Probe von Barneys Sperma. Darauf folgte eine wesentlich sonderbarere Prozedur: Eines der Wesen ließ seinen Finger ganz langsam über Barneys Wirbelsäule gleiten. Das geschah so sorgfältig und präzise, dass Barney mutmaßte, die Aliens wollten seine Wirbel zählen. Das mag im ersten Moment sonderbar klingen. Auf den zweiten Blick könnte es dafür aber einen sehr guten Grund geben.

Etwa einer von zehn Menschen weltweit wird mit einem zusätzlichen sechsten Lendenwirbel geboren. Besonders interessant ist daran, dass es unter den Rh-Negativen besonders viele Menschen mit zusätzlichem Lendenwirbel gibt. Es lässt sich also durchaus logisch schlussfolgern, dass der Außerirdische feststellen wollte, ob Barney Rh-negativ ist.

Noch etwas ist bemerkenswert: Die meisten Leute würden ein Entführungserlebnis wie das der Hills mit den kleinen, dünnen, haarlosen, großköpfigen und dunkeläugigen Aliens vom Typ der so genannten Greys in Verbindung bringen. Doch Betty sagte, die Außerirdischen, von denen sie entführt wurden, seien dunkelhaarig gewesen, mit nach hinten gewölbter Stirn und einer großen Nase, die sie an die Nase des Komikers Jimmy Durante erinnerte. Wenn man sich Durantes Nase anschaut, stellt man fest, dass sie einer Neandertaler-Nase nicht unähnlich ist, womit wir wieder bei der Kontroverse um die Rh-Negativen wären. Die nach hinten gewölbte Stirn, die Betty beschrieb, war ebenfalls für die Neandertaler typisch, ebenso wie, das kann als fast sicher gelten, die schwarze Haarfarbe. Können wir also davon ausgehen, dass die Aliens, mit denen Barney und Betty Hill es in jener Septembernacht zu tun bekamen, genetisch mit den Cro-Magnons, den Neandertalern und den DNA-manipulierenden Anunnaki verwandt waren? Vielleicht, ja.

Barney Hill starb 1969. Er wurde nur 46 Jahre alt. Betty lebte bis 2004 und erreichte das reife Alter von 85 Jahren. Viele Aspekte des Hill-Entführungsfalls sind ungeklärt und werden es wohl für immer bleiben. Wir sollten aber festhalten, dass 1. an Betty ein Verfahren angewendet wurde, welches der Amniozentese nicht unähnlich war (einer Untersuchungsmethode, die oft im Zusammenhang mit der Problematik einer Rh-negativen Mutter, die ein Rh-positives Kind austrägt, angewendet wird). Und 2. wurde bei Barney die Lendenwirbelsäule untersucht, was damit in Zusammenhang stehen könnte, dass viele Rh-Negative einen zusätzlichen Lendenwirbel besitzen.

Viele UFO-Forscher halten den Fall der Hills für einen der wichtigsten überhaupt – aus historischen Gründen und weil er der erste gut dokumentierte Entführungsfall war. Er könnte auch deshalb von Bedeutung sein, weil ein bis heute nur wenig beachteter Zusammenhang mit dem Thema der Rh-Negativen besteht.

VIERZEHN

Die Entführungs-Epidemie beginnt

Wäre das Erlebnis im September 1961, von dem Barney und Betty Hill berichteten, ein absoluter Einzelfall gewesen, gäbe es vielleicht eine gewisse Berechtigung, das Ganze für ein seltsames psychisches Phänomen zu halten, das sich ausschließlich in der Fantasie der beiden abspielte. Doch ganz im Gegenteil handelte es sich um den Anfang einer wahren Flut ähnlicher Berichte, die bis zum heutigen Tag anhält. Eigenartigerweise traten dabei aber in den ersten Jahren nach der Hill-Entführung die sexuellen und die Fortpflanzung betreffenden Aspekte eher in den Hintergrund. Nehmen wir zum Beispiel den Fall von Herbert Schirmer.

Der Polizist Schirmer fuhr in den frühen Morgenstunden des 3. Dezember 1967 Streife in Ashland, um sich zu vergewissern, dass in der Kleinstadt im US-Bundesstaat Nebraska alles in Ordnung war. Doch es stellte sich heraus, dass etwas ganz und gar nicht in Ordnung war. Auf seiner Patrouillenfahrt über stille Straßen entdeckte der Polizist am Straßenrand etwas, das auf den ersten Blick wie ein liegengebliebener Lastwagen aussah. Als aber das Licht der Scheinwerfer das große Objekt erfasste, erkannte Schirmer, dass er es keineswegs mit einem Lastwagen zu tun hatte.

Schirmer erblickte ein kompaktes, eiförmiges Vehikel, das etwa zweieinhalb bis drei Meter über dem Boden schwebte. Völlig verblüfft starrte der Polizist auf das UFO, das nun plötzlich einige Meter in die Höhe stieg. Es hatte rote Blinklichter und erzeugte ein heulendes, schrilles Geräusch. Plötzlich flog es genau auf Schirmers Streifenwagen zu, glitt über ihn hinweg und verschwand in der Dunkelheit. Einen Moment saß er verwirrt und reglos da, dann fuhr er schnell zurück zur Polizeiwache. Aufgeregt schrieb er ins Einsatzbuch: »Ob Sie es glauben oder nicht, ich habe an der Kreuzung der Highways 6 und 63 eine Fliegende Untertasse gesehen!« (Blum & Blum, 1978)

Wie Betty und Barney Hill wurde auch Schirmer schon bald klar, dass ihm offenbar Teile seines Erlebnisses aus dem Gedächtnis verschwunden waren – es fehlte ungefähr eine Stunde. Wie die Hills unterzog sich Schirmer einer Hypnose, um herauszufinden, was um alles in der Welt (oder über ihr!) sich da wohl zugetragen hatte. Die Hypnosesitzungen leitete Dr. Leo Sprinkle aus Boulder, Colorado. Unter Hypnose berichtete Schirmer, was während der in seiner bewussten Erinnerung fehlenden Stunde Unglaubliches vorgefallen war.

An Bord eines UFOs

Während Schirmer auf das vor ihm in der Luft schwebende UFO starrte, stiegen drei Wesen aus dem Gefährt und gingen auf ihn zu. Sie trugen enge, einteilige Anzüge und waren etwa einen Meter dreißig bis einen Meter fünfzig groß. Sie näherten sich dem heruntergekurbelten Seitenfenster des Streifenwagens, und einer von ihnen – Schirmer stufte ihn als den »Anführer« ein – beugte sich, wie es schien, drohend vor. »Bist du der, der diesen Ort bewacht?« Das bejahte Schirmer. Die Uniformen der Aliens zierte

Quetzalcoatl, der Schlangengott.

ein faszinierendes Symbol: eine geflügelte Schlange. Dass es sich um eine geflügelte Schlange handelte, ist bemerkenswert. Dieses Symbol spielt eine wichtige Rolle in den Legenden über den aztekischen und toltekischen Gott Quetzalcoatl (auf den ich in einem späteren Kapitel noch näher eingehen werde). Bei diesem Gott könnte es sich sehr wohl um einen der legendären Anunnaki gehandelt haben. (Ebd.)

Schirmer erinnerte sich unter Hypnose, an Bord des UFOs gebracht worden zu sein. Die Fremden hätten ihn durch ihr

Fahrzeug geführt, und dann hätte der Anführer an ihn die etwas verwirrenden und rätselhaften Worte gerichtet: »Wir wollen, dass ihr an uns glaubt, aber nicht zu sehr.« Anschließend brachten sie ihn zu seinem Wagen zurück, und die bewusste Erinnerung an das Erlebte war wie ausgelöscht – bis wiederkehrende Alpträume ihn veranlassten, sich der Hypnosebehandlung zu unterziehen. (Ebd.)

Entführt am Flussufer

Gehen wir weiter ins Jahr 1973 und zum fantastisch klingenden Bericht von Calvin Parker und Charles Hickson. Am Abend des 10. Oktober jenes Jahres entspannten sich die beiden beim Angeln am Ufer des Pascagoula River im US-Bundesstaat Mississippi. Gegen 21 Uhr bemerkten die Männer ein sonderbares Licht, das sich über den Fluss hinweg auf sie zu bewegte. Als es näher kam, erkannten Hickson und Parker, dass es sich um ein oval geformtes Fluggerät handelte, das einen leisen, körperlich unangenehmen Summton erzeugte. Auf der Außenhülle des UFOs blinkten blendend helle Lichter. Plötzlich öffnete sich eine Luke und drei Gestalten kamen heraus – von entfernt menschenähnlicher Gestalt, aber grauer Farbe und mit an Hummer erinnernden Zangen anstelle von Händen. Aus ihren Gesichtern, die seltsam maskiert wirkten, ragten karottenartige Auswüchse. Unheimlich und lautlos schwebten sie über dem Fluss durch die Luft, genau auf die beiden versteinert dastehenden Angler zu.

Ob dies nun auf besondere überirdische Kräfte dieses unheimlichen Trios aus dem All zurückzuführen war oder auf nackte Angst, jedenfalls waren Hickson und Parker wie gelähmt. Sie waren starr wie ein Reh, dass vom Lichtkegel eines Scheinwerfers getroffen wird. Die Kreaturen packten die beiden Männer und brachten sie an Bord des UFOs. In Hicksons Buch wird beschrieben, dass Parker auf einen Tisch gelegt wurde und ein weibliches Wesen ihm eine Nadel in den Penis stach – was natürlich stark an die von Betty berichtete Untersuchung erinnert, bei der ein Alien ihr eine Nadel in den Bauchnabel einführte. Als die Prozedur vorüber war, wurden die beiden Männer – benommen und fassungslos angesichts des Erlebten – zügig und kommentarlos wieder an der Stelle am Flussufer abgesetzt, von wo man sie entführt hatte. Der Vorfall veranlasste Parker, sich in völlige Anonymität zurückzuziehen, während Hickson ein Buch darüber schrieb, was ihn zu einem beliebten Gast auf UFO-Kongressen machte.

Traumatisches Erlebnis im Wald

Zwei Jahre nach dem Hickson-Parker-Zwischenfall, in der Nacht des 5. November 1975, erwischte es einen Mann namens Travis Walton. Auch er wurde auf traumatische Art entführt, und zwar aus einem Holzfäller-Camp im Apache-Sigreaves National Forest in Arizona. Unter den Augen seiner entsetzten Kollegen wurde Walton von einem hellen Lichtstrahl erfasst. Der Strahl kam aus einem großen goldenen UFO, das plötzlich aus der Dunkelheit aufgetaucht war. Walton war auf das Objekt zugerannt. Seine Kollegen flohen, als Walton von dem Strahl erfasst wurde und plötzlich ein Stück über dem Boden schwebte. Während der folgenden fünf Tage fehlte von Walton jede Spur.

Nach seiner Rückkehr erzählte Walton eine fantastisch klingende Geschichte, deren Wahrheitsgehalt höchst umstritten war. Wie viele andere Entführte auch erinnerte sich Walton, in dem UFO auf einer Art Untersuchungsliege aufgewacht zu sein. Drei kleine Gestalten mit großen Köpfen und kalt blickenden Augen standen um ihn herum. Es folgte eine fast gewalttätige Konfrontation zwischen Walton und den drei Gestalten, dann eine Begegnung mit einem Wesen, das weitgehend wie ein Mensch wirkte, und dann ein Erlebnis, bei dem ein weibliches Alien etwas auf Waltons Mund und Gesicht legte, das stark einer Gasmaske ähnelte. Danach erinnerte er sich an nichts mehr – bis er benommen und verwirrt in dem Ort Heber in Arizona wieder zu sich kam. Jahrzehnte später sorgt Travis Waltons Geschichte immer noch für Diskussionen auf UFO-Kongressen.

❧ • ❧

Das war eine Zusammenfassung mehrerer besonders bekannter Entführungsfälle, die sich nach dem Vorfall mit Betty und Barney Hill ereigneten. Von diesen Fällen weist nur der Bericht von Calvin Parker ebenfalls eine sexuelle/reproduktive Komponente auf. Zu Beginn der 1980er Jahre veränderte sich die Situation, und nun wurde, vor allem aus den USA, eine dramatisch ansteigende Zahl von Entführungsfällen berichtet, bei denen fast immer die Entnahme von Eizellen oder Spermien, genetische Manipulation und die Schaffung von Alien-Mensch-Hybriden eine Rolle spielten.

FÜNFZEHN

Fehlende Zeit

Derjenige, der diesen neuen Aspekt in der Geschichte der genetischen Manipulation der Menschheit fast im Alleingang in den Fokus der öffentlichen Aufmerksamkeit rückte, war der in Virginia geborene Maler Budd Hopkins. Sein 1981 erschienenes Buch *Fehlende Zeit: Von UFOs entführt* sorgte endlich für den dringend notwendigen Wirbel. Die Entführungsberichte von Betty und Barney Hill, Travis Walton, Herbert Schirmer sowie Charles Hickson und Calvin Parker waren faszinierend, das ließ sich nicht leugnen. Und sie bewirkten, dass die Gemeinde der UFO-Forscher aufwachte und von etwas Verblüffendem Notiz nahm: Wesen von anderen Planeten entführten Menschen und unterzogen sie massiven und beängstigenden medizinischen Eingriffen. Es gibt aber einen wichtigen Aspekt, an dem deutlich wird, warum das Ausmaß des Phänomens der Entführungen durch Außerirdische lange Zeit unterschätzt wurde, bis Hopkins sich der Sache annahm.

Der Hill-Fall ereignete sich 1961. Herbert Schirmer wurde 1967 an Bord eines UFOs gebracht. Hicksons und Parkers Entführung fand 1973 statt. Und Travis Walton entführten die Aliens 1975. Das sind nur vier Fälle in vierzehn Jahren. Ja, es gab in diesem Zeitraum noch andere, weniger gut dokumentierte Entführungsfälle, aber diese vier weit auseinanderliegenden Ereignisse vermittelten den Eindruck, dass es sich bei den angeblichen Entführungen um eine seltene Randerscheinung handelte. Es sah nicht so aus, als würden Außerirdische andauernd und routinemäßig überall auf dem Planeten Menschen entführen. Doch in Wahrheit *geschah genau das*. Hopkins, der 1976 mit seinen Recherchen begann, verdanken wir den Nachweis, dass das Phänomen *epidemische* Ausmaße hatte.

Implantate, Ortung und Kontrolle

Noch verstörender an Hopkins' Arbeit war aber die Erkenntnis, dass die Entführungen häufig nicht erst im Erwachsenenalter begannen. Sie fanden schon in den prägenden Kindheitsjahren statt, und sehr oft wurden von Generation zu Generation immer wieder Mitglieder der gleichen Familien entführt. In manchen Fällen wurden den Opfern winzige Apparaturen implantiert, deren Zweck bis heute rätselhaft ist. Vielleicht besteht er darin, eine Person ihr ganzes Leben lang jederzeit aufspüren zu können, egal wo sie sich gerade aufhält.

Eine noch düsterere Theorie geht davon aus, dass die Implantate dazu dienen, das Verhalten der Entführten zu beeinflussen. Das weckte Ängste vor von Außerirdischen gesteuerten Mandschurischen Kandidaten und hypnotisch kontrollierten Entführungsopfern.

Außerdem nährte Hopkins' bahnbrechende Arbeit, wie er sie in *Fehlende Zeit* 1981 publizierte, einen weiteren unheimlichen Verdacht: dass ein Teil der außerirdischen Entführungsagenda – oder gar *alles* an ihr – reproduktiver, genetischer Natur ist. Hopkins stellte diesbezüglich die Frage: »Was ist, wenn die UFO-Insassen den Entführten etwas *stehlen*?« (Hopkins, 1981)

Budd Hopkins, Autor des Buchs Fehlende Zeit.

Er beantwortete die Frage selbst: »Vielleicht besitzen wir etwas – eine natürliche Ressource, ein Element, eine genetische Struktur –, das von einer außerirdischen Zivilisation genutzt wird, zum Beispiel als Rohmaterial.« (Ebd.)

Mit seinen Vernutungen über eine »genetische Struktur« und »Rohmaterial« könnte Hopkins genau ins Schwarze getroffen haben, denn der Zusammenhang zu den Tagen der Anunnaki und ihren Eingriffen in die Entwicklung der Menschheit ist offensichtlich. Hopkins' Buch sorgte in der Ufologie für viel Gesprächsstoff und bereitete die Bühne für das, was bald darauf folgen sollte.

Eindringlinge und Die Besucher

Budd Hopkins setzte in den 1980er Jahren seine Recherchen über Entführungen durch Außerirdische fort. Es kristallisierte sich ein klares Muster aus DNA-Fingerabdrücken und der Entnahme von Eizellen und Sperma bei den Opfern heraus, und der schreckliche Verdacht erhärtete sich immer mehr, dass Außerirdische die Menschheit für ein gigantisches gentechnisches Programm benutzen. 1987 veröffentlichte Hopkins dann sein zweites Buch *Eindringlinge*, in dem die Geschichte des Entführungsopfers Kathie Davies erzählt wird. Darin gelang es ihm, die bereits in *Fehlende Zeit* entwickelten Szenarien weiter zu untermauern. Der wichtigste Beitrag des Jahres 1987 zur Erforschung des Entführungs-Phänomens war aber Whitney Striebers Bestseller *Communion – Die Besucher*.

Strieber, damals schon durch erfolgreiche Horrorromane wie *Wolfen* und *Der Kuss des Todes* bekannt, erzählt darin die unglaubliche Geschichte eines traumatischen Erlebnisses, das ihm im Dezember 1985 widerfuhr und eindeutig die Merkmale einer Entführung durch Außerirdische aufweist. Nicht nur das, Striebers Buch unterschied sich von allem, was zuvor zu der Entführungs-Kontroverse publiziert worden war. Ja, in *Die Besucher* schildert Strieber eine selbst erlebte Entführungserfahrung, aber er wagt sich dabei auf ein Gebiet vor, mit dem andere UFO-Forscher sich noch nicht beschäftigt hatten.

Als Strieber Recherchen bezüglich seiner beunruhigenden Erlebnisse anstellte, entdeckte er, dass zwischen den Namen und der Sprache bestimmter außerirdischer Wesen und den alten Kelten bemerkenswerte Verbindungen bestehen – worauf ich ja bereits in einem früheren Kapitel hinwies. Strieber befasste sich zudem intensiv mit der Feen-Mythologie und verdeutlichte die nicht zu leugnenden Parallelen zwischen den alten Erzählungen über Begegnungen mit dem »kleinen Volk« und modernen Kontakten mit den so genannten Greys, wobei das Phänomen der fehlenden Zeit eine der auffälligsten Übereinstimmungen ist. Auch ging er ausführlich auf die merkwürdige Verbindung zwischen Kontakten mit Außerirdischen und Begegnungen mit Eulen ein. Doch zu jener Zeit befanden sich viele UFO-Forscher ganz auf der Linie von Hopkins und wollten ausschließlich etwas über Implantate, Raumschiffe und außerirdische Wesen hören, die mit den Entführungsopfern bizarre Experimente anstellen.

Auch *Die Besucher* beschäftigte sich eingehend mit diesen Themen, von denen die UFO-Gemeinde so fasziniert war. Aber Strieber war scharfsinnig genug, um zu erkennen, dass das nicht die *ganze* Geschichte war. Er legte sehr überzeugend dar, dass das Entführungs-Phänomen alles andere als neu ist. Es begann nicht mit Betty und Barney Hill oder Antônio Vilas Boas. Es ist so alt wie wir, die Menschheit, und vermutlich sogar noch älter – *unendlich* viel älter.

Mit seinem folgenden Buch *Transformation*, erschienen 1988, sorgte Strieber erneut für Diskussionen, wie auch mit den danach erschienenen *The Secret School* und *Breakthrough*. Striebers Bücher erreichten noch etwas: Sie weckten die Aufmerksamkeit der Mainstream-Medien. Das war auch kein Wunder, erreichte doch *Die Besucher* Platz Eins der *New-York-Times*-Bestsellerliste. Am Ende der 1980er Jahre waren Geschichten von Alien-Entführungen, bei denen den Opfern Eizellen und Sperma geraubt und ihnen sonderbare Implantate unter die Haut gepflanzt wurden, praktisch in aller Munde.

Ein Harvard-Professor auf der Spur der Entführer

Dass der Alien-Boom in den 1990er Jahren wahrhaft astronomische Ausmaße annahm, war zum großen Teil auf die Arbeit von zwei Forschern zurückzuführen: John E. Mack und David M. Jacobs. Wobei gesagt werden muss, dass diese beiden sehr verschiedene Ideen und Konzepte vertraten. Der Psychiater Mack, der zuvor für ein Buch über T. E. Lawrence (besser bekannt als Lawrence von Arabien) den Pulitzer-Preis gewonnen hatte und 2004 in London von einem betrunkenen Autofahrer angefahren und tödlich verletzt wurde, schrieb zwei Bücher, die für die Ufologie in den 1990er Jahren von großer Bedeutung waren: *Entführt von Außerirdischen* und *Passport to the Cosmos*. Dass Macks Bücher so viel Aufmerksamkeit erhielten, lag nicht nur an ihrem Inhalt: Mack war Harvard-Professor – und bezeichnete Entführungen durch Außerirdische als ein schockierend reales Phänomen. Dass er sich damit bei den Universitäts-Oberen in Harvard nicht gerade beliebt machte, überrascht nicht. Im Mai 1994 geriet Macks Forschungsarbeit zum Entführungs-Phänomen unter heftigen Beschuss. Das Resultat: Der damalige Dekan der Harvard Medical School, Daniel C. Tosteson, setzte eine Untersuchungskommission ein, die überprüfen sollte, ob Macks Arbeit mit einer wachsenden Zahl von Entführungsopfern den Ansprüchen der Wissenschaftlichkeit genügte. Die Kommission sprach ein vernichtendes Urteil aus.

Wie Macks Anwalt Daniel Sheehan sagte, gelangte Tostesons Kommission zu dem Schluss, dass

> es für einen seriösen Forscher und praktizierenden Psychiater professionell verantwortungslos ist, einem persönlichen Bericht Glauben zu schenken, demzufolge ein Mensch Kontakt zu einem außerirdischen Wesen hatte, ohne die betreffende Person sämtlichen der zahlreich vorhandenen psychologischen Tests zu unterziehen, um eine klinische Psychose als Quelle des vermeintlichen Erlebnisses auszuschließen. Gegenüber einer Person, die berichtet, sie habe eine »persönliche Begegnung« mit einem Außerirdischen gehabt, zu kommunizieren,

> dieses Erlebnis könnte real gewesen sein, ist professionell verantwortungslos.
>
> (Klass, 1995)

Dennoch behielt Mack seine Professur und setzte seine Forschungen über das Entführungs-Phänomen bis zu seinem Tod fort. Im Unterschied zu vielen anderen UFO-Forschern interessierte er sich für die spirituelle Dimension bestimmter Entführungsfälle. Mack vertrat die Auffassung, das Phänomen habe einen *tiefen* spirituellen Aspekt und Entführte würden – in positiver Weise – durch ihre Erlebnisse verwandelt. Zum Beispiel fiel ihm auf, dass sie nach der Entführung häufig anfingen, sich mit Fragen des Umweltschutzes zu beschäftigen. Sie dachten über das Leben nach dem Tod, Karma und Schicksal und die Natur der menschlichen Seele nach, hatten außerkörperliche Erfahrungen und Nahtoderlebnisse und veränderten sich tiefgreifend.

Mack schrieb dazu: »Das Entführungs-Phänomen scheint mir Teil eines Bewusstseinswandels zu sein, der die Dualität kollabieren lässt und uns die Einsicht ermöglicht, dass es für uns jenseits des Planeten Erde kosmische Verbindungen gibt.« (Mack, 1999)

Und dann war da noch Professor David M. Jacobs.

Die Erschaffung von etwas, das wie ein Mensch aussieht – aber nicht menschlich ist

Bevor wir uns Jacobs zuwenden, ist der Hinweis unerlässlich, dass in den 1990er Jahren ein weiterer Aspekt der Entführungs-Thematik seinen absoluten Höhepunkt erreichte. Gemeint sind die Alien-Mensch-Hybriden. Gewiss hatten auch schon die Fälle von Antônio Vilas Boas 1957 und von Betty und Barney Hill 1961 nahegelegt, dass es bei den Entführungen eine »reproduktive Komponente« gab. Durch die Arbeit von Budd Hopkins, der zeigte, dass den entführten Amerikanerinnen und Amerikanern Eizellen und Sperma abgenommen wurden, erhielt diese Theorie weitere Nahrung. Doch das nun ins Bewusstsein rückende Phänomen der Hybriden stellte das alles in den Schatten.

Im Lauf der 1990er Jahren tauchten umstrittene und sogar furchterregende Berichte auf, wonach Entführte – in der Regel an Bord der UFOs – Kindern begegneten, die halb Mensch und halb Alien zu sein schienen, wobei es sich bei der Alien-Komponente offenbar um die so genannten Greys handelte. Diese Kinder sahen menschlich aus, hatten aber etwas an sich, das *einfach nicht stimmig wirkte*. Ihre Haut war fahl, so dass sie geradezu anämisch wirkten. Sie waren dünn, knochig und zerbrechlich. Ihre Augen waren übergroß und auffällig oval oder mandelförmig, ganz wie bei den grauen Aliens. Ihr Haar war dünn und flaumig. Und die Entführten berichteten, dass sie nicht nur Hybrid-Kinder sahen, sondern noch etwas anderes: Hybrid-Föten. In vielen Fällen erzählten sie, sie hätten gesehen, dass solche Föten in riesigen, mit einer milchigen Flüssigkeit gefüllten Glastanks *herangezüchtet* wurden.

Die Schlussfolgerungen daraus machten vielen Menschen Angst: Aliens, von denen niemand wusste, woher sie kamen, erschufen und optimierten Kreaturen, die uns ähnelten (wenn man nicht zu genau hinschaute). Sie konnten sich mitten unter uns bewegen und hatten vielleicht sogar eine Agenda, uns zu *infiltrieren*. Und, ja, ich meine damit dunkle, feindliche Absichten! Und ich weise auf einen weiteren Aspekt hin: Bei den Hybriden handelt es sich um die moderne Version der so genannten Wechselbälger aus den alten keltischen Feengeschichten – Wesen, die im Austausch für von den Feen in ihr Reich entführte Kinder zurückgelassen wurden –, und bei den Feen könnte es sich, wie wir gesehen haben, um Schöpfungen der Anunnaki gehandelt haben.

All das bringt uns zu Professor Jacobs.

Bedrohung

Budd Hopkins war der Ansicht, dass mit dem Entführungs-Phänomen, auch wenn die Greys den Menschen gegen ihren Willen DNA, Sperma und Eizellen stahlen, dennoch letztlich keine böse Absicht verfolgt wurde. John Mack hielt die Entführungs-Erfahrung für eindeutig positiv und spirituell inspirierend. Professor Jacobs war da ganz anderer Ansicht – und ist es bis heute. Der Autor von Büchern wie *Bedrohung – Die geheime Invasion der Aliens* und *Alien-Hybride! Sie sind mitten unter uns* [erschienen bei Amra] macht aus seinen Überzeugungen keinen Hehl. Er hegt den starken Verdacht, dass die Erschaffung einer außerirdischen Untergrund-Armee in vollem Gange ist – dass Eindringlinge aus einer unbekannten Welt heimlich unsere Zivilisation unterwandern, in stetig wachsender Zahl und mit unerfreulichen Absichten. Unerfreulich für uns, nicht für sie, versteht sich.

Jacobs schreibt: »Viele Leute denken, dass es sich bei den Entführungen um ›wissenschaftliche Studien‹ oder ›Experimente‹ handelt oder dass die Aliens uns ›erforschen‹. Die Zahlen sprechen eine andere Sprache. Das Lernen und Experimentieren ist, falls es je geschah, im Wesentlichen vorüber. Die Beweise deuten klar darauf hin, dass die Aliens ein groß angelegtes, systematisches Programm zur physiologischen Ausbeutung der Menschheit durchführen.« (Jacobs, 1999)

In den nächsten Kapiteln werden wir uns die unheilbringenden Wesen genauer anschauen, die möglicherweise mitten unter uns sind. Die wohl unheimlichsten unter diesen Hybrid-Wesen sind die schwarzäugigen Kinder.

SECHZEHN

Kinder der Götter

Berichte über so genannte Hybrid-Kinder sind besonders bemerkenswert in dem Sinne, dass Begegnungen mit diesen eher verstörenden Wesen meistens deutlich erkennbaren Mustern folgen. So haben entführte Frauen weitaus häufiger Kontakte mit Hybrid-Kindern als Männer. Dafür gibt es offenbar einen guten Grund.

Bei hypnotischer Rückführung haben zahlreiche Frauen berichtet, sie seien an Bord eines UFOs oder, was ebenfalls nicht selten vorkommt, in eine unterirdische Anlage gebracht worden, wo man sie dann den Hybriden vorstellte. Einrichtungen unter der Erde sind natürlich wieder eine deutliche Parallele zu den jahrhundertealten Feen-Begegnungen und dem Wechselbalg-Phänomen. In solchen Situationen liegt die Frau auf einer Art OP-Tisch oder sitzt in einem Behandlungsstuhl, der an einen Zahnarztstuhl erinnert. Dann geschieht etwas Bemerkenswertes – wobei andere es zugegebenermaßen als absolut erschreckend bezeichnen würden.

Die Welt der Hybriden

Eine Gruppe von drei oder vier Greys nähert sich der entführten Person, und einer von ihnen trägt ein Baby, das eindeutig nicht völlig menschlich ist, obwohl es durchaus bestimmte körperliche Ähnlichkeiten zu einem menschlichen Säugling aufweist. Die entführte Person – wie gesagt handelt es sich dabei meistens um Frauen – wird dann aufgefordert, das Baby zu nehmen und in den Armen zu wiegen. Forscher vermuten, dass diese Prozedur dazu dient, eine emotionale Bindung zwischen der Entführten und dem Hybriden herzustellen. Das mag ruhig und friedlich klingen, aber sehr oft ist das genaue Gegenteil der Fall.

Viele der entführten Frauen, die von diesem Versuch, eine Bindung zu dem Kind herzustellen, berichten, waren Monate zuvor selbst schwanger. Beziehungsweise waren sie es für eine gewisse Zeit. Es gibt zahlreiche, von den Erforschern des Entführungs-Phänomens aufgezeichnete Berichte, denen zufolge eine schwangere Entführte eine plötzliche, unerklärliche Fehlgeburt erlitt. Oder wird nur vermutet, es habe sich um eine Fehlgeburt gehandelt? Das ist sehr gut möglich.

Wenn diesen entführten Frauen ein Hybrid-Baby präsentiert wird, beschleicht sie das Gefühl, es könne sich dabei um das Wesen handeln, das sie zuvor selbst austrugen, bis sie die vermeintliche Fehlgeburt erlitten. Viele UFO-Forscher gehen davon aus, dass die Frauen während einer früheren Entführung geschwängert wurden. Sie tragen das Kind dann für wenige Monate aus. Während einer weiteren Entführung wird der Fötus aus dem Körper der Mutter entnommen und muss seine restliche Entwicklungszeit in einer Art künstlichen Gebärmutter verbringen.

Gewiss ist das ein sehr reißerisch und unrealistisch klingendes Szenario – manche würden es empörend nennen –, aber auszuschließen ist es keineswegs, und zwar aus folgendem Grund: Auch wir, die Menschheit, arbeiten gegenwärtig an der Entwicklung der künstlichen Gebärmutter.

Gebären, ohne wirklich zu gebären

Das Heranziehen eines Fötus in einer künstlichen Gebärmutter bezeichnet man als Ektogenese. Die Forschung hierzu befindet sich zum großen Teil noch im theoretischen Stadium, vor allem wegen moralisch begründeter Einschränkungen bei der Verwendung menschlicher Embryonen für Forschungszwecke. Doch es finden bereits praktische Versuche statt.

Blicken wir zunächst nach Japan, wo 1997 ein Experiment an der Juntendo-Universität in Tokio durchgeführt wurde. Das Projekt fand unter der Leitung von Professor Yoshinori Kuwabara statt, dem es erfolgreich gelang, Ziegenföten in einem Apparat heranwachsen zu lassen, der mit Amnionflüssigkeit gefüllt war, einer gelblichen Flüssigkeit, die in der Fruchtblase den heranwachsenden Fötus umgibt. Dann sind da die Forschungsarbeiten im Labor für Reproduktions-Endokrinologie der Cornell-Universität. Dort gelang es 2003 und 2011 mit Erfolg, Embryos in künstlichen Gebärmüttern am Leben zu erhalten. Bei dem Experiment im Jahr 2003 handelte es sich um einen Mäuseembryo. Acht Jahre später war es dann tatsächlich ein menschlicher Embryo, der sich zehn Tage lang in der künstlichen Gebärmutter entwickeln durfte. Vierzehn Tage sind für Experimente an menschlichen Embryonen der längste gesetzlich erlaubte Zeitraum.

Zoltan Istvan, der Gründer der Transhumanistischen Partei, schreibt über eine theoretische Zukunft, in der menschliche Kinder nicht länger von Müttern zur Welt gebracht, sondern künstlich herangezüchtet werden – fast wie am Fließband:

> Die Theorie geht davon aus, dass jeder Herzschlag, jede Bewegung, jeder Moment im Leben eines Fötus sorgfältig überwacht werden könnte, von der Zygote bis zum ersten Atemzug des Säuglings. Jeder

> Nährstoff, der dem Fötus zugeführt wird, würde exakt abgemessen, jede seiner Bewegungen würde gefilmt, jeder Herzschlag würde analysiert werden. So wie bei allen neuen Technologien könnten traditionelle biologische und soziale Gepflogenheiten neuen Methoden weichen, die mehr Sicherheit und Effizienz versprechen und praktischer sind.
>
> (Mejia, 2014)

In diesem Sinne könnte es spürbare Vorteile bringen, die Mutter ganz vom Schwangerschaftsvorgang auszuschließen und den neunmonatigen Entwicklungsvorgang in einer künstlichen Gebärmutter stattfinden zu lassen. Allerdings gibt es einen potenziellen Nachteil, sollten wir Menschen uns eines Tages dafür entscheiden, diesen kalten, emotionslosen Weg zu beschreiten – und das könnte ein sehr großer Nachteil sein: Schon gleich vom Beginn der Schwangerschaft an entwickelt sich eine tiefe Bindung zwischen Mutter und ungeborenem Kind – und genau diese wichtige Bindung würde in Zukunft fehlen.

Könnte es sein, dass wir ein 23. Jahrhundert oder ein 28. Jahrhundert erleben werden, in denen als Resultat einer fabrikartigen Umgebung, in der man Kinder auf Bestellung und nach Wunsch erzeugt, diese Bindung zwischen Mutter und Kind vollständig verschwunden sein wird? Werden Menschen in einigen Jahrhunderten zu kalten, emotionslosen Wesen reduziert sein – wie heute die Greys? Werden wir dann die emotionale Seite einer Schwangerschaft nicht mehr verstehen, ja überhaupt nicht mehr zu schätzen wissen? Solche Fragen sind durchaus berechtigt, wenn man bedenkt, welche raschen Fortschritte die Wissenschaft auf diesem Gebiet macht. So etwas könnte schon bald traurige Realität werden.

Die fehlende Bindung könnte der Grund sein, warum die Greys gezwungen sind, Hybrid-Kinder mit menschlichen Müttern in Kontakt zu bringen. Möglicherweise benötigen die Kinder die emotionale Bindung. Und die Greys sind selbst nicht fähig, eine solche Bindung zu den Kindern herzustellen.

Manche Entführte berichten von unheimlichen künstlichen Gebärmüttern an Bord von UFOs und in unterirdischen Anlagen. Professor David Jacobs veröffentlichte hierzu wahrhaft schaurige Details, die er aus erster Hand von den vielen Opfern der Entführungen und genetischen Manipulationen erfuhr, mit denen er arbeitete: »Entführte berichteten von Räumen, manche klein, andere von gewaltigen Ausmaßen, in denen Föten heranwachsen, in mehreren hundert oder sogar tausend Tanks – Föten mit riesigen, offenen schwarzen Augen. Oft sind die Tanks entsprechend dem Entwicklungsstadium der Föten angeordnet, von den jüngsten zu den ältesten.« (Jacobs, 1999)

Von einer Entführten, mit der er arbeitete, Alison, berichtete er: »Ein grauer Außerirdischer erklärte Alison, Föten der neueren Entwicklungsstufe würden länger im Körper der Mutter belassen, weil sie in Inkubatoren nicht lange überleben. Die früheren, weniger weit entwickelten Hybriden hätten wesentlich länger in Inkubatoren verbleiben können.« (Ebd.)

Dann gab es den inzwischen verstorbenen Arzt Roger Leir, der für noch größere Kontroversen sorgte, weil er zu dem Schluss gelangt war, manchen Entführten – vor allem jenen, die Teil des Hybridisierungsprojektes waren – seien winzige Geräte implantiert worden, mit denen die Außerirdischen jeden ihrer Schritte überwachen konnten. Auf Leirs Webseite www.AlienScalpel.com heißt es, Leir und sein Team hätten an angeblichen Entführungsopfern insgesamt fünfzehn Operationen vorgenommen. Man habe ihnen sechzehn Objekte entfernt, bei denen es sich um mutmaßliche außerirdische Implantate handele. Die Objekte wurden in einigen der weltweit angesehensten Labors untersucht, unter anderem in den Los Alamos National Labs, New Mexico Tech,

Seal Laboratories, Southwest Labs, der Universität von Toronto, der York University und der kalifornischen Universität in San Diego. Die Resultate waren erstaunlich, und es wurden Vergleiche zu Meteoritproben angestellt. Bei einigen Tests zeigten sich metallurgische Anomalien, zum Beispiel hoch magnetisches Eisen ohne kristalline Formen, Kombinationen von kristallinem Material gemischt mit gewöhnlichen Metallen, Wachstum von biologischem Gewebe in metallische Substanzen hinein oder aus ihnen heraus sowie Isotopenverhältnisse, die auf der Erde nicht vorkommen. (»Dr. Leir's Bio«, 2010)

Der verstorbene Roger Leir, Experte für »außerirdische Implantate«.

Kinder, die nicht sind, was sie zu sein scheinen

Es soll nicht unerwähnt bleiben, dass Entführte nicht nur Hybrid-Babys gezeigt werden, zu denen sie eine emotionale Bindung herstellen sollen. Oft handelt es sich um größere Kinder. So bizarr das auch klingen mag (aber vielleicht ist es gar nicht so bizarr), Entführte berichten, man hätte sie in Räume geführt, die ganz anders waren als das sonst immer geradezu zwanghaft sterile und saubere Innere der UFOs. In diesem Räumen dürfen Hybrid-Kinder mit Spielzeug spielen – offenbar, um die Hybriden menschenähnlicher zu machen. Ob das aus der positiven Absicht einer Inter-Spezies-Kommunikation und der Vermischung zweier Spezies geschieht, oder um, in feindlicher Absicht, mit den Hybriden erfolgreicher die menschliche Gesellschaft infiltrieren zu können, bleibt abzuwarten und hängt davon ab, welche Interpretation des Entführungs-Phänomens Sie bevorzugen.

Nehmen Sie zum Beispiel Jennifer, die seit ihrer Geburt in New Jersey lebt. Heute ist sie 32 und besitzt bewusste Erinnerungen an Kontakte mit den Greys, die bis in ihre frühe Kindheit zurückreichen. Das Gleiche gilt für ihre Mutter. Sogar ihre Großmutter erinnert sich vage, in den Wäldern New Jerseys während der Sommermonate in den 1940er Jahren einer Gruppe von »kleinen Männern« begegnet zu sein – wodurch wieder einmal der generationsübergreifende Charakter dieses Phänomens deutlich wird. Zusätzlich zu ihren bewusst zugänglichen Erinnerungen an Kontakte mit den Greys gelang es Jennifer, in Hypnose weitere Erinnerungen aus ihrem Unterbewusstsein ans Licht zu holen. Eine dieser Erinnerungen ist von besonderer Bedeutung.

Zwar kann sich Jennifer nicht an Kontakte zu Hybrid-Babys erinnern, sie erinnert sich aber, im Jahr 2009 an einen Ort gebracht worden zu sein, der, so sagt sie, wie »ein alter, verlassener Militärstützpunkt« aussah. Dort begegnete sie Hybrid-Kindern. (Wie wir in einem späteren Kapitel sehen werden, gibt es noch andere Beispiele für ehemalige staatliche Gebäude, die für im Verborgenen stattfindende Entführungs-Operationen genutzt werden.) Jennifers in Hypnose zutage geförderten Erinnerungen beginnen damit, dass sie aus etwas aussteigt, was sie zuerst für eine große, schwarze Limousine hielt. Später glaubte sie, es sei ein UFO gewesen – das Erinnerungsbild des Autos diente also dazu, die Erinnerung zu maskieren oder zumindest Verwirrung im Hinblick auf die wahre Natur des Vorgangs zu stiften. Dann erinnert sie sich, in einem erschöpften, benommenen Zustand von drei zwergenhaften Gestalten zu einem Aufzug geführt worden zu sein. Sich an das genaue physische Aussehen der drei zu erinnern, fiel ihr schwer. Ohne Probleme konnte sie sich aber an das erinnern, was dann geschah. (Redfern, Interview, 2011)

Nach einer ihr endlos vorkommenden Fahrt in die Tiefe brachte man Jennifer in ein großes Zimmer. Darin befand sich eine Gruppe von fünf oder sechs Hybrid-Kindern, unter ihnen nur ein Junge, und auf dem Boden lagen viele Spielzeuge herum: Teddybären, Puppen und zahlreiche flauschige Stoffhunde. Die Hybriden – dünn, kränklich aussehend, mit gelbblonden Haaren – schienen sich überhaupt nicht für die Spielzeuge zu interessieren. Sie saßen auf Stühlen an der Wand aufgereiht.

Jennifers »Job«, wie sie es nannte, bestand nun darin, die Kinder dazu zu bringen, mit den Spielzeugen zu spielen, was ihr aber nur zum Teil gelang. Zwei der Kinder lächelten tatsächlich, und als Jennifer sanft Teddybären in ihre Richtung warf, lachten sie sogar. Doch die anderen wirkten fast völlig desinteressiert. Wieder und wieder wurde Jennifer gedrängt, sich mit den Hybrid-Kindern zu beschäftigen. Und bei jedem dieser Versuche war die Reaktion der Kinder alles andere als ermutigend. Schließlich schien Jennifers Entführern klar zu werden, dass die Sache nicht funktionierte, und man führte sie hinaus. Dann war ihr Bewusstsein wieder angefüllt mit Erinnerungen daran, dass sie mit einer schwarzen Limousine nach Hause gefahren wurde. Doch auch diesmal hegte sie den starken Verdacht, dass das Auto-Erinnerungsbild ihrem Geist »eingepflanzt« wurde und nicht die wahre Geschichte darüber erzählte, wie sie in die tief unter der Erde liegende Anlage mit den Kindern gelangt war. (Ebd.)

Kontakte, wie Jennifer sie beschreibt, werden von vielen Entführten erinnert – besonders von weiblichen Entführungsopfern.. Einerseits sollten wir offen bleiben für die Möglichkeit, dass den Versuchen der Greys, Interaktionen zwischen Hybriden und Menschen zu ermöglichen, positive Absichten zugrunde liegen. Andererseits gilt es, die Schlussfolgerungen von Professor David Jacobs nicht außer Acht zu lassen: dass nämlich ein geheimes und bösartiges Programm der genetischen Manipulation im Gange sein könnte, das dem Zweck dient, die Menschheit zu infiltrieren – eine Infiltration, mit der letztlich völlige *Kontrolle* erreicht werden soll. Was erwartet uns also? Nun, vermutlich nichts Gutes. Gibt es Anzeichen dafür, dass die Hybriden Böses im Schilde führen? Ja, die gibt es in der Tat, und zwar in Gestalt der unheimlichsten Entwicklung in dieser sich immer mehr ausweitenden Geschichte: dem Erscheinen der schrecklichsten aller Hybriden überhaupt.

SIEBZEHN

Die schwarzäugigen Kinder

Der bekannte englische Science-fiction-Schriftsteller John Wyndham veröffentlichte 1957 den Roman *Die Kuckuckskinder*, der unter dem Titel *Das Dorf der Verdammten* verfilmt wurde. Die fiktive Geschichte weist bemerkenswerte Parallelen zum realen UFO-Phänomen auf, gerade im Hinblick auf die Hybriden. In Wyndhams Geschichte verlieren alle Bewohner des kleinen englischen Dorfes Midwich eines Morgens für kurze Zeit und völlig unerklärlich das Bewusstsein. Sie wachen verwirrt und benommen wieder auf. Tatsächlich kann man überzeugend argumentieren, dass sie das von den Entführungen durch Außerirdische bekannte Phänomen der fehlenden Zeit erleben. Hinterher scheint alles wieder normal zu sein, was sich aber im weiteren Verlauf der Geschichte als Irrtum erweist.

Alle gebärfähigen Frauen im Dorf stellen bald fest, dass sie schwanger sind. Diese Schwangerschaften verlaufen aber alles andere als normal. Die Kinder entwickeln sich alarmierend und unerklärlich schnell. Alle Frauen bringen im Abstand weniger

Stunden ihr Kind zur Welt. Sie wachsen und entwickeln sich sehr schnell, so dass sie nach drei Jahren schon wie Sieben- oder Achtjährige wirken. Sie sind auf unheimliche Weise gefühllos, haben ausdruckslose Gesichter, bleiche Haut und Augen mit tiefschwarzer Iris. Und sie besitzen die Fähigkeit, Menschen zu hypnotisieren und geistige Kontrolle über sie auszuüben. Es überrascht nicht, dass die englische Regierung das Geschehen mit Sorge beobachtet, zumal auch aus anderen Teilen der Welt ähnlich merkwürdige Geburten gemeldet werden.

Je mehr die Kinder heranwachsen, desto stärker werden ihre intellektuellen und paranormalen Fähigkeiten. Bald werden die Erwachsenen zu Sklaven und schließlich zu Mordopfern der schrecklichen Kinder. Daraufhin setzt die Regierung alles daran, die vermutlich halb-menschlichen/halb-außerirdischen Wesen auszulöschen (zwar werden die Leser im Roman über die Herkunft der Kinder im Unklaren gelassen, es ist aber naheliegend, dass sie außerirdischen Ursprungs sind). So soll verhindert werden, dass sie und die anderen ihrer Art – die in Russland, Kanada und Australien geboren wurden – mit ihren mörderischen Neigungen zur Gefahr für die ganze Menschheit werden.

Dass der Roman und seine beiden Verfilmungen (1960 und 1995) heute noch bemerkenswerter sind und mehr denn je zum Nachdenken anregen, liegt an einem bemerkenswerten – und sehr unheimlichen – Phänomen: Seit Ende der 1990er Jahre mehren sich die Anzeichen, dass John Wyndhams Roman möglicherweise keine reine Fiktion ist. Zu den mörderischen Kindern von Midwich gibt es inzwischen eine reale Entsprechung: die so genannten schwarzäugigen Kinder.

Interessant ist in diesem Zusammenhang, dass John Wyndham während des Zweiten Weltkriegs für das Britische Informationsministerium arbeitete, dessen Arbeit darauf abzielte, durch Propaganda die Moral der Nazis zu untergraben. Gleichzeitig war dieses

Ministerium dafür zuständig, bestimmte Dinge vor der Öffentlichkeit zu verbergen, von denen die damalige Regierung nicht wollte, dass sie allgemein bekannt wurden. Wyndham pflegte bis in die 1960er Jahre Kontakte und Freundschaften zu ranghohen Mitarbeitern des Informationsministeriums. Daher stellt sich die Frage, ob nicht bestimmte Motive seines Romans *Die Kuckuckskinder* und seiner anderen Bücher auf UFO-Geheimnissen der britischen Regierung beruhten, die ihm von diesen Kontakten zugespielt wurden. Zugegeben, diese Möglichkeit ist lediglich eine Theorie, aber ziehen Sie bitte in Betracht, was ich Ihnen gleich berichten werde, und beachten Sie dabei, wie sehr sich im modernen Phänomen der schwarzäugigen Kinder Wyndhams jahrzehntealte Horrorgeschichte widerspiegelt.

Lasst sie nicht herein!

Die Frage, wer oder was die schwarzäugigen Kinder (kurz BEC für engl. *Black-Eyed Children*) sind, beschäftigt die Grenzwissenschaftler und UFO-Forscher seit mehreren Jahren. Ehe wir uns mit der Natur und den möglichen Absichten der BEC befassen, schauen wir uns zunächst ihr Äußeres an – das zweifellos extrem unheimlich ist.

Typischerweise scheinen die BEC zwischen 10 und 14 Jahren alt zu sein. In der Regel sind sie männlich. Sie sind äußerst dünn und bleich. Schwarz ist ihre bevorzugte Kleidungsfarbe, und fast immer tragen sie einen schwarzen Kapuzenpullover, dessen Kapuze ihr Gesicht größtenteils verhüllt. Dann ist da jenes Merkmal, dem sie ihren Namen verdanken: einfach ausgedrückt, ihre Augen sind schwarz. Und wir sprechen hier nicht nur über Teile des Auges. Nein. Das *ganze Auge* ist schwarz. Ihre Absicht ist in praktisch allen berichteten Fällen immer die gleiche: Sie

Ein menschliches Kind wird entführt und ein ähnlich aussehendes, gentechnisch erzeugtes Wesen an seinen Platz gelegt.

versuchen, auf jede erdenkliche Art in das Haus oder Auto der Person einzudringen, auf die sie es abgesehen haben. Weil so gut wie jeder, dem die BEC begegnen, schreckliche Angst bekommt, werden sie so gut wie nie hereingelassen – so dass wir leider bislang nicht wissen, warum es für die BEC so wichtig ist, Zugang zu einem Haus oder Auto zu erlangen.

Die Theorien darüber, was die schwarzäugigen Kinder sein könnten, reichen von Vampiren auf der Jagd über Energie stehlende Geister und dämonische Wesen bis zu feenartigen Wechselbälgern. Es gibt allerdings auch die Theorie, dass sie einfach die jüngste Kreation des Zuchtprogramms der Aliens sind. Dabei ist zu beachten, dass sich die BEC im Gegensatz zu den Hybrid-Kindern, von denen Entführungsopfer berichteten, keinesfalls unerkannt unter uns bewegen könnten. Die Hybrid-Kinder mögen etwas seltsam und kränklich aussehen, es ist aber nicht allzu offensichtlich, dass es sich um fremdartige Wesen handelt.

Die leeren, völlig schwarzen Augen der BEC sorgen hingegen dafür, dass niemand, der ihnen begegnet, sie einfach für ein normales, etwas kränklich aussehendes Kind halten wird. Darüber hinaus besitzen die schwarzäugigen Kinder die verstörende Fähigkeit, ihre unglücklichen Opfer hypnotisieren zu können, um ihnen ihren bösen Willen aufzuzwingen.

Nachdem das gesagt ist, wollen wir uns einige besonders herausragende Berichte anschauen.

Woher kommen die schwarzäugigen Kinder?

Es gibt inzwischen Dutzende dokumentierte Fälle von Begegnungen mit den BEC. Doch der wichtigste von allen ist, natürlich, der erste – oder jedenfalls der erste *berichtete* Fall. Wir verdanken ihn Brian Bethel, einem angesehenen Journalisten aus Abilene, Texas, der 1998 von einem sonderbaren Erlebnis berichtete. Bethel fiel nach Geschäftsschluss ein, dass er vergessen hatte, eine Rechnung zu begleichen. Also stieg er ins Auto, um den Scheck bei dem fraglichen Geschäft in den Briefkasten zu werfen. Kurz vor 22 Uhr traf Bethel an dem Einkaufszentrum ein, wo sich das Geschäft befand. Während er im Auto saß und den Scheck schrieb, hörte er plötzlich ein lautes Klopfen an der Fahrertür.

Er blickte auf und sah draußen zwei Jungen stehen, die auf den ersten Blick, im Halbdunkel, völlig normal wirkten. Jedoch wurde die ganze Situation rasch höchst sonderbar. Bethel überfiel das verstörende Gefühl, dass mit diesen Jungen ganz entschieden etwas faul war. Es war, als hätte sich, wie aus dem Nichts, plötzlich eine bösartige Atmosphäre über sein Auto gelegt. Vorsichtshalber öffnete Bethel das Seitenfenster nur einen Spalt weit und fragte die Jungen, was sie wollten. Sie erzählten eine Geschichte, die in Bethel sehr unbehagliche Gefühle auslöste – er bekam es mit der Angst zu tun. Sie fragten, ob er sie nicht nach Hause fahren könnte. Dort wollten sie etwas Geld holen, um ins Kino zu gehen.

»Kommen Sie, Mister. Lassen Sie uns einsteigen. Wir können nur in Ihr Auto hereinkommen, wenn Sie uns einlassen«, sagte einer der beiden. In diesem Moment sah Bethel die Augen der Jungen. Sie waren vollkommen schwarz, eine Iris oder Pupille nicht sichtbar. Da wusste Bethel, was er zu tun hatte: Er trat aufs Gaspedal und verschwand. Und Letzteres taten auch die BEC. Als er einen Blick zurückwarf, sah er, dass sie unnatürlich schnell verschwunden waren, als hätten sie sich plötzlich in Luft aufgelöst. (Weatherley, 2012)

Begegnungen wie die von Brian Bethel berichtete ereignen sich überraschend häufig. Im Jahr 2011 recherchierte ich den Fall einer Frau namens Alison, die im Jahr zuvor (2010) ein sehr ähnliches Erlebnis in einem Motelzimmer in Orange County, Kalifornien, hatte. Gegen 23 Uhr wurde plötzlich so laut an die Tür geklopft, dass Alison vor Schreck zusammenzuckte. Sie lag gerade auf dem Bett und schaute sich einen Film an, bizarrerweise ausgerechnet Roman Polanskis *Rosemaries Baby*, in dem die Geschichte einer Frau erzählt wird, die ein dämonisches Kind zur Welt bringt. Alison stand widerwillig auf, schlich auf Zehenspitzen zur Tür und schaute durch den Spion. Draußen standen zwei Jungen mit schwarzen Kapuzenshirts.

Als wisse er, dass Alison sie von drinnen beobachtete, beugte sich einer der Jungen dicht an den Türspion heran und sagte: »Bitte, lass uns herein. Wir müssen dringend telefonieren.« Nicht nur bewirkte diese Bitte, dass Alison ein Schauder überlief, die Bedrohlichkeit der Situation wurde noch dadurch verstärkt, dass der Junge sich zwar dicht, und drohend, zum Spion vorgebeugt hatte, doch sein Gesicht absichtlich nach unten richtete, so dass Alison seine Augen nicht sehen konnte. (Redfern, 2014)

Dann geschah etwas sehr Verstörendes: Alison hatte das Gefühl, eine böse Macht wolle ihr ihren Willen aufzwingen und sie dazu bringen, den unheimlichen Besuchern die Tür zu öffnen. Es kostete Alison große Anstrengung, aber zum Glück schaffte sie es, dem »Drang«, wie sie es nannte, zu widerstehen, die Kinder hereinzulassen. Als Alison zur Besinnung gekommen war, schaute sie wieder durch den Türspion, und jetzt starrte der Junge sie an – *aus vollkommen schwarzen Augen*. Sie schrie, wich zurück und rief den Nachtportier an, der sofort zu ihrem Zimmer eilte. Als er dort eintraf, war von den BEC weit und breit nichts zu sehen. (Ebd.)

Men in Black und Vampire: Gemeinsamkeiten mit den BEC

Es lohnt sich, noch auf eine andere UFO-Verbindung der unheimlichen schwarzäugigen Kinder hinzuweisen: Es bestehen starke Gemeinsamkeiten mit den berüchtigten Men in Black, den »schwarzgekleideten Männern«, die seit 1947 zahlreiche UFO-Zeugen terrorisiert und eingeschüchtert haben. Wie die BEC sind auch die Men in Black dafür bekannt, spätabends an Türen zu klopfen. Auch in anderer Hinsicht gibt es Übereinstimmungen: Die MIB betreten kein Haus, wenn sie nicht explizit hereingebeten werden (was an alte Vampir-Legenden erinnert). MIB und BEC tragen schwarze Kleidung. Beide tragen Kopfbedeckungen: die einen Kapuzenpullover, die anderen Fedoras im Stil der 1950er Jahre. Und noch etwas ist faszinierend: Sehr oft tragen die Men in Black große schwarze Sonnenbrillen. Da stellt sich die Frage, ob das nur geschieht, um zur bedrohlichen Atmosphäre ihres Auftretens beizutragen, oder um ein Paar gefühllose, vollkommen schwarze Augen zu verbergen. Wenn ja, dann könnte es sich bei den MIB und den BEC um die gleiche Art von Wesen handeln: einmal als Erwachsene und einmal als Kinder, wobei beide die gleiche geheime Agenda ausführen – wie auch immer diese aussehen mag. Und wohin führt uns das alles? Zugegebenermaßen zu einer Menge Fragen. Doch handelt es sich um Fragen, auf die ein anerkannter und engagierter Erforscher des BEC-Phänomens bemerkenswerte Antworten gefunden hat.

Dieser führende Experte und Autor des Buches *The Black Eyed Children* heißt David Weatherly. Er hat Dutzende Fälle von Kontakten mit den BEC gesammelt und untersucht. So konnte er aufzeigen, wie verbreitet diese zutiefst beunruhigenden Vorfälle sind. Weatherly ist zahlreichen Theorien zur Erklärung der BEC nachgegangen: dass sie dämonische Wesen sind, räuberische Geister oder möglicherweise gar vom menschlichen Bewusstsein selbst erschaffen werden. Bemerkenswerterweise beschäftigte er sich auch eingehend mit der Möglichkeit, dass die schwarzäugigen Kinder außerirdischen Ursprungs sind. Weatherly dokumentierte den Fall der beiden Frauen Ann und Marcia, die beide sowohl Entführungen durch Außerirdische wie auch Kontakte mit den BEC erlebten – wobei es sich in Marcias Fall um die typische Situation handelte, dass die Kinder an die Tür klopfen und um Einlass bitten.

Über solche Fälle schreibt Weatherly: »Warum sollten Außerirdische Hybridwesen erschaffen wollen? Es gibt zahlreiche Theorien, die erklären sollen, warum ein solches Experiment stattfindet. Diese Theorien reichen von einer aussterbenden Alien-Spezies, die ihre DNA auffrischen will, bis zu Zeitreisenden, die versuchen, einen in der Vergangenheit begangenen Fehler zu korrigieren (der heute unsere Gegenwart ist).« (Weatherly, 2012)

Überlassen wir Weatherly die letzten Worte zu diesem Thema. Sie passen hervorragend zu dem, was wir bezüglich der UFO-Agenda bereits herausgefunden haben: »Die Anhänger einer noch bedrohlicher klingenden Theorie gehen davon aus, dass die Greys versuchen, unseren Planeten zu übernehmen, indem sie uns nach und nach durch Wesen mit außerirdischer DNA ersetzen. Die Menschheit würde also mit der Zeit der ›überlegenen‹ DNA der grauen Aliens weichen.« (Ebd.)

ACHTZEHN

Reptilien von den Sternen

In den 1980er Jahren gab es in der UFO-Forschung eine neue, mysteriöse und von manchen als ausgesprochen bedrohlich empfundene Entwicklung. Immer mehr Menschen, überwiegend Frauen, berichteten von Entführungen durch Außerirdische, die ganz anders abliefen als die Kontakte mit den Greys. Bei den Entführern handelte es sich, so berichteten die Opfer, um Wesen, die der Kreatur aus dem 1954 gedrehten Horrorfilm *Der Schrecken vom Amazonas* gleichen. Manche nannten sie Eidechsenmenschen, andere beschrieben ihr Aussehen als dinosaurierähnlich. Die Bezeichnung, die sich aber letztlich bei UFO-Forschern und Verschwörungstheoretikern durchsetzte, lautet Reptiloide.

Dabei herrscht weitgehend Einigkeit darüber, dass an den Reptiloiden absolut nichts Positives ist. Der UFO-Forscher John Carpenter schreibt über diese unheilbringenden Kreaturen:

> Über die Reptiloiden heißt es übereinstimmend, dass sie 1,80 bis 2,10 Meter groß sind und aufrecht gehen. Sie haben eine reptilienartige Schuppenhaut von grünlicher bis bräunlicher Färbung und klauenartige Hände mit Schwimmhäuten zwischen ih-

ren vier Fingern. Ihre Gesichter wirken, so wird berichtet, wie eine Kreuzung zwischen Mensch und Schlange, mit einem zentralen Kamm, der vom Scheitel bis hinunter zur Schnauze verläuft. Zu ihrem schlangenartigen Aussehen tragen auch ihre Augen bei, die senkrecht stehende Schlitzpupillen und eine goldene Iris aufweisen.

(Carpenter, 1993)

Eidechsenmenschen und die Genetik

Die Reptiloiden sind außerirdische Monster, die seit unvorstellbar langer Zeit unter uns leben. Es handelt sich bei ihnen um Shapeshifter, Gestaltwandler, die in der Lage sind, uns in menschlicher Gestalt zu erscheinen. Das hat es ihnen ermöglicht, unsere Regierungen, Armeen und Geheimdienste vollständig zu unterwandern. Nicht nur das britische Königshaus, sondern auch zahlreiche Berühmtheiten aus Hollywood und der Musikindustrie sind in Wirklichkeit schreckliche Reptiloiden, die sich als Menschen maskieren! Sie sind die wahren, geheimen Herrscher unserer Welt, die uns kalt und unbarmherzig manipulieren, um ihre Ziele zu erreichen. Auch sollen sie die menschenähnlichen Anunnaki sein, die uns, aufgrund ihrer Fähigkeiten als Shapeshifter in anderer Gestalt erscheinen, nicht unähnlich dem Werwolf der mittelalterlichen Überlieferung. Jedenfalls versichern uns das einige besonders extreme Verschwörungstheoretiker.

Herauszufinden, wo die Wahrheit in Bezug auf die Reptiloiden und ihre Agenda liegt und wo die wilden und völlig substanzlosen Spekulationen beginnen, ist nicht leicht. Aber eines können wir mit Sicherheit sagen: Es gibt eine große Menge an Daten und Augenzeugenberichten, die eindeutig belegen, dass die Reptiloiden mit dem modernen Entführungs-Phänomen und mit den Anunnaki der fernen Vergangenheit in Verbindung stehen – was es, trotz der heftigen Kontroverse um die Natur der Reptiloiden, für uns unumgänglich macht, uns näher mit ihnen zu beschäftigen.

Die Anunnaki und die Reptiloiden

Bevor wir uns mit den Reptiloiden in der heutigen Zeit und ihrer nicht zu leugnenden Verbindung zu den Entführungen, der Gestaltwandlung, dem Sex mit Aliens und der Schaffung von Hybrid-Wesen beschäftigen, müssen wir einer äußerst wichtigen Frage nachgehen: der Verbindung zwischen den Reptiloiden und niemand anderem als den Anunnaki und der erstaunlichen Möglichkeit, dass beide identisch sein könnten. Dazu müssen wir viele Jahrtausende in die Vergangenheit reisen, in die Welt Mittelamerikas, zu den Völkern von Honduras, El Salvador, Belize, Costa Rica, Mexiko und Guatemala – und einer mächtigen und geheimnisvollen Persönlichkeit namens Quetzalcoatl, bei dem mit großer Wahrscheinlichkeit davon auszugehen ist, dass er anunnakischer Herkunft war.

Der vorwiegend aztekischen Mythologie zufolge war Quetzalcoatl ein sehr hoch entwickeltes Wesen mit geradezu magischen Fähigkeiten und enormen wissenschaftlichen Kenntnissen, das versuchte, den Menschen Mittelamerikas Zivilisation und Technik zu bringen. Sein erstes Erscheinen dort muss sich irgendwann zwischen 100 v. Chr. und 100 n. Chr. ereignet haben. Seine Name bedeutet übersetzt »gefiederte Schlange« – weswegen ein ihm geweihtes, etwa 100 v. Chr. errichtetes, eindrucksvolles Bauwerk in Teotihuacan, nicht weit von Mexico City entfernt, den Namen »Tempel der Gefiederten Schlange« trägt.

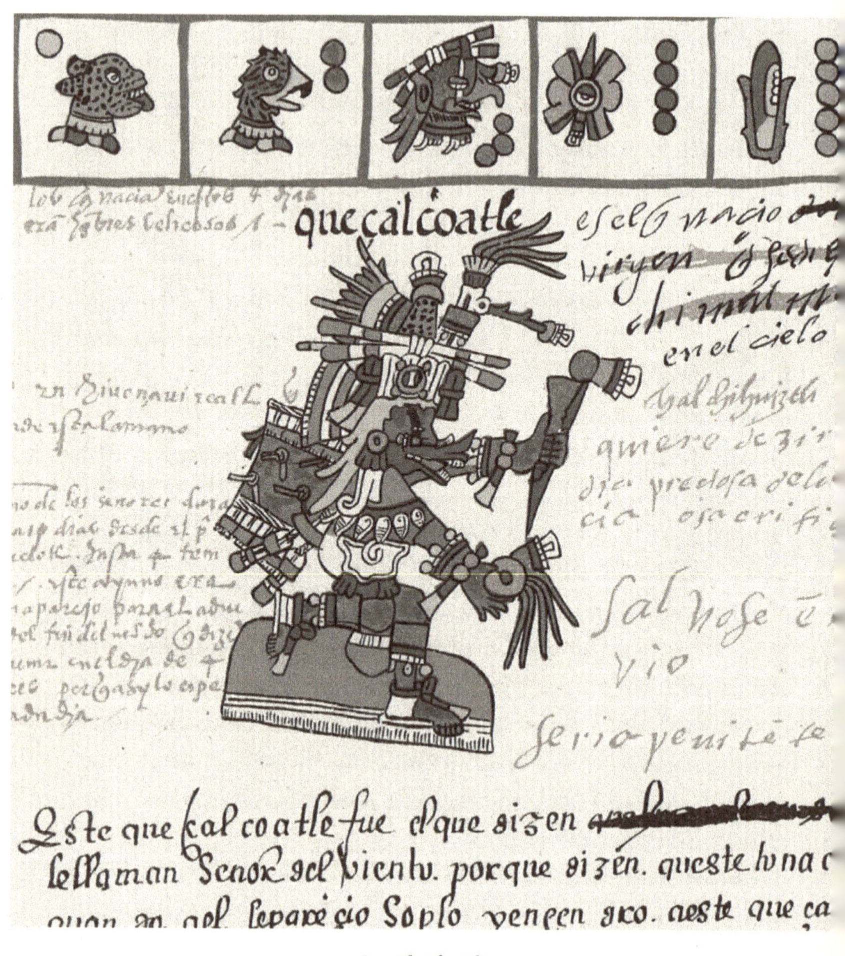

Reptiloide Aliens.

Zugegebenermaßen herrscht Uneinigkeit darüber, wann genau Quetzalcoatl auf der Bildfläche erschien. Das hat folgenden Grund: Lange vor Quetzalcoatl, nachweislich schon 900 v. Chr., verehrten die Mittelamerikaner *andere* Schlangengötter, und zwar ganz besonders in Tabasco, Mexiko. Forscher, die sich mit dem Reptiloiden-Phänomen beschäftigen, hat diese Verehrung schlangenähnlicher, gottgleicher Wesen dazu veranlasst, eine Verbindung zwischen der »gefiederten Schlange« Quetzalcoatl aus ferner Vergangenheit und den Reptiloiden der heutigen UFO-Berichte herzustellen.

Sowohl in überlieferten Texten wie auch in bildlichen Darstellungen wird Quetzalcoatl – vor allem von den Azteken – einerseits als sehr menschlich aussehendes Wesen porträtiert und andererseits als schlangenartige Kreatur mit üppigem, sehr auffälligem Gefieder – daher der Name. Diese sonderbare Dualität legt nahe, dass Quetzalcoatl ein reptiloider Shapeshifter gewesen sein muss, identisch oder nahe verwandt mit den zur Gestaltwandlung fähigen Reptiloiden aus heutigen UFO-Berichten.

Verwandtschaftliche Beziehungen des Quetzalcoatl

Während die Legenden über die Anunnaki darauf hindeuten, dass ihre Präsenz auf der Erde schon vor Hunderttausenden von Jahren begann, scheint Quetzalcoatl, was sein Erscheinen in Mittelamerika angeht, gewissermaßen ein Anunnaki-Nachzügler gewesen zu sein. Aber stimmt das?

Zecharia Sitchin verglich mittelamerikanische und sumerische Texte und gelangte zu dem Ergebnis, dass Quetzalcoatl ein Nachkomme des Enki gewesen sein muss, der bei der genetischen Manipulation der frühen Menschheit eine zentrale Rolle spielte. Da den Anunnaki eine Lebenserwartung von mehreren hunderttausend Jahren nachgesagt wird, ist es alles andere als unmöglich, dass Quetzalcoatl – der überzeugt war, die Menschheit müsse fair behandelt und dürfe nicht als Sklavenrasse missbraucht werden – als Enkis Sohn diese *gesamten*, unglaublich turbulenten Zeiten miterlebte: die Entscheidung, zur Erde zu fliegen und die dortigen Goldvorkommen auszubeuten; die Erschaffung einer neuen Menschenspezies; die gewaltige weltweite Flutkatastrophe; und die Rückkehr der überwiegenden Mehrheit der Anunnaki auf ihren Heimatplaneten Nibiru.

Forscher wie Zecharia Sitchin vertreten die Auffassung, dass die Anunnaki die Erde vor über 4.000 Jahren verließen, also lange bevor Quetzalcoatl in Mittelamerika in Erscheinung trat. Oder blieben die Anunnaki – jedenfalls einige von ihnen – auf der Erde, nachdem die weltweite Flut und lokale atomare Konflikte für verheerende Zerstörungen gesorgt hatten? Sitchin war dieser Ansicht: *Einige Anunnaki blieben hier*. Vielleicht sorgte gerade ihre geringe Anzahl für einen radikalen Wandel in ihrem Verhältnis zu den Menschen. Es ist gut möglich, dass die einst allmächtigen Anunnaki – von den Menschen lange Zeit als Götter verehrt – sich hinter die Kulissen zurückzogen und die genetische Manipulation und Weiterentwicklung der menschlichen Spezies im Verborgenen fortsetzten. Dieses Szenario deckt sich perfekt mit dem modernen Entführungs-Phänomen: Jede dieser Entführungen findet möglichst geheim statt, und die Entführer versuchen – nicht immer mit Erfolg, wie wir gesehen haben – die Erinnerungen ihrer unglücklichen Opfer auszulöschen.

Wenn eine gewisse Anzahl Anunnaki auf der Erde blieb, könnte Quetzalcoatl einer von ihnen gewesen sein. Und vielleicht entschied er sich dafür, den Überlebenden der planetaren Katastrophe neue Technologien und Konzepte an die Hand zu geben, um ihnen zu helfen, sich selbst und ihre Kultur neu zu erfinden – speziell in Mittelamerika. Auch bei den gentechnischen Programmen könnte er eine Rolle gespielt haben. Was die Genetik angeht, wies Paul Von Ward, der Autor von *We've Never Been Alone*, darauf hin, dass das Volk der Quinault im pazifischen Nordwesten glaubt, ihr Gott Kwatee habe »die Menschen aus seinem eigenen Schweiß erschaffen«. Und die Salish im amerikanischen Westen erzählen, ihr Schöpferwesen Amotken hätte eines seiner Haare benutzt, um daraus die erste Frau zu erschaffen. »Alle diese Methoden«, schreibt Von Ward, »könnten ein Hinweis sein, dass zur Erschaffung der Menschen die DNA der Götter verwendet wurde.« Das alles passt zu dem, was Von Ward über Quetzalcoatl schrieb: Der Legende zufolge »schuf [Quetzalcoatl] die Menschen, indem er die Knochen früherer Lebewesen mit seinem Blut besprühte«. (Von Ward, 2011)

»Die Reptiloiden sind keine politisch korrekte Spezies.«

Pamela Stonebrooke nimmt, was ihre Kontakte zu den Reptiloiden angeht, kein Blatt vor den Mund. Die als »intergalaktische Diva« bekannte Jazzsängerin veröffentlichte die CD *Experiencer*, die auf ihren zahlreichen Begegnungen mit den grünen, schuppigen Geschöpfen beruht. Stonebrooke vertritt zum Phänomen der Reptiloiden eine ziemlich einzigartige Sichtweise. Robert Sterling vom inzwischen eingestellten Magazin *The Excluded Middle* sagte über sie: »Dass Stonebrooke behauptet, Sex mit echsenartigen Aliens gehabt zu haben, ist nicht besonders einzigartig. Das Besondere an ihrer Geschichte ist, dass es ihr offenbar großes Vergnügen bereitete.« (Sterling, 1999)

Tatsächlich war es dieser Aspekt an Stonebrookes Alien-Kontakten der sehr intensiven und persönlichen Art, der bei einigen eher kleingeistigen, verklemmten und unerleuchteten UFO-Forschern eine Welle der Kritik auslöste. Diese Kritik veranlasste Stonebrooke, was ihr hoch anzurechnen ist, nicht dazu, sich aus der UFO-Diskussion zurückzuziehen. Vielmehr veröffentlichte sie einen offenen Brief an die Gemeinde der Ufologen.

Darin heißt es unter anderem:

> Die Reptiloiden gelten in der UFO-Szene nicht als politisch korrekte Spezies. Wenn man zugibt, mit einem von ihnen Sex zu haben – und das gar zu genießen –, überschreitet das nach Ansicht der konservativen Mitglieder dieser Szene die Grenze des Erlaubten. Aber ich weiß aus meiner intensiven Lektüre und Recherche und aus persönlichen Gesprächen mit Dutzenden Frauen (und Männern), dass ich nicht der einzige Mensch bin, der solche Erfahrungen gemacht hat und davon berichtet …
>
> Ich bin gerne bereit einzuräumen, dass es sich hier um ein äußerst komplexes Thema handelt, eine Art Spiegelkabinett, wo dimensionale Realitäten sich unaufhörlich wandeln und verschieben. Zweifellos benutzen die Reptiloiden Sex als Mittel, um auf verschiedene Weise Macht über Menschen auszuüben. Sie besitzen die Fähigkeit, ihre Gestalt zu verändern und ihre menschliche Kontaktperson mental zu manipulieren. Gleichzeitig können sie uns mit ihren mentalen Kräften aber auch enormes Vergnügen schenken. Ich habe über die verschiedenen Bedeutungsebenen und möglichen Auswirkungen meiner Kontakte intensiv nachgedacht und es mir wirklich nicht leicht gemacht, bleibe aber bei dem, was ich schon früher sagte, dass ich nämlich großen Respekt für das reptiloide Wesen empfinde, mit dem ich in Kontakt stand. Ich fühle mich ihm zutiefst verbunden.
>
> (Ebd.)

Stonebrooke hatte auch etwas zu den Legenden zu sagen, in denen von den Anunnaki und dem katastrophalen Vorbeiflug des

Planeten Nibiru an der Erde berichtet wird: »Bei einer Rückführung in ein früheres Leben gelangte ich in eine sehr weit zurückliegende Phase der Erdgeschichte (vor wahrscheinlich mehreren hunderttausend Jahren). Ich sah mich als Mitglied einer Gruppe von reptiloiden Kriegern, die ihr Leben bei einem katastrophalen Ereignis verloren. (Es handelte sich wahrscheinlich um eine atomare Explosion, denn ich sah eine rote Wolke und spürte eine alles versengende Hitze.)« (Ebd.)

Herr und Dienerin

Wie Stonebrooke in ihrem offenen Brief betonte, steht sie mit ihren Reptiloiden-Kontakten und der sexuellen Komponente der Entführungsberichte nicht allein. In der Tat gibt es zahlreiche derartige Fälle. Die achtunddreißig Jahre alte Lehrerin Liz aus Anaheim in Kalifornien berichtete, seit dem Alter von neunzehn Erfahrungen gemacht zu haben, die sich nur als furchteinflößend bis absolut bewusstseinserweiternd beschreiben lassen.

Wie so viele Entführungsopfer – ob sie nun von Greys oder Reptiloiden entführt wurden – erinnert sich Liz nur nebelhaft, wie sie an Bord dessen gelangte, was für sie ohne jeden Zweifel ein außerirdisches Raumschiff war. Und jede von Liz' Entführungen wurde durch die Greys ausgeführt. Liz wurde rasch klar, dass die Greys lediglich eine Art Arbeitsdrohnen waren, die pflichtbewusst und kritiklos die Befehle ihrer Herren, der Reptiloiden, ausführten. Jedes Mal, wenn Liz aus einem Zustand aufwachte, der sich nach ihrer Aussage wie eine Anästhesie anfühlte, sah sie mindestens zwei Kreaturen – »wie große Eidechsen«, sagte Liz. Diese Reptiloiden beaufsichtigten die Arbeiten, die von den Greys in roboterhaft programmiert wirkender Art und Weise ausgeführt wurden. Diese Prozeduren, ausschließlich gynäkologischer Natur, waren jedes Mal furchteinflößend, schmerzhaft und traumatisch. Liz litt hinterher wochenlang unter Albträumen. (Redfern, 2013)

Bei 11 von 17 durchlittenen Entführungen wachte Liz auf einem Tisch liegend auf, wo sie von einem riesigen, männlichen reptiloiden Humanoiden penetriert wurde. Sie ist der Ansicht, dass die Kreatur eine Art mentale Kontrolle über sie ausübte, denn sie fand das Erlebnis in keiner Weise erschreckend – wie man es doch eigentlich erwarten würde, wenn jemand auf einen Tisch gefesselt ist und zum Sex mit einem riesigen, zweibeinigen Alligator gezwungen wird. Wie Pamela Stonebrooke erlebte Liz machtvolle Orgasmen und genoss das sexuelle Erlebnis, das, wie sie es beschreibt, nach dem Muster »Herr und Dienerin« ablief. Und wie ein Junkie sich nach dem nächsten, besseren Schuss sehnt, geschah es Liz, dass sie süchtig nach dem Sex mit den Reptilien wurde – wieder und wieder. (Ebd.)

Liz ist sich heute sicher, dass die gynäkologischen Eingriffe, die an ihr vorgenommen wurden, dazu dienten, ihrem Körper DNA und Eizellen zu entnehmen und Teil einer größeren, umfassenden Agenda der Züchtung von Alien-Mensch-Hybriden waren. Doch ebenso sicher ist sie sich, dass die Reptiloiden schlicht aus einem ganz einfachen Grund Sex mit ihr hatten: weil es ihnen Vergnügen bereitete. Noch ein wichtiges Detail: Liz hat die Blutgruppe 0 negativ.

Schrecken im Land des Entzückens

Am anderen Ende der Skala finden wir den Fall von Annika, einer inzwischen verheirateten Frau aus Taos in New Mexico. Ihre sexuellen Kontakte mit den Reptiloiden waren in jeder Hinsicht schrecklich. Annika, heute 43, hatte nur zwei Kontakte der grünen und schuppigen Art, beide in der Nähe der Stadt Dulce, New Mexico, von wo immer wieder UFO-Sichtungen und Viehverstümmelungen gemeldet wurden. Und tief unter dem aus der Landschaft bei Dulce aufragendem Berg Archuleta Mesa soll es angeblich eine riesige Basis der Aliens geben.

Im Jahr 2001 hatte Annika, damals alleinstehend, mehrere Dates mit einem Mann, der in Dulce wohnte, wohin sie von Taos aus mit ihrem Auto knapp zweihundert Kilometer weit auf dem US-Highway 64 fahren musste. Die beiden Entführungen ereigneten sich spätabends an der gleichen Stelle, während sie auf dem Highway 64 durch den Carson National Forest fuhr.

In beiden Fällen durchlebte Annika das typische Entführungs-Szenario. Zuerst sah sie ein seltsames Licht, das niedrig am Himmel schwebte. Darauf folgten eine Nahbegegnung mit einem großen, untertassenförmigen Flugobjekt und dann das Gefühl, betäubt zu werden. Ihr Auto wurde abrupt abgestoppt und Annika ins Innere des UFOs gebracht, wo sie sich gefesselt auf einem kalten Metalltisch wiederfand. Man unterzog sie, wie Liz, einem gynäkologischen Eingriff, der sehr schmerzhaft und erschreckend war.

Beide Male erreichte Annikas Angst stratosphärische Ausmaße, als die drei Greys den Raum verließen und stattdessen ein etwa zweieinhalb Meter großer Reptiloide hereinkam. Bemerkenswerterweise erinnert sich Annika, dass das Wesen – sie war sicher, dass es sich in beiden Fällen um dasselbe handelte – eine Robe trug, die mit vielen kleinen Bildern einer »Schlange mit Flügeln« geschmückt war. Das erinnert stark an die Beschreibung Quetzalcoatls, der geflügelten Schlange, dem angeblichen Sohn des Anunnakis Enki – und an das Emblem auf der Uniform des gesprächigen Außerirdischen, dem Herbert Schirmer 1967 in Nebraska begegnete. (Redfern, Interview, 2015)

Beide Begegnungen verliefen gleich: Die Kreatur legte ihre Robe ab und ging zu dem Tisch, auf dem Annika lag. Der Tisch war halb aufrecht geschwenkt. Annika fühlte, wie ihre Beine gegen ihren Willen gespreizt und ihre Knie nach oben gedrückt wurden. Das echsenähnliche Wesen drang gewaltsam in sie ein, womit es nichts als Schmerz und Schrecken auslöste. Die Vergewaltigung dauerte sieben oder acht Minuten. Dann ejakulierte das Wesen und verließ Sekunden später den Raum.

Das Nächste, woran Annika sich erinnert, ist, dass sie wieder im Fahrersitz ihres Autos saß und einen brennenden Schmerz in ihrer Vagina spürte. Erst als sie im Fernsehen eine Dokumentation über das Phänomen der Reptiloiden sah, wurde ihr klar, dass sie mit dem traumatischen Erlebnis, an das sie sich erinnerte, nicht allein war, sondern dass zahlreiche Menschen in vielen Teilen der USA Vergleichbares durchgemacht hatten.

NEUNZEHN

Entführungen durch das Militär und Rh-negatives Blut

Wenn ein bedeutender Anteil der Weltbevölkerung – die Rh-Negativen – nicht völlig menschlich ist, sagt uns die Logik, dass dies weltweit bei Regierungen, Militär und Geheimdiensten tiefe Besorgnis auslösen muss. Selbst wenn Regierungen und Geheimdienste der Kontroverse um die Rh-Negativen nur eine vergleichsweise geringe Bedeutung beimessen, müsste es doch ein gewisses Maß an Überwachung geben. Und genau diese findet tatsächlich statt! Willkommen in der Welt der »militärischen Entführungen«.

Wenn Sie denken, dass Außerirdische Menschen in beträchtlicher Zahl entführen, und zwar aus höchst verstörenden gentechnischen Gründen, liegen Sie richtig. Doch es gibt noch andere Entführer: Sie gehören zu einer geheimen Abteilung des US-Militärs, die Entführte (von denen viele Rh-negativ sind) erneut entführt, um von ihnen mehr über die Agenda der Aliens zu erfahren. Auch das Auftauchen der schwarzäugigen Kinder und der Hybriden dürfte den Militärs Sorge bereiten.

Geheimdienstliche Beobachtung der Entführungsopfer

Seit Jahrzehnten berichten Entführungsopfer, dass sie sich vom Militär überwacht fühlen. Schwarze Hubschrauber ohne Hoheitsabzeichen fliegen über die Häuser von Entführten hinweg. Post wird abgefangen, geöffnet und wieder versiegelt – und zwar so, dass es deutlich sichtbar ist, womit den Entführten unmissverständlich signalisiert werden soll, dass sie vom Staat überwacht werden. Telefonstörungen, wozu seltsame Geräusche und Stimmen in der Leitung gehören, sind weit verbreitet. Schwarze Autos mit dunkel getönten Scheiben folgen den Entführten im Straßenverkehr.

Das ist natürlich kein Vergleich zu den Schrecken einer eigentlichen Entführung. Von emotionslosen, drohnenartigen Aliens entführt zu werden ist für sich schon entsetzlich genug. Aber anschließend von Militärpersonal ein zweites Mal entführt zu werden, sorgt für ein doppeltes Trauma.

Die Welt der Entführungen durch Außerirdische ist voll von solchen Fällen. Diese Berichte sind so häufig, dass es sich nicht bloß um Einbildungen übermäßig paranoider Zeitgenossen handeln kann, die hinter ihren Gardinen hervorspähen und von jedem vorbeifahrenden Auto denken, es gehöre »zur Regierung«.

Am Faszinierendsten daran ist aber, dass die Opfer von Entführungen durch das Militär sich übereinstimmend erinnern, ihre menschlichen Entführer hätten eine Menge über das Phänomen der Rh-Negativen gewusst. Wie wir bereits gesehen haben, empfahl die CIA schon in den 1950er Jahren, afrikanische Goldminen dahingehend zu beobachten, ob in ihrer

Geheime militärische Überwachung von Rh-Negativen.

Nähe UFO-Aktivitäten stattfanden. Jemand muss also vor über einem halben Jahrhundert wenigstens *etwas* über die Goldbergbau/UFO-Zusammenhänge gewusst haben. Woher dieses Wissen stammte, bleibt bis heute mysteriös. Aber man kann wohl davon ausgehen, dass es die Programme zur militärischen Entführung von Alien-Entführungsopfern auslöste, weil staatliche Stellen auf diese Weise mehr über die Anunnaki und die Rh-Negativen herausfinden wollten.

Wie wir gleich sehen werden, zeigt sich an den Fragen, die den Opfern des militärischen Entführungsprogramms während der Verhöre gestellt werden, dass die Mächtigen etwas über die vergessene und fehlinterpretierte Vergangenheit unseres Planeten wissen müssen. Sehr oft geht es dabei um Blut, Genetik, DNA und Hybrid-Wesen. Es ist interessant und verstörend zugleich, dass die Entführten in den Verhören regelmäßig gefragt werden, ob sie etwas über eine langfristige feindselige Agenda der Außerirdischen wissen, wobei in diesem Zusammenhang stets auch nach den Hybriden gefragt wird. Von den ETs kontrollierte »Schläfer«, die eines Tages aktiv werden könnten, und mögliche Verbindungen der Rh-Negativen hierzu sind Aspekte, die wir auf keinen Fall ignorieren sollten.

Nun wird es Zeit, dass wir uns die weitverbreitete militärische Überwachung der Entführungsopfer, die ohne jeden Zweifel stattfindet, genauer anschauen. Danach werden wir unsere Flügel weiter ausbreiten, indem wir jene Türen öffnen, hinter denen sich die am strengsten gehüteten Geheimnisse der US-Regierung verbergen – Geheimnisse aus einer fernen Vergangenheit.

Das geheime Interesse der Regierung an einer lange vergangenen Zeit

Ehe wir uns näher mit den Entführungen durch das Militär befassen, möchte ich darauf hinweisen, dass geheime Regierungsstellen sich schon seit Langem für Frühgeschichte, Archäologie und religiöse Legenden und Mythen interessieren. In meinem Buch *Die Pyramiden und das Pentagon* habe ich nachgewiesen – anhand von durch den Freedom of Information Act freigegebenen Dokumenten –, dass sich die CIA seit 1947 für die Schriftrollen vom Toten Meer interessiert. 1949 legten die CIA und die US-Luftwaffe Akten zur Kontroverse darüber an, ob Noahs Arche am türkischen Berg Ararat strandete. Anfang der 1960er Jahre erstellte die CIA ein Dossier zum Verbleib der Bundeslade. Die US-Navy und die Armee besitzen Akten zu der Frage, ob beim Bau der Pyramiden von Gizeh eine heute unbekannte Methode der Levitation oder Antigravitation angewendet wurde.

Im Staatsapparat gibt es demnach offenbar Leute, die etwas darüber wissen, dass eine Verbindung zwischen außerirdischen Besuchern in ferner Vergangenheit und diversen für unsere Zivilisation sehr wesentlichen Artefakten, Rätseln und biblischen Berichten besteht. Und sie wissen mindestens seit 1947 davon. Wenn wir das berücksichtigen – besonders die Tatsache, dass die Erzählung über die Arche Noah unmittelbar Teil der Anunnaki- Geschichte ist –, erscheint es völlig nachvollziehbar, dass der Geheimdienst – oder, was noch wahrscheinlicher ist, das Militär – sich für die Rh-Negativen und ihre höchst umstrittenen Ursprünge in ferner Vergangenheit interessiert.

Gekidnappt und verhört

Bislang lässt sich sagen, dass militärische Entführungen mindestens seit 1980 stattfinden. Zu den besonders bedeutsamen Fällen zählt jener von Myrna Hansen, die einen UFO-Kontakt hatte, als sie sich spätabends nach einem Urlaub in Oklahoma auf der Rückreise nach New Mexico befand. Als ihr klar wurde, dass es auf ihrer Fahrt eine auffällige Zeitlücke gab und vage Erinnerungen auftauchten, die auf eine UFO-Entführung hindeuteten, unterzog sie sich einer Hypnose, um der Sache auf den Grund zu gehen. Dabei zeigte sich, dass sie von einer Gruppe kleiner, schwarzäugiger Aliens an Bord eines UFOs gebracht und dort in ähnlicher Weise behandelt worden war wie Barney und Betty Hill damals im Jahr 1961 – also wie eine menschliche Laborratte. Was danach geschah, war sogar noch sonderbarer.

Hansens in Hypnose freigelegten Erinnerungen enthüllten, dass man sie, nachdem die Aliens fertig mit ihr gewesen waren, in eine unterirdische Anlage gebracht hatte. Dabei handelte es sich aber nicht um eine Basis der Außerirdischen. Als Hansens Beschreibungen ihres Erlebnisses unter Ufologen die Runde machten, erkannten bestimmte Informanten auf der Kirtland Air Force Base in New Mexico sofort, dass Hansen einen geheimen Bunker innerhalb des Waffenlagers der Luftwaffenbasis beschrieben hatte.

Da Hansen nicht bei der Air Force beschäftigt war und somit auch keinen Zugang zum Waffenlager der Basis haben konnte, gab es nur eine Erklärung: Offenbar überwachte eine geheime Militäreinheit die Entführungsoperation der Aliens, und als diese vorbei war, brachte das Militär Hansen in einem Hubschrauber ohne Hoheitsabzeichen nach Kirtland. Dort wurde sie einem Verhör unterzogen, bei dem militärisches Personal von ihr wissen wollte, was sich an Bord des UFOs ereignet hatte. Was die Luftwaffe mit diesen Informationen anfängt, bleibt außerhalb der Welt der unterirdischen Verhöreinrichtungen des Militärs bislang unbekannt.

Die schwarzen Hubschrauber

In einem früheren Kapitel wurde bereits auf den Fall Betty Andreasson eingegangen. Sie hatte ein Leben lang immer wieder sonderbare Alien-Begegnungen, und in den 1960er Jahren empfing sie Botschaften von Außerirdischen.

Diese Außerirdischen sprachen kurioserweise Gälisch. Die Gälen und die Kelten sind, wie wir gesehen haben, mit den Basken verwandt, die wiederum die engsten lebenden Verwandten des Cro-Magnon-Menschen sind – der eine genetisch mutierte Marionette der Anunnaki war. Zudem war Andreasson finnisch-englischer Abstammung, und von den Finnen weiß man, dass es bei ihnen einen überdurchschnittlich großen Anteil von Rh-Negativen gibt, vor allem solche mit der Blutgruppe 0. All das macht die nun folgende Enthüllung noch weitaus faszinierender.

Betty Andreasson hatte nämlich nicht nur während ihres ganzen Lebens UFO-Kontakte; sie hatte auch häufig mit dem berüchtigten Phänomen der schwarzen Hubschrauber zu tun. Bettys Ehemann Bob hat Hunderte Fotos geschossen, auf denen diese Hubschrauber in der Nähe ihres Hauses zu sehen sind. Die wiederkehrende Belästigung veranlasste Bob, einen wütenden Brief an die Army zu schicken, in dem er Auskunft darüber verlangte, welchen Grund diese Hubschraubereinsätze hätten. Die Antwort fiel überraschend aus: Die Militärs schrieben ihm kurz und knapp, dass sie leider keine Auskunft über besagte Hubschrauber geben könnten, weil sie selbst nicht wüssten, wer sie steuere. Mit anderen Worten: »Mischen Sie sich da nicht ein.« (Fawcett & Greenwood, 1984)

Eine Ärztin gerät unter Beobachtung

Die verstorbene Ärztin Karla Turner schrieb mehrere Bücher über ihre Entführungserlebnisse, unter anderem *Eingriff – Verstrickt in den Plan der Außerirdischen*. Anfang bis Mitte der 1990er Jahre stand der angesehene UFO-Forscher Greg Bishop in intensivem Briefkontakt mit Dr. Turner. Dabei bemerkten sie, dass alle ihre gegenseitigen Briefe geöffnet und wieder verschlossen worden waren. Jemand überwachte die Korrespondenz.

Es dürfte kein Zufall sein, dass Turners Ehemann Casey von einer Entführung durch das Militär berichtete. Zwar blieben das genaue Datum und der Ort unklar, aber Casey berichtete, er sei in eine unterirdische Anlage gebracht worden, wo er Zeuge wurde, dass wie er selbst noch mehrere andere Personen unter Drogen gesetzt und verhört wurden. Er sagte dazu: »Ich habe den Eindruck, dass sie wissen wollen, was vor sich geht. Vielleicht versuchen sie herauszufinden, was wir wissen.« (Turner, 1992)

Eine Rh-negative Entführte spricht

Die Forscherin Katharina Wilson hat sich intensiv mit den Verbindungen zwischen den UFO-Entführungen, den Entführungen durch das Militär und dem Phänomen der Rh-Negativen beschäftigt. Zu ihren Quellen gehört eine Frau namens Lisa, die etwas für dieses Thema außerordentlich Bedeutsames enthüllte – das vermutlich für die Militärs, die sich mit der Problematik bezüglich der Rh-Negativen beschäftigen, von großem Interesse war.

Wilson sagte zu Lisa: »In Ihrem Tagebuch schreiben Sie, dass sie zwar christlich erzogen wurden, jemand Ihnen aber mitteilte – möglicherweise waren das die Außerirdischen selbst –, Sie seien eigentlich Jüdin. Das habe ich in Ihrem Tagebuch mehrfach gelesen. Ich finde es sehr interessant und möchte Sie bitten, näher darauf einzugehen. Geschieht das während Entführungen durch das Militär oder während Sie von Außerirdischen entführt werden oder bei beiden Gelegenheiten?« (Wilson, 2008)

Lisa antwortete:

> Ich bin Christin und auch Jüdin. Das macht mich traurig, weil ich spüre, dass man mich dafür hasst, beides zu sein. Sie haben mir erzählt, ich wäre eine Geheime Jüdin. Ich wusste nicht, was das bedeutet. Also schlug ich den Begriff nach. Er bedeutet: »An eurem Blut werden sie euch erkennen [mich und andere]. Auf diese Weise werden sie euch aufspüren und verfolgen.« …
>
> Als ich dann bei den Militärs war [eine militärische Entführung], nannten sie mich eine jüdische Hure. Jahre zuvor wurde mir während einer Entführung gesagt, sie würden jeden Einzelnen von

> uns durch unsere DNA identifizieren. Unser Blut würde verraten, wer wir sind. Meine Blutgruppe ist B negativ. Und ich glaube, dass das Rh-negative Blut für sie eine Bedeutung hat.
>
> (Ebd.)

Die Besucher weckt geheimdienstliches Interesse

Weiter haben wir die sehr kuriose Geschichte des Journalisten Ed Conroy. Er verfasste das 1989 erschienene Buch *Report on Communion.* Darin beschreibt er seine persönlichen Nachforschungen zu den von Whitley Strieber in seinem Bestseller *Die Besucher* (Originaltitel: *Communion*) geschilderten Ereignissen. Conroy widmete sich dem Thema offen und unvoreingenommen – bis er feststellen musste, dass er plötzlich selbst Teil des Geschehens wurde. Wie Betty Andreasson und viele andere wurde er von jenen Leuten aufs Korn genommen, die hinter den Einsätzen der schwarzen Hubschrauber stehen.

Als nur ein Beispiel von vielen erinnerte sich Conroy, dass er 1988 Folgendes bemerkte: »[Es gab] anscheinend eine unheimliche Verbindung zwischen meinen Telefonaten und dem Erscheinen der Hubschrauber. Bei mehr als einer Gelegenheit flog gerade dann ein Hubschrauber in mein Blickfeld, wenn ich ein Telefongespräch führte, bei dem es um UFOs und/oder die Besucher ging.« Besonders erstaunlich fand Conroy, dass »ein kleiner Bell-47-Hubschrauber genau in dem Moment draußen vor meinem Fenster auftauchte, als ich über Telefon meinem Agenten mitteilte, dass ich die Vertragsbedingungen für die Veröffentlichung meines Buches [*Report on Communion*] akzeptieren würde«. (Conroy, 1989)

Entführungen durch das Militär und Begegnungen mit Monstern

Der folgende Fall ist faszinierend, da er zu Zecharia Sitchins Theorie passt, dass die Zentauren, Zyklopen und der Minotaurus aus den antiken Sagen einen realen Hintergrund haben, weil in grauer Vorzeit bizarre Experimente mit der Hybridisierung verschiedener Spezies durchgeführt wurden. Die Therapeutin Barbara Bartholic führte eine Rückführungssitzung mit dem Alien-Entführungsopfer Fred durch, der nach seiner UFO-Erfahrung auch vom Militär entführt worden war. Er berichtete von der bizarren Begegnung mit einem unbekannten Tier: »Sie machen etwas mit dem Tier, das mit mir zu tun hat. Sie machen etwas mit meinem Blut, meinem Sperma, meinen Genen. Sie injizieren dem Tier Flüssigkeiten. Dann erinnere ich mich, dass ich ein anderes Tier umherlaufen sah. Ich erinnere mich nicht, wie das Tier aussah, aber es war bizarr. Das Tier schien zur Hälfte ein Mensch zu sein.« (Lammer & Lammer, 1999)

Eine reptiloide Komponente

Sogar das kontrovers diskutiere Phänomen der Reptiloiden spielt bei den Entführungen durch das Militär eine Rolle. Dr. Helmut Lammer und seine Frau Marion, Experten für die militärischen Entführungen, haben mehrere hundert solcher Entführungsfälle zusammengetragen. Unter ihnen ist der Fall einer Frau namens Michelle. Sie wurde von Menschen in Militäruniformen entführt und hatte dann in dem abgedunkelten, an ein Büro erinnernden Raum, in den man sie brachte, eine traumatische, furchterregende Begegnung mit etwas Erschreckendem: einem Reptiloiden. Sie wurde von dem Hypnosetherapeuten Dr. Kougell interviewt, dem es gelang, in Michelles Bewusstsein hineinzugreifen und von dort die sensationellen Fakten zu extrahieren: Michelle begegnete, wie sie es unter Hypnose beschrieb, »einer 1,80 bis 2,10 Meter großen Kreatur mit langen, spitzen Ohren und gelbgoldenen Augen, die zu leuchten schienen. Er hatte spitze Zähne, eine große Hautfalte auf der Stirn und einen Schwanz«. (Ebd.)

Randfälle wie dieser tragen dazu bei, die Verwirrung zu vergrößern und die Diskussion um die militärischen Entführungen weiter anzufachen. Doch stehen, wie wir gesehen haben, die Reptiloiden und Wesen mit Schwänzen – einschließlich Kindern, die mit schwanzartigen Auswüchsen geboren werden – in eindeutigem Zusammenhang zu den Rh-Negativen.

»Sie nahmen mir eine Menge Blut ab.«

Brenda, die in Houston, Texas, wohnt, hat bewusste Erinnerungen an albtraumhafte Begegnungen mit zwergenhaft kleinen, grauhäutigen Außerirdischen, die in ihr Elternhaus eindrangen. Diese Erinnerungen reichen bis in Brendas frühe Kindheit zurück. Sie erinnert sich außerdem bruchstückhaft daran, immer wieder von Aliens entführt worden zu sein. Die Entführungen begannen im frühen Teenageralter und endeten erst, als Brenda in den späten 1990er Jahren in die Wechseljahre kam.

Im Jahr 1987 fuhr Brenda – sie hat die Blutgruppe 0 Rh-negativ – spätabends nach Beaumont in Texas, um dort Verwandte zu besuchen. Sie traf dort auch ein, allerdings erst am nächsten Morgen. Ihre Verwandten machten sich große Sorgen und hätten die Polizei alarmiert, wenn Brenda nicht in den frühen Morgenstunden von einer Tankstelle aus angerufen hätte.

Als Brenda schließlich bei ihren Verwandten in Beaumont auftauchte, war sie zutiefst verstört und verwirrt. Ihr Bruder,

der befürchtete, dass Brenda überfallen wurde oder ihr noch Schlimmeres zugestoßen war, wollte sofort die Polizei einschalten. Brenda war damit nicht einverstanden und berichtete ihren Verwandten das, woran sie sich bewusst erinnerte. Das war wenig, aber offenbar war sie aus ihrem Auto verschleppt worden – anscheinend von Militärangehörigen, die, wie sie glaubte, sie irgendwie »dazu gebracht« hätten, vom Highway abzufahren und eine einsame Straße durch ein Waldgebiet zu nehmen. Dort zwang ein schwarzer Lieferwagen Brenda zum Halten, vier oder fünf Männer in schwarzen Uniformen sprangen heraus und zerrten Brenda aus dem Wagen. Sie hatte das Gefühl, unter Drogen gesetzt zu werden. Die Uniformierten brachten sie in eine kleine unterirdische Anlage, die sich offenbar nur wenige Kilometer entfernt befand. Dort unterzogen zwei ältere Männer, die wie Ärzte wirkten, Brenda einem in sehr feindseliger Atmosphäre ablaufenden Verhör. Bei dem Verhör waren mehrere Militärs anwesend, deren Uniformen aussahen, als ob es sich um Generäle oder andere hohe Offiziere handelte.

Die zwei Ärzte wollten wissen, sagt Brenda, »... ob ich meine Blutgruppe kenne. Das bejahte ich. Sie nahmen mir eine Menge Blut ab, das in Fläschchen abgefüllt wurde. Sie befragten mich über mein Blut. Ob ich oft Nasenbluten hätte? Gäbe es bei mir körperliche Abweichungen und Auffälligkeiten? Ich weiß nicht, was sie damit meinten. Ob ich den Eindruck hätte, von den Außerirdischen für eine Mission auserkoren zu sein? Nun, diesen Eindruck habe ich schon sehr lange Zeit, und das sagte ich ihnen. Ich weiß noch, dass die beiden Ärzte Blicke tauschten, als ich das sagte«. (Redfern, Interview mit Brenda, 2014)

Brenda ist sich sicher, dass während dieser Entführung und auch während des eigentlichen Verhörs mehr geschah als das, woran sie sich bewusst erinnern kann. Sie ist aber nicht bereit, sich einer Hypnose zu unterziehen, weil sie fürchtet, dass die dabei zum Vorschein kommenden Fakten ihre Ängste bezüglich dieses traumatischen Erlebnisses im Südosten von Texas nur weiter verschlimmern würden.

Aus Gründen, die sie sich nicht richtig erklären kann, hatte Brenda den deutlichen Eindruck, dass die unterirdischen Räume, in denen sie verhört wurde, nur vorübergehend eingerichtet worden waren. Dazu sagte sie: »Ich hatte das Gefühl, dass dieser unterirdische Ort, an den sie mich gebracht hatten, eigentlich schon lange Zeit aufgegeben worden war. Ich denke, es war praktisch für sie, ihn zu nutzen, weil es sich um ein sicheres Versteck handelte.« (Ebd.)

Das ist eine faszinierende, wenn auch kurze Enthüllung. Sie deutet darauf hin, dass diejenigen, die für das militärische Entführungsprogramm verantwortlich sind, offensichtlich außerhalb offizieller Regierungsstellen und der Aufsicht durch den Kongress agieren. Oder es handelt sich um Privatfirmen, die angeheuert wurden, um die geheimem Verhöre durchzuführen, so dass jene Personen aus Militär und Regierung, die die Operationen möglicherweise in Auftrag geben und finanzieren, offiziell nicht involviert sind und keine entsprechenden Akten existieren.

Dass für die Verhöre an Rh-Negativen stillgelegte Militäreinrichtungen benutzt werden, und das möglicherweise immer nur einmal, könnte die Erklärung dafür sein, warum die Teams, von denen diese militärischen Entführungen ausgeführt werden, sich so schwer aufspüren und verfolgen lassen. Sie sind ständig unterwegs, finanziert durch geheime schwarze Kassen. So müssen sie niemandem Rede und Antwort stehen und existieren offiziell gar nicht. Nun, das dürfte diesen Entführern gefallen, den Rh-Negativen allerdings überhaupt nicht, denn sie sind diesen militärischen Entführungsteams hilflos ausgeliefert.

ZWANZIG

Rh-Negative: Wir gegen sie

Zu den besonders faszinierenden – und zugleich recht verstörenden – Aspekten des Phänomens der Rh-Negativen gehört es, dass Menschen mit dieser Blutgruppe bestimmte körperliche Merkmale aufweisen, die zwar nicht völlig auf sie beschränkt sind, aber doch bei ihnen überdurchschnittlich häufig vorkommen. Beginnen wir mit den eher alltäglichen Aspekten, ehe wir uns den außergewöhnlichen zuwenden.

Es konnte nachgewiesen werden, dass Rh-Negative überdurchschnittlich intelligent sind. Es ist nicht unwahrscheinlich (tatsächlich ist es sogar *sehr* wahrscheinlich), dass dies mit ihrer Verbindung zum Cro-Magnon-Menschen zusammenhängt. Schließlich war das Gehirn des Cro-Magnon etwa 10 Prozent größer als bei allen anderen Menschenarten – einschließlich des *Homo sapiens*. Anschaulich ausgedrückt, war das Gehirn des Cro-Magnon ungefähr um das Volumen eines Tennisballs größer als das des modernen Menschen, so unglaublich das klingen mag.

Seit den Tagen der ersten Menschen bis zu der Zeit, als der Cro-Magnon den größten Teil Westeuropas dominierte, war die Größe des menschlichen Gehirns stetig gewachsen. Es wird viele überraschen, dass diese Entwicklung sich nicht fortsetzte. Der Anthropologe John Hawks von der University of Wisconsin sagt über das Größenwachstum des menschlichen Gehirns: »Während zwei Millionen Jahren unserer Evolution hatten wir dieses Wachstum. Aber dann setzte ein Umkehrprozess ein. Offensichtlich ist unser Gehirn seitdem geschrumpft.« (McAuliffe, 2011)

Tatsächlich ist seit etwa 20.000 Jahren die durchschnittliche Gehirngröße des Menschen von 1.500 auf 1.350 Kubikzentimeter geschrumpft. Ob das ein Symptom für die allgemeine Verblödung unserer Kultur und der Menschheit insgesamt ist, bleibt umstritten. Bei den Anthropologen herrscht Uneinigkeit, welche Ursachen für das Schrumpfen unserer Gehirne verantwortlich sind. Mit Sicherheit können wir aber sagen, dass trotz des insgesamt festzustellenden Rückgangs der menschlichen Gehirnmasse (ob es sich dabei um einen unumkehrbaren Prozess handelt oder nicht) die Rh-Negativen eindeutig ihre Cro-Magnon-artige Gehirnkapazität bewahrt haben.

Rh-Negative sind keine Sonnenanbeter

Dann ist da noch der Umstand, dass Rh-Negative starke Sonneneinstrahlung und hohe Temperaturen nicht vertragen. Insbesondere leiden sie häufig unter der so genannten *Photosensibilität.* Einfach ausgedrückt, reagieren die Betroffenen auf starkes Sonnenlicht mit einer Beeinträchtigung ihres Immunsystems. Die Symptome können mild, aber auch alarmierend sein: Übelkeit, Schwindel, Benommenheit und erhöhter Puls gelten als typisch. Menschen mit Photosensibilität können außerdem Hautausschläge, Nesselfieber und Entzündungen entwickeln.

Es hat den Anschein, als wäre das Immunsystem der Rh-Negativen nicht dafür geschaffen, der Kraft und Hitze unserer

Sonne ausgesetzt zu werden. Das führt zu einer provozierenden Frage: Für welche Art von Sonnenlicht *wurde* es denn dann geschaffen? Für die Sonne außerirdischer Raumfahrer, die vor langer Zeit die Erde besuchten?

Negativer Druck

In unserer schnelllebigen Zeit gehört Bluthochdruck zu einem der verbreiteteren Risikofaktoren für Krankheit und frühen Tod. Schlaganfälle und Herzinfarkte sind häufig das Resultat dieses gefährlichen Leidens. Statistiken zeigen, dass sieben von zehn Menschen, die erstmalig einen Herzinfarkt erleiden, an Bluthochdruck litten. Bei den erstmalig von einem Schlaganfall Betroffenen sind es sogar acht von zehn. Wie ernst dieser Killerfaktor zu nehmen ist, wird deutlich, wenn man bedenkt, dass 70 Millionen US-Amerikaner an einem medikamentös behandlungsbedürftigen Bluthochdruck leiden.

Immerhin jeder dritte Amerikaner hat einen über dem Normalwert liegenden Blutdruck und somit das Potenzial, in Zukunft immer mehr in die gesundheitliche Gefahrenzone abzudriften. Noch gefährlicher ist, dass Millionen Menschen überhaupt nichts von ihrem erhöhten Blutdruck wissen, der oft nur bei einer ärztlichen Routineuntersuchung entdeckt wird. Weniger als 50 Prozent der von Bluthochdruck Betroffenen haben ihren Zustand unter Kontrolle. Und die Statistiken bezüglich Bluthochdruck als Todesursache zeichnen ein düsteres Bild. Allein im Jahr 2009 gab es in den Vereinigten Staaten nicht weniger als 348.000 Todesfälle, bei denen Bluthochdruck eine Rolle spielte. Er ist somit eine der tödlichsten Erkrankungen der modernen Welt.

Unter den betroffenen Bevölkerungsgruppen in den USA stehen die Afroamerikaner an erster Stelle, gefolgt von den weißen

Europäern und den mexikanischen Einwanderern. In diesen Statistiken gibt es eine Ausnahme – man könnte es sogar eine Anomalie nennen. Vermutlich ahnen Sie bereits, worauf diese Geschichte hinausläuft.

Der Blutdruck bei Rh-Negativen liegt typischerweise etwas unter dem Normalwert von 120/80. Zu niedriger Blutdruck kann beunruhigende Beschwerden wie Benommenheit und Ohnmacht hervorrufen. Wenn der Wert aber nur geringfügig unter normal liegt, ist das Risiko für Schlaganfälle und Herzinfarkte deutlich reduziert. Die meisten Rh-Negativen leben blutdruckmäßig in diesem sicheren Bereich.

Auch eine niedrigere Körpertemperatur und Pulsfrequenz – ohne negative Nebenwirkungen – ist für Rh-Negative typisch. Ein Puls von weniger als 60 pro Minute, Bradykardie (wörtlich »Langsamherzigkeit«) genannt, kann ein Krankheitszeichen sein. Andererseits haben viele Hochleistungssportler einen niedrigen Puls, was auf ihre extreme Fitness zurückzuführen ist. Die Tennislegende Björn Borg hatte auf dem Höhepunkt seiner Karriere in den 1970er Jahren einen Ruhepuls von 35. In diesem Sinne befinden sich die Rh-Negativen in guter Gesellschaft.

Die Sache mit der zusätzlichen Rippe

Schauen wir uns nun weitere körperliche Merkmale an, durch die sich die Rh-Negativen in gewissem Maße vom Rest der Menschheit unterscheiden. Wir beginnen mit etwas, das sich Thoracic-outlet-Syndrom (TOS) nennt. Diese Krankheit kann sich entwickeln, wenn ein Mensch eine zusätzliche Rippe hat. Die meisten von uns haben 12 Rippenpaare. Doch etwa ein Mensch unter zweihundert wird mit einer zusätzlichen Rippe geboren, einer so genannten Halsrippe. Über der ersten Rippe und hinter dem Schlüsselbein liegt die Obere Thoraxapertur, durch die die Arterien und Venen in die Arme verlaufen. Auch der *Plexus brachialis* befindet sich dort. Wenn die zusätzliche Rippe diesen Bereich verengt, kommt es zum Thoracic-outlet-Syndrom, das in manchen Fällen durch eine Operation beseitigt werden muss. Zumindest sind Physiotherapie und Schmerzmittel notwendig, um die Symptome zu lindern. Und in welcher Personengruppe tritt eine zusätzliche Rippe gehäuft auf? Bei den Rh-Negativen.

Erinnern wir uns in diesem Zusammenhang an die Geschichte von Adam und Eva. Laut Bibel (Genesis 2,18–24) erschuf Gott die erste Frau, indem er eine von Adams Rippen entfernte und daraus Eva erzeugte. Das steht in starkem Kontrast dazu, was uns die Bibel über die Erschaffung Adams erzählt – dass er nämlich aus dem Lehm der Erde geschaffen wurde. Theologen deuten die Geschichte so, dass Gott Eva aus Adams Rippe erschuf, um dadurch deutlich zu machen, dass Adam und Eva – Mann und Frau – die zwei Teile eines Ganzen sind.

Interessant ist, dass das alte hebräische Wort für Rippe, *tsela*, auch mit »Seite« übersetzt werden kann. Das lässt darauf schließen, dass nicht nur Adams Rippe, sondern auch ein Teil seiner Körperseite zur Erschaffung Evas verwendet wurde. Hierzu passen Adams Worte, dass Eva aus seinen Knochen und seinem Fleisch geboren worden sei.

Man sollte die Idee, eine Frau könne in magischer Weise aus der menschlichen Rippe erschaffen werden, natürlich nicht wörtlich nehmen. Die Medizin liefert uns keinerlei Anhaltspunkte, dass so etwas möglich sein könnte. Es stellt sich aber die Frage, ob es sich bei dieser biblischen Schöpfungsgeschichte nicht um die verzerrte Beschreibung eines vor langer Zeit stattgefundenen, technologisch fortschrittlichen chirurgischen Eingriffs handelt, der dazu diente, menschliche DNA zu entnehmen und zu manipulieren. Auf diese Weise wurde eine Spezies erschaffen, die, laut Bibel, mit Adam und Eva begann. Man kann die Vorgänge aber auch als außerirdische Manipulation des frühen Cro-Magnon-Menschen in Europa deuten, oder des Proto-Cro-Magnon in Afrika. Ein solches Szenario mag zwar den Zorn gläubiger Christen erregen, aber schauen wir uns an, was in Genesis 2, 18–25 wirklich steht:

> Dann sprach Gott, der Herr: Es ist nicht gut, dass der Mensch allein bleibt. Ich will ihm eine Hilfe machen, die ihm entspricht. Gott, der Herr, formte aus dem Ackerboden alle Tiere des Feldes und alle Vögel des Himmels und führte sie dem Menschen zu, um zu sehen, wie er sie benennen würde. Und wie der Mensch jedes lebendige Wesen benannte, so sollte es heißen. Der Mensch gab Namen allem Vieh, den Vögeln des Himmels und allen Tieren des Feldes. Aber eine Hilfe, die dem Menschen entsprach, fand er nicht. Da ließ Gott, der Herr, einen tiefen Schlaf auf den Menschen fallen, so dass er einschlief, nahm eine seiner Rippen und verschloss ihre Stelle mit Fleisch. Gott, der Herr, baute aus der Rippe, die er vom Menschen genommen hatte, eine Frau und führte sie dem Menschen zu. Und der Mensch sprach: Das endlich ist Bein von meinem Bein und Fleisch von meinem Fleisch. Frau soll sie heißen, denn vom Mann ist sie genommen. Darum verlässt der Mann Vater und Mutter und bindet sich an seine Frau und sie werden *ein* Fleisch.

Der wichtigste Teil dieses Bibeltextes ist der folgende: »Da ließ Gott, der Herr, einen tiefen Schlaf auf den Menschen fallen, so dass er einschlief, nahm eine seiner Rippen und verschloss ihre Stelle mit Fleisch.« (Genesis 2,21)

Es ist naheliegend, die Darstellung, dass Gott Adam in »Tiefschlaf« versetzt, als einen völlig realen Vorgang zu interpretieren: Ein primitiver Mensch wird von technologisch unglaublich fortschrittlichen Aliens anästhetisiert, um an ihm einen operativen Eingriff vorzunehmen. Diese Analogie ist offensichtlich und logisch. Wie immer die Wahrheit aussehen mag, es ist in jedem Fall faszinierend, dass die menschliche Rippe (1) in einem der berühmtesten biblischen Schöpfungsberichte und (2) für die körperliche Verfassung so vieler Rh-Negativer eine wichtige Rolle spielt.

Und dann ist da die Sache mit den Wirbelsäulen-Anomalien. Etwa jeder zehnte Mensch wird mit einem zusätzlichen sechsten Lendenwirbel geboren. Bei den Rh-Negativen liegt der Anteil deutlich höher, nämlich bei über 20 Prozent. Warum es diese Anomalie gibt, ist bislang unerklärlich. Einen zusätzlichen Lendenwirbel zu besitzen hat weder Vor- noch Nachteile. Allerdings könnte es erklären, warum die Aliens, die Barney und Betty Hill entführten, so gründlich Barneys Wirbelsäule untersuchten.

Rätselhafte Schwänze

Jim Marrs, anerkannter Experte für Verschwörungstheorien, wies darauf hin, dass »... die Theorie, Außerirdische hätten bei der Entstehung der Menschheit eine maßgebliche Rolle gespielt, noch überzeugender wird, wenn man berücksichtigt, dass sehr viele Rh-negative Kinder mit einem Schwanz zur Welt kommen«. (Marrs, 2013)

Und Esther Inglis-Arkell schreibt über schwanzwedelnde Menschen:

> Manche vertreten die Theorie, dass sich in der Entwicklung eines Embryos die Stadien der Evolution zeigen. Mit anderen Worten, das erste Stadium ist fischähnlich, dann erinnert der menschliche Embryo an ein kleines Säugetier, dann an einen Lemuren oder Affen und zuletzt nimmt er eine Form an, die wir als menschlich erkennen. In einem frühen Stadium zeigen Embryos etwas, das an Kiemenschlitze erinnert. Im Alter von etwa vier Wochen haben Embryonen einen kleinen Schwanz. Im Alter von sechs bis zwölf Wochen lösen die weißen Blutkörperchen den Schwanz auf, und der Fötus entwickelt sich zu einem normalen, schwanzlosen Baby ... jedenfalls in den meisten Fällen.
>
> (Inglis-Arkell, 2012)

Inglis-Arkells Bemerkung »jedenfalls in den meisten Fällen« wollen wir nun genauer betrachten. Während der gesamten Menschheitsgeschichte tauchten nämlich immer wieder Berichte über Kinder auf, die mit Schwanz geboren wurden – vor allem Jungen, fast nie Mädchen, wofür es bislang keine Erklärung gibt. In manchen Fällen ist die Erklärung für den »Schwanz« ganz irdischer Natur: Es kann sich um das einzige sichtbare Zeichen eines ungeborenen, parasitischen Zwillings handeln, um einen (gut- oder bösartigen) Tumor oder um eine Zyste. Hat sich aber ein *echter* Schwanz entwickelt, stellt das gewissermaßen einen Rückfall auf die Stufe unserer ganz frühen Vorfahren dar und ist darauf zurückzuführen, dass die weißen Blutkörperchen des Kindes nicht in der Lage waren, vor der Geburt das Gewebe des Schwanzes zu absorbieren. (Ebd.)

Ein Beispiel für diesen Aspekt der Kontroverse ist Balaji, ein im Jahr 2001 in Indien geborener Junge, der am unteren Ende seiner Wirbelsäule einen zehn Zentimeter langen Schwanz besaß. Die Leute drängten sich in Scharen, um Balaji zu bestaunen, als sich das Gerücht verbreitete, der Junge sei die Reinkarnation des hinduistischen Affengottes Hanuman.

Bemerkenswert ist, dass in manchen Fällen die Schwänze voll funktionstüchtig sind, das heißt sie besitzen Fett, Nerven und Muskelgewebe. So kann der Mensch, der mit einem solchen Schwanz geboren wird, ihn bewegen wie etwa ein Hund oder eine Katze. Bei anderen ist der Schwanz bewegungsunfähig und hängt schlaff herab. Dass uns heute kaum Menschen mit einem Schwanz begegnen, hat einen einfachen Grund: Wir verfügen über die medizinischen Kenntnisse, um ihn sofort nach der Geburt zu entfernen.

Von Bedeutung ist in diesem Zusammenhang auch die *Cauda equina*, übersetzt »Pferdeschwanz«. Dabei handelt es sich um ein Nervengeflecht, das aus der Wirbelsäule herausragt und dessen Form an einen Pferdeschweif erinnert. Das Cauda-equina-Syndrom ist eine ernste Erkrankung, bei der die Nerven in der Wirbelsäule im Spinalkanal zusammengedrückt werden. Das kann zu einer Vielzahl von Problemen führen, darunter Taubheit, Inkontinenz und Ischiasschmerzen. Eine Operation zur Druckentlastung der Nerven ist im Allgemeinen die wirkungsvollste Behandlungsmethode und entscheidend, um eine permanente Inkontinenz zu vermeiden.

Jim Marrs merkt an, dass manche Rh-negative Kinder »mit einer verlängerten *Cauda equina* zur Welt kommen, also eigentlich mit einem Schwanz, der dann nach der Geburt chirurgisch entfernt werden muss«. (Marrs, 2013)

All das führt uns zu einem weiteren hoch kontroversen Thema. Es gibt die Theorie – unmittelbar auf der Schwanz-Kontroverse beruhend –, dass bei den Rh-Negativen eine genetische Verbindung zu den Reptiloiden besteht, jenen zweibeinigen, echsenartigen

Kreaturen, die in der UFO-Forschung und den Verschwörungstheorien immer wieder auftauchen und als höchst gefährliche Aliens gelten, mit Verbindungen zu den Anunnaki.

Und die Rh-Negativen weisen nicht nur abweichende körperliche Merkmale auf. Auch in geistiger Hinsicht gibt es erhebliche Unterschiede.

Die mediale Begabung der Rh-Negativen

Was immer letztlich hinter den kontroversen Berichten über Entführungen durch Außerirdische stecken mag, es bleibt die Tatsache, dass viele Entführte berichten, während der Entführung hätten die Außerirdischen ihnen bedrückende Zukunftsbilder der Erde gezeigt – mit immer stärker verschmutzter Atmosphäre, abgeholzten Regenwäldern, schmelzenden Polkappen – nun, diese endzeitlichen Visionen wiederholen sich in einem schrecklichen, traumatischen Tempo. Von den Rh-Negativen, die dazu befragt wurden, berichteten viele von prophetischen Träumen. Andere berichten zwar nicht von Entführungserlebnissen, sehr wohl aber von turbulenten Tiefschlaf-Visionen, in denen sich genau jene Szenarien ereignen, wie die Opfer der außerirdischen Entführer sie beschreiben.

Regelmäßig berichten Rh-Negative auch von anderen medialen Phänomenen, einschließlich Erlebnissen mit der so genannten *Synchronizität.* Einfach ausgedrückt, könnte man eine Synchronizität als einen sinnvollen Zufall beschreiben. Nehmen wir einmal an, Sie denken an einen Freund, den sie schon seit Jahren nicht mehr gesehen haben. Ein paar Stunden später ruft Sie dieser Freund plötzlich an. Das ist eine Synchronizität. Oder Sie sind auf der Suche nach einem seltenen Buch, doch es scheint nirgendwo erhältlich zu sein. Ein paar Tage später finden Sie ein

Exemplar dieses Buches unerwartet in dem Bus, mit dem Sie täglich zur Arbeit fahren. Jemand hat es einfach auf dem Sitz neben Ihnen liegen lassen. Auch das ist eine Synchronizität. Dieses Phänomen deutet darauf hin, dass unser Bewusstsein offenbar die uns umgebende Realität beeinflusst – oder sie, unglaublicherweise, sogar erschafft. Im Leben von Rh-Negativen treten Synchronizitäten sehr häufig auf.

Auch die außersinnliche Wahrnehmung (ASW) gehört zu den erstaunlichen Fähigkeiten der Rh-Negativen. Gedankenlesen, telepathische Kommunikation und mediale Verständigung mit Tieren stehen dabei ganz oben auf der Liste. Außerdem sind Rh-Negative überdurchschnittlich oft fasziniert von Astronomie, der Erforschung des Weltraums und der möglichen Existenz außerirdischen Lebens. Vielleicht am bemerkenswertesten ist, dass viele Rh-Negative das Gefühl haben, sie seien gewissermaßen dafür programmiert worden, auf der Erde eine bestimmte Aufgabe zu erfüllen – wobei es ihnen aber schwerfällt, diese Aufgabe klar zu erkennen und zu definieren. Es hat beinahe den Anschein, als warteten sie darauf, »eingeschaltet« zu werden, wobei sie hoffen, dass dann sofort alles kristallklar vor ihnen liegen wird.

Rh-Negative in einflussreichen Positionen

Zufall oder nicht, unter den Berühmten ebenso wie unter den Berüchtigten gibt es auffallend viele Rh-Negative. Der angebliche Mörder John F. Kennedys, Lee Harvey Oswald, war ebenso Rh-negativ wie seine russische Frau Marina. Die so genannte »Warren-Kommission«, von der die Umstände der Ermordung Kennedys untersucht wurden, zitiert Lees Frau Marina wie folgt: »... die Ärzte sagten mir, ich würde das Kind möglicherweise verlieren, weil

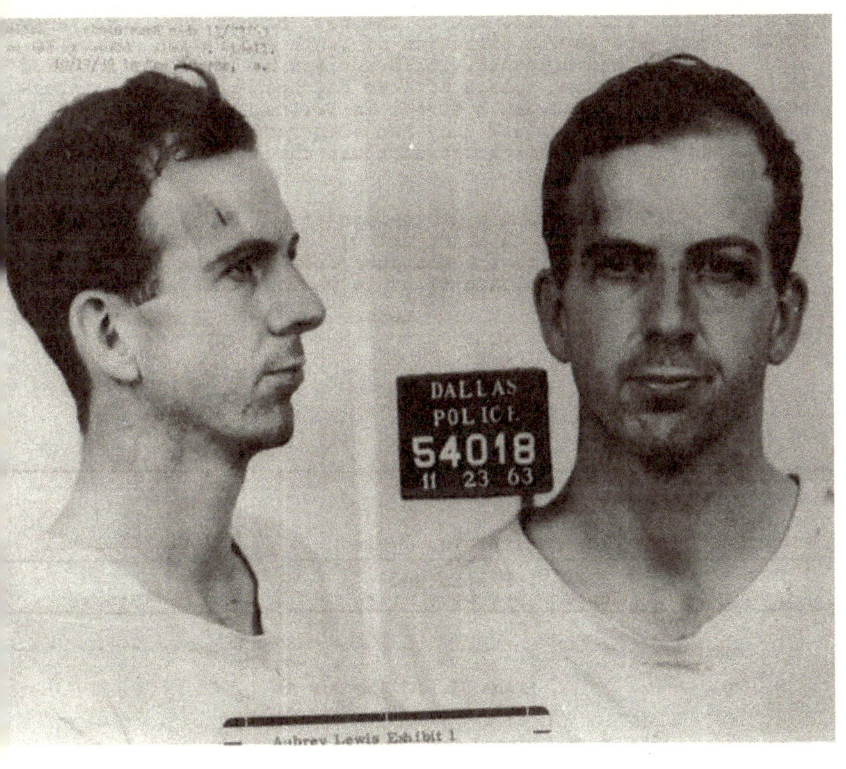

Lee Harvey Oswald, ein Rh-Negativer von trauriger Berühmtheit.

ich die Blutgruppe Rh-negativ habe. Lee regte sich deswegen sehr auf. Er ließ sein Blut untersuchen, und es stellte sich heraus, dass er auch Rh-negativ war. Nur wenige Prozent der Bevölkerung sind Rh-negativ, und dieser ungewöhnliche Zufall – dass Mann und Frau Rh-negativ sind – freute uns beide sehr.« (*The Investigation of the Assassination of President John F. Kennedy: Performance of the Intelligence Agencies Book V Final Report*, 1976)

JFK selbst war erstaunlicherweise ebenfalls Rh-negativ, AB negativ um genau zu sein. Und Kennedy war bei Weitem nicht der einzige Negative im Weißen Haus. Dwight D. Eisenhower und

Richard Nixon waren 0 negativ. Bill Clinton ist AB negativ, und George Bush senior ist A negativ.

Dann wäre da noch das britische Königshaus mit seinen bemerkenswerten Verbindungen zur Geschichte des Weißen Hauses in Washington, wie David Icke beobachtete: »Wenn Amerika wirklich das ›Land der Freien‹ ist und wenn, wie behauptet wird, jeder Präsident werden kann, sollte man meinen, dass die 43 Präsidenten von George Washington bis George W. Bush diese genetische Vielfalt zum Ausdruck gebracht hätten. Ein guter Witz! In Wahrheit sind die Präsidenten der Vereinigten Staaten, was ihre Abstammung angeht, ebenso eine Adelsdynastie wie die Mächtigen in Europa.« (Dubay, 2009)

Und was die königliche Abstammung angeht: Königin Elizabeth II., Prinz Charles, sogar William und Kate sind alle Rh-negativ. Wir sind folglich mit einer Situation konfrontiert, in der die meisten mächtigen, einflussreichen und berühmten Persönlichkeiten der jüngeren Geschichte aus *einer* außerirdischen Abstammungslinie kommen. Trifft es also zu, dass die Anunnaki – auch wenn sie nicht mehr in so großer Zahl auf der Erde präsent sind wie vor einigen hunderttausend Jahren – immer noch die Erde beherrschen, nur eben mittels scheinbar unabhängig agierender Stellvertreter? Genau das könnte der Fall sein.

Und wo wir gerade über Blutsverwandtschaft sprechen …

EINUNDZWANZIG

Eine blutige Kontroverse

Es gibt etwas ganz Zentrales, das mehr als alles andere mit dem Thema dieses Buches verknüpft ist. Dieses zentrale, alles verbindende Element sind nicht die Cro-Magnon-Menschen, nicht die Basken oder die Rh-Negativen, ja noch nicht einmal die außerirdischen Besucher – *es ist das Blut.* Und besonders faszinierend am *menschlichen Blut* ist, dass unsere Vorfahren nicht nur um seine Bedeutung wussten, was Wohlbefinden und Gesundheit angeht. Sie waren sich auch vollkommen bewusst, dass eine unmittelbare Verbindung zwischen dem Blut und den Göttern bestand – oder den außerirdischen Besuchern, je nach dem persönlichen Glauben und der jeweiligen Ideologie.

Woher die Menschen in ferner Vergangenheit wussten, dass eine untrennbare Verbindung zwischen ihrem Blut und den Göttern bestand, ist heute unbekannt. Dass in den alten Kulturen das Blut verehrt und mit Göttern, der Anderswelt und dem Paranormalen in Verbindung gebracht wurde, steht hingegen zweifelsfrei fest.

Der Glaube der Aborigines und das Blut

Um zu zeigen, wie weit verbreitet die Verehrung des Blutes in ferner Vergangenheit war – und dass es in manchen Kulturen noch immer auf diese Weise verehrt wird –, beginnen wir mit den australischen Ureinwohnern, den Aborigines. Man geht davon aus, dass sie seit etwa 70.000 Jahren in Australien leben. Ihre Vorfahren wanderten dort aus Europa, Afrika und Asien ein. Die Aborigines verehren einen Gott, der übersetzt die Regenbogenschlange genannt wird.

Uralte Aborigine-Namen für diesen Gott lauten unter anderem Galeru, Numereji und Wonungar. Der Name Regenbogenschlange dagegen ist relativ neu. Er wurde im 20. Jahrhundert von einem britischen Anthropologen namens Alfred Radcliffe-Brown erfunden. Trotz der Beliebtheit dieser Bezeichnung ist verständlich, dass die Aborigines es vorziehen, ihre eigenen, seit Jahrtausenden bewährten Namen für dieses farbenfrohe göttliche Wesen zu verwenden: Es hilft ihnen, die Fahne ihrer Kultur hochzuhalten. Der Name dieses Gottes wurde aus seiner schlangenähnlichen Körperform abgeleitet und seinen leuchtenden Farben, die an Farbkaskaden und Regenbögen denken lassen.

Interessanterweise ist die Regenbogenschlange keineswegs einer der niederen Götter. Sie ist ein *Schöpfer*, ein Lebensbringer. Hinzu kommt, dass im Glauben der Aborigines die Regenbogenschlange mit dem menschlichen Blut in Verbindung gebracht wird, und zwar präzise mit dem weiblichen Menstruationszyklus.

Mit anderen Worten: Die Aborigines denken bei der Regenbogenschlange an Blut und die Erschaffung des Lebens. Darüber hinaus glauben sie, dass die Regenbogenschlange *Arnhemland* erschaffen hat. Dieses 97.000 Quadratkilometer große Gebiet liegt im australischen Northern Territory und ist vor allem wegen eines archäologischen Fundes bekannt: der ältesten Steinaxt, hergestellt vor etwa 35.000 Jahren. Das ist genau jene Zeit, als in Europa der Cro-Magnon die Vorherrschaft antrat.

Eine mit Blut in Verbindung gebrachte Gottheit, die Erschaffung des Lebens und ein Zeitrahmen, der mit dem Aufstieg des Cro-Magnon im späteren Spanien und Frankreich übereinstimmt, sind Schüsselfaktoren in der Legende der Aborigines von der Regenbogenschlange.

Das Blut und die Bibel

> Die Lebenskraft des Fleisches sitzt nämlich im Blut. Dieses Blut habe ich euch gegeben, damit ihr auf dem Altar für euer Leben die Sühne vollzieht; denn das Blut ist es, das für ein Leben sühnt. Deshalb habe ich zu den Israeliten gesagt: Niemand unter euch darf Blut genießen. Jeder unter den Israeliten oder der Fremde in eurer Mitte, der Wild oder für den Genuss erlaubte Vögel erlegt, muss das Blut ausfließen lassen und es mit Erde bedecken. Denn das Leben aller Wesen aus Fleisch ist das Blut, das darin ist. Ich habe zu den Israeliten gesagt: Das Blut irgendeines Wesens aus Fleisch dürft ihr nicht genießen; denn das Leben aller Wesen aus Fleisch ist ihr Blut. Jeder, der es genießt, soll ausgemerzt werden.
>
> (Levitikus 17)

Das wird uns in der Bibel, Levitikus 17,11–14, gesagt. Timothy S. Morton (Autor des Artikels »Power in the Blood?«) schreibt über diese Textstelle im berühmtesten Buch der Welt: »Aus dieser und den vorangehenden Passagen geht hervor: Blut ist das Leben allen Fleisches. Gott hat dem Menschen Blut zur Sühne gegeben. Mit Blut kann die Seele gesühnt werden. Blut kann zu Gott sprechen. Der Verzehr von Blut kann einen Israeliten sein Seelenheil kosten.« (Morton, 2015)

In der Apostelgeschichte (Vers 15,20) gibt es eine deutliche Mahnung, kein Blut zu verzehren und damit Gottes Missfallen zu erregen: »Man weise sie nur an, Verunreinigung durch Götzen(opferfleisch) und Unzucht zu meiden und weder Ersticktes noch Blut zu essen.«

In diesem Zusammenhang muss auch auf die Sieben Gesetze Noahs hingewiesen werden. Die meisten Menschen, ob gläubig, Skeptiker oder Atheist, haben schon von den Zehn Geboten gehört, die Gott Mose auf dem Berg Sinai übergab. Viel weniger Menschen kennen aber die Sieben Gesetze Noahs, die so genannten Noachidischen Gebote:

1. Verleugnet Gott nicht.
2. Lästert Gott nicht.
3. Mordet nicht.
4. Geht keine inzestuösen, ehebrecherischen oder homosexuellen Beziehungen ein.
5. Stehlt nicht.
6. Verübt keine Brutalität gegenüber Tieren und esst kein Tier, das noch Blut enthält.
7. Führt Gerichte ein, um Rechtsprinzipien zu wahren und durchzusetzen.

Das sechste Gesetz ist besonders interessant, denn hier lässt Gott wieder einmal keinen Zweifel daran, dass sein allmächtiger Zorn jeden trifft, der es wagt, Blut zu verzehren. Auch hier finden wir wieder einen klaren Beweis, welche Bedeutung das Blut hatte und dass es mit einer weltberühmten Gottheit in Verbindung gebracht wird. Nicht nur das: In der Bibel taucht das Wort Blut außerordentlich oft auf, vor allem in dem bereits erwähnten Buch Levitikus, wo es fast 90 Mal genannt wird.

Wie die Regenbogenschlange Australiens ist auch der christliche Gott ein Wesen, das eindeutig mit Blut verknüpft ist. Und der Gott der Bibel ist sich der kostbaren Natur des Blutes deutlich bewusst, weswegen er seinem Volk verbietet, sorglos damit umzugehen, es zu verzehren oder als Opfergabe zu verwenden.

Blutglaube und die Pyramiden

Beim Wort Pyramiden denken die meisten Menschen sofort an die mächtigen Bauwerke im ägyptischen Gizeh. Doch auch in Südamerika gibt es zahlreiche Pyramiden, vor allem an der peruanischen Küste. Anders als die Pyramiden von Gizeh sind ihre peruanischen Gegenstücke bislang beklagenswert wenig erforscht. Wir wissen kaum etwas über das Volk, das diese eindrucksvollen Bauwerke errichtete, darunter die Sechin-Pyramide, die, wie durch Kohlenstoffdatierung nachgewiesen wurde, um das Jahr 1500 v. Chr. erbaut wurde. Und da ist noch etwas: Es gibt eindeutige Beweise, dass die Peruaner an ihren Pyramiden Menschenopfer praktizierten, und zwar definitiv an der Pyramide von Sechin, wo auf einem Relief ein solches unheimliches Opferritual bildlich dargestellt ist.

In der Moche-Kultur in Peru, die sich in der Nähe der heutigen Stadt Trujillo entwickelte, wurden regelmäßig Menschenopfer praktiziert. Der Höhepunkt dieser Rituale bestand darin, dass die Hohepriester das Blut der Getöteten aus speziell dafür hergestellten Kelchen tranken.

Besonders signifikant ist das Folgende: Während der Regentschaft von Pachacutec Yupanqui im Inka-Königreich von Cusco

Die historische Bedeutung des Blutes.

in den Anden (von 1438 bis 1471 n. Chr.) wurden jedes Jahr kleine Kinder geopfert – und zwar in der Zeit der Wintersonnenwende. Dieses blutige Ritual hieß Capacocha. Das Morden fand hoch oben in den Bergen statt. Nicht nur das: Die Inka glaubten, dass die Kinder – deren Blut von der Herrscherelite getrunken wurde – danach zum Ort ihrer wahren Herkunft zurückkehrten. Und wo lag dieser Ort? Bei den fernen Sternen ganz weit oben am Himmel. Der Grund für die Opfer war bizarr: Pachacutec glaubte, er könnte den Lauf der Zeit verlangsamen, indem er Kinder töten ließ.

Hier werden im Hinblick auf die Inka zwei Dinge deutlich: Sie hielten Blut für so bedeutsam, dass sie glaubten, damit ein übernatürliches Ereignis herbeiführen zu können (den Lauf der Zeit zu verlangsamen). Und sie glaubten, die ursprüngliche Heimat der Geopferten, deren Blut getrunken wurde, läge draußen im Weltraum.

Was die Wintersonnenwende angeht, sei darauf hingewiesen, dass die Cro-Magnon-Menschen das Herannahen dieses Ereignisses genau beobachteten, weil der damit verbundene Temperatursturz und die Reduzierung des Nahrungsangebots für sie von großer Bedeutung waren. In seinem 1901 erschienenen Buch *History and Chronology of the Myth-Making Age* schrieb J. F. Hewitt, dass die Cro-Magnons im Paläolithikum »das Rentier domestizierten, das ihnen Nahrung, Kleidung und Knochen für Werkzeuge lieferte. Den Rentier-Sonnengott machten sie zum Herrscher ihres Jahres. Wenn er im Herbst sein Geweih abwarf, kündigte er damit das Nahen des Winters an. Und wenn ihm im Frühling ein neues Geweih wuchs, war der Sommer nicht mehr fern. Der prophetische Gott, der durch diese Zeichen zu ihnen sprach, wurde später zum keltischen Sonnengott Cernunnos«. (Hewitt, 1901)

Die Liste geht weiter

Aber damit nicht genug. Da sind auch noch die Sonnentänze der nordamerikanischen Indianer, die sie auf ihrem heiligen Land durchführen. Bei diesen furchterregenden Ritualen lassen sich junge Männer, die zur Vorbereitung gefastet haben, die Brustmuskeln durchstechen. Das bei diesen freiwillig zugefügten Verletzungen vergossene Blut wird aufgefangen und getrunken – alles begleitet vom geradezu hypnotischen Klang der Trommeln und dem Lodern eines mächtigen Lagerfeuers. Dieses nicht-tödliche Opfer und Blutritual nehmen die jungen Indianer auf sich, um ihre Ziele zu erreichen – die in der Regel darin bestehen, der Familie Glück, Gesundheit und Wohlstand zu bringen.

All das sagt uns, dass die Menschen früherer Zeiten Blut für etwas besonders Kostbares hielten, kostbarer als die Körperorgane, Knochen, Muskeln und Fett. Das menschliche Blut wurde außerdem mit einer Vielzahl von Gottheiten in Verbindung gebracht – vom Nahen Osten bis nach Indien, von Australien bis nach Nord- und Südamerika.

Unsere fernen Vorfahren wussten etwas, dass wir entweder vergessen haben oder als Aberglauben abtun – nämlich dass menschliches Blut und die Götter – oder technologisch unendlich überlegene Außerirdische – Teil desselben Phänomens sind. Dieses Phänomen mag auf verzerrten Berichten beruhen – die zunächst mündlich überliefert und erst später schriftlich festgehalten wurden. In diesen uralten Berichten wird geschildert, wie »die Götter« beim *Homo sapiens* wundersame Veränderungen herbeiführten, so dass das Blut der Menschen gottähnlicher wurde (mit anderen Worten, Rh-negativ). Daher erzürnte es die Götter verständlicherweise, wenn die Menschen dieses verfeinerte und weiterentwickelte Blut sinnlos vergossen und vergeudeten.

ZWEIUNDZWANZIG

Rh-Negative und vererbte Erinnerungen

Ist es plausibel, dass einige – vielleicht sogar alle – Rh-Negative tief in ihrem Bewusstsein vergrabene Erinnerungen an längst vergangene Zeiten und Zivilisationen beherbergen, an die geheimen Wahrheiten hinter den außerirdischen Blutlinien und daran, wer oder was sie, die Rh-Negativen, *wirklich* sind? Wie wir gleich sehen werden, dürfte *genau das* gegenwärtig im Gange sein, selbst wenn viele Rh-Negative sich der Situation nicht voll bewusst sind – sondern lediglich das vage, beunruhigende Gefühl verspüren, irgendwie anders als der Rest der menschlichen Bevölkerung zu sein. Wenn eine solche Theorie auch nur ein Körnchen Wahrheit enthält, müsste es in unserer Welt deutlich sichtbare, sie unterstützende Fakten geben. *Und das ist der Fall!* Zwei besonders herausragende Forscher und Autoren, die sich mit Rätseln der Geschichte, vor Jahrtausenden stattgefundenen Besuchen Außerirdischer und der Prä-Astronautik-These insgesamt befassen, sind Rh-negativ.

Skeptiker mögen einwenden, es sei ja angesichts der Tatsache, dass ein kleiner Prozentsatz der Menschheit Rh-negativ ist, völlig normal, dass sich auch unter den Erforschern alter Menschheitsrätsel einige Rh-Negative finden. Das ist natürlich nicht von der Hand zu weisen, aber bei den beiden Persönlichkeiten, die ich meine, handelt es sich um die wohl bekanntesten und produktivsten Autoren auf dem Gebiet der rätselhaften Ursprünge der Menschheit. Was manche als bloßen Zufall abtun werden, könnte sehr wohl ein Fall lange zurückliegender Manipulationen durch Aliens sein.

Erinnerungen an eine Rh-negative Zukunft

Zweifellos ist Erich von Däniken der berühmteste, und umstrittenste, Vertreter der Prä-Astronautik-Theorie. Und er ist Rh-negativ. Der Schweizer Däniken war gewiss nicht der erste Autor, der die These vertrat, unsere alten Legenden über vom Himmel kommende Götter seien in Wahrheit verzerrte Berichte über Besuche außerirdischer Raumfahrer: W. Raymond Drake, Robert Charroux und Morris Jessup schrieben schon Jahre vor ihm ausführlich zu diesem Thema. Däniken war aber mit Sicherheit der erste, dem es gelang, das Interesse eines großen Publikums zu wecken. Sein 1968 erschienenes Buch *Erinnerungen an die Zukunft* entwickelte sich rasch zu einem Weltbestseller. Es folgten zahlreiche weitere Bücher, unter anderem *Zurück zu den Sternen, Aussaat und Kosmos, Wir alle sind Kinder der Götter* und *Die Götter waren Astronauten.*

Ohne Erich von Dänikens enormen Input wäre die Prä-Astronautik-Forschung in dem Maßstab, wie sie heute betrieben wird, gewiss nicht denkbar. Ist es möglich, dass Däniken unbewusst darauf »programmiert« wurde, und es somit als seine Lebensbestimmung ansah, der Welt dieses fantastisch anmutende Konzept näher zu bringen, wir (die Menschheit) seien das Produkt außerirdischer Eingriffe? Wie wir gleich sehen werden, gibt es für diese Annahme einen guten Grund.

Brad Steiger: ein Rh-Negativer

Ein weiterer berühmter Autor, und Rh-Negativer, ist Brad Steiger. Steiger hat ausführlich über die These geschrieben, dass vor Jahrtausenden Kontakte zwischen Menschen und Außerirdischen stattfanden. Als Kind hatte Steiger, 1936 in Iowa geboren, eine Nahtoderfahrung, die bewirkte, dass er sich den Lutheranern zuwandte, einem Zweig der protestantischen Kirchen. Wie Erich von Däniken gelang es Steiner, mit seinen Büchern weltweit ein Millionenpublikum zu erreichen.

Unter den vielen Büchern, die Steiger verfasste (über 170), beschäftigen sich etliche mit den Rätseln der fernen Vergangenheit. Dazu zählen *Atlantis Rising, Worlds Before Our Own, Overlords of Atlantis and the Great Pyramids, Super Scientists of Atlantis and Other Unkown Worlds* und das auch auf Deutsch vorliegende Buch *Die Gemeinschaft – spirituelle Kontakte zwischen Menschen und Außerirdischen.* Wieder stellt sich die Frage: Ist es reiner Zufall, dass Steiger – wie Erich von Däniken Rh-negativ – eine wichtige Rolle dabei spielt, uns über die zahlreichen Rätsel zu informieren, die den Ursprung der Menschheit umgeben?

Die Geschichte ist damit aber noch nicht zu Ende. Als Steigers erste Frau schwanger wurde, war man besorgt, dass Steigers Rh-negative Blutgruppe zu Komplikationen führen könnte. Das wäre auch tatsächlich der Fall gewesen, wenn sich nicht herausgestellt hätte, dass seine Frau ebenfalls Rh-negativ war, und desgleichen seine Schwester und seine Mutter. Tatsächlich sind die meisten seiner Verwandten Rh-negativ.

Und noch ein Rh-negativer Autor

Auch der 2007 verstorbene Robert Anton Wilson, der in der Welt der realen Welt-Rätsel als Schriftsteller äußerst erfolgreich und einflussreich war, gehörte zu den Rh-Negativen. 1973 hatte Wilson ein sonderbares Erlebnis, das unmittelbar mit der Prä-Astronautik in Zusammenhang steht. Darüber schrieb er:

> Am 23. Juli 1973 hatte ich das Gefühl, ich würde von einer hochentwickelten Intelligenz aus dem System des Doppelsterns Sirius kontaktiert. Am 23. Juli begannen Priester im alten Ägypten eine Reihe von Sirius-Ritualen, die bis zum 8. September dauerten. Da Sirius als der »Hundestern« bekannt ist, weil er sich im Sternbild Canis Major befindet, nannten die Ägypter die Zeit vom 23. Juli bis 8. September die »Hundstage«. Am 23. Juli 1976 öffnete ich mich mit Hilfe einer ganzen Serie von yogischen und schamanischen Techniken erneut für einen kräftigen Zustrom kosmischer Weisheit. Ich sagte den Übermittlern, dass ich diesmal ein paar wirklich objektive Informationen wollte. In der folgenden Woche erschien im *Time Magazine* eine ganzseitige Besprechung des Buches *Das Sirius-Rätsel* von Robert K. G. Temple. Darin wird behauptet, dass um 4500 v. Chr. ein Kontakt zwischen der Erde und Sirius stattgefunden hätte. Die Sirius-Rituale in Ägypten dienten dabei als Teil von Temples Beweiskette.
>
> (»Robert Anton Wilson über Channeling und ET-Kontakte«, 2011)

Interessant ist, dass Wilson über Geheimgesellschaften, einflussreiche Eliten und manipulative Machtzirkel schrieb und dazu intensive Recherchen betrieb. Wie ich in diesem Buch zeige, sind die Machteliten dieser Welt alles andere als Rh-negativ-frei. Doch wie kann es sein, dass bestimmte Rh-Negative wie Erich von Däniken, Brad Steiger und Robert Anton Wilson den inneren Antrieb verspüren, in Bezug auf Fragen, die für dieses Buch zentral sind, dermaßen intensiv zu forschen und darüber zu schreiben? Woher oder von wem beziehen sie ihre Inspiration? Die Antwort führt uns in ein hoch umstrittenes Gebiet, denn es geht um die so genannten *vererbten Erinnerungen.*

Psychedelische Drogen und uralte innere Bilder

Der Fliegenpliz, *Amanita muscaria*, auch als »heiliger Pilz« bekannt, kann bemerkenswerte visionsartige Erlebnisse auslösen. In den 1950er Jahren experimentierte Andrija Puharich, ein Amerikaner jugoslawischer Abstammung, intensiv mit den bewusstseinsverändernden Eigenschaften des Fliegenpilzes. Puharich wusste bereits eine Menge darüber, wie der menschliche Geist manipuliert werden kann: Als Captain der US-Army hatte er von 1953 bis 1955 im Army Chemical Center in Maryland gearbeitet. Seine Forschungsarbeit dort berührte Gebiete, mit denen sich auch die CIA befasste, und wurde unter dem Namen MKUltra schließlich Teil des »Mind Control«-Programms des Geheimdienstes.

Die Geheimnisse des alten Ägyptens übten eine große Faszination auf Puharich aus. Er war zu der Überzeugung gelangt, dass die Einnahme von *Amanita muscaria* es der Seele einer Versuchsperson ermöglichte, ihren Körper zu verlassen und in astraler Form durch die Zeit zu reisen, bis in eine ferne Vergangenheit. Alternativ stellte Puharich die Theorie auf, dass der Fliegenpilz keine tatsächliche Zeitreise ermöglicht, sondern dass seine Einnahme den Zugang zu tief vergrabenen, von Generation zu Generation vererbten uralten Erinnerungen ermöglicht.

Beide Theorien faszinierten die Wissenschaftselite und die Führungszirkel der CIA. Das ging so weit, dass im März 1956 eine Versuchsperson, deren Name in den aufgrund des Freedom of Information Act freigegebenen Akten geschwärzt wurde, durch die Verabreichung von *Amanita muscaria* in einen veränderten Bewusstseinszustand versetzt wurde. Die Versuchsperson wurde medizinisch überwacht, um die Wirkung zu dokumentieren. Der Mann – er war in der Lage, sich nach dem Abklingen der Wirkung bewusst an alle inneren Erlebnisse zu erinnern, und gab den CIA-Wissenschaftlern detailliert Auskunft – fand sich plötzlich im alten Ägypten wieder. Dort beobachtete er, wie eine hell leuchtende außerirdische Fliegende Untertasse mächtige Steinblöcke durch die Luft schweben ließ. Die Außerirdischen benutzten eine fortschrittliche Form der Antigravitation, um die Pyramiden zu erbauen.

Wie in den veröffentlichten Akten nachzulesen ist, gab es unter den beteiligten Forschern drei Theorien, wie das Experiment – es war Teil des MKUltra-Programms – zu deuten sei: Einige Ärzte und Wissenschaftler glaubten, die Versuchsperson habe lediglich eine lebhafte Halluzination erlebt. Zwei Mitglieder des Forscherteams vertraten die Auffassung, die Seele des Mannes sei tatsächlich durch die Zeit gereist und habe zufällig das Geheimnis entdeckt, mit welcher Technik die Pyramiden von Gizeh erbaut wurden. Das dritte Lager stellte die Theorie auf, der Mann habe tief vergrabene vererbte Erinnerungen erlebt, die durch den Pilz spontan an die Oberfläche gelangten, während sie normalerweise latent und unzugänglich seien. *Amanita muscaria* habe sozusagen das Tor zu diesen Erinnerungen geöffnet.

Schauen wir uns nun einmal näher an, was es mit vererbten Erinnerungen auf sich hat und wie sie vielleicht Menschen wie Brad Steiger, Erich von Däniken und Robert Anton Wilson dazu veranlassten, sich gerade mit den Themen zu befassen, die für die erstaunliche Geschichte, die in diesem Buch erzählt wird, relevant sind.

Die Geheimnisse vererbter Erinnerungen

Eine der faszinierendsten Entwicklungen auf diesem kuriosen und bislang wenig verstandenen Gebiet wurde im Dezember 2013 bekannt. Ein Forscherteam der Abteilung für Psychiatrie und Verhaltenswissenschaften an der Emory University School of Medicine (Atlanta, Georgia) veröffentlichte erstaunliche Forschungsergebnisse, die der Theorie der vererbten Erinnerungen beträchtliches Gewicht verleihen. Der Artikel, den Brian G. Dias und Kerry J. Ressler für das Team verfassten, enthüllte etwas Außerordentliches.

Für die Studie wurde eine Gruppe von Mäusen dem Duft von Kirschblüten ausgesetzt und so konditioniert, dass die Mäuse den Duft mit unmittelbar drohender Gefahr assoziierten. Dann untersuchten die Wissenschaftler, ob dadurch Veränderungen im Sperma der Mäusemännchen bewirkt wurden. Tatsächlich gab es eine sehr wichtige Veränderung: Die Mäuse-DNA, die dafür verantwortlich war, die Mäuse auf den Kirschblütenduft mit Angst reagieren zu lassen, zeigte im Sperma eine deutlich erhöhte Aktivität.

Ein weiterer Effekt betraf das Gehirn der Mäuse. Dazu schreiben die Forscher: »Die Erlebnisse der Eltern, und zwar bereits vor der Empfängnis, haben einen deutlich erkennbaren Einfluss auf die Struktur und Funktion des Nervensystems nachfolgender Generationen.« (Dias & Ressler, 2013)

Den Beweis hierfür lieferte die Tatsache, dass nicht nur die direkten Nachkommen der fraglichen Mäuse, sondern sogar ihre Enkelkinder alle ausnahmslos die Angst vor Kirschblüten erbten, weil diese antrainierte Angst durch die DNA der Eltern an sie weitergegeben wurde.

Dr. Dias sagte dazu der BBC: »Das könnte einer der Mechanismen sein, durch den Nachfahren von den Erfahrungen ihrer Ahnen geprägt werden. Es besteht keinerlei Zweifel, dass das, was mit dem Sperma und den Eizellen geschieht, nachfolgende Generationen beeinflussen wird.« (Gallagher, 2013)

Professor Marcus Pembrey vom Londoner University College sagte zu den Ergebnissen des Forscherteams aus Atlanta, diese seien »höchst relevant für Phobien, Ängste und posttraumatische Belastungsstörungen«. Die Studie liefere »überzeugende Beweise«, dass Erinnerungen an nachfolgende Generationen weitergegeben werden können. In diesem Fall haben wir es mit einer vererbten Erinnerung an eine bestimmte Angst zu tun – hier ausgelöst durch den Duft von Kirschblüten.

Aber es gibt zu diesem Thema noch erstaunlichere Aspekte.

Die Organspende-Affäre

Zahlreiche Menschen erleben nach Organtransplantationen, dass sie die gleichen Vorlieben für bestimmte Nahrungsmittel entwickeln wie ihr Organspender. Siebzig solcher Fälle sind dokumentiert, aber für unsere Zwecke genügen zwei.

Im Jahr 2009 wurde dem vierundzwanzigjährigen Australier David Waters das Herz eines achtzehnjährigen Spenders aus New South Wales implantiert. Der junge Mann, Kaden Delaney, war nach einem Autounfall für hirntot erklärt worden. Nach der erfolgreichen Transplantation entwickelte Wa-

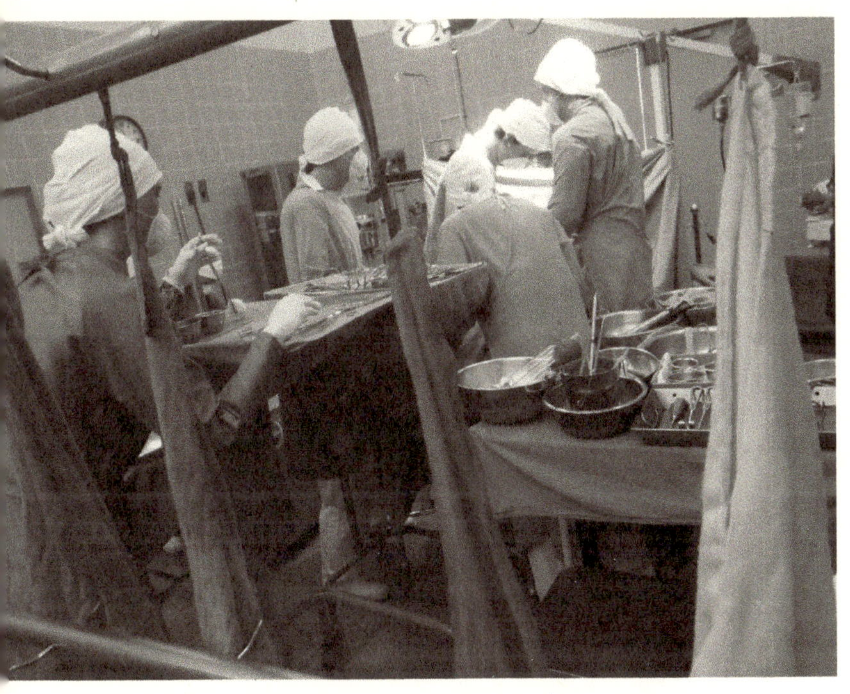

Uralte Erinnerungen der Rh-Negativen.

ters eine plötzliche Vorliebe für Burger Rings, eine australische Chips-Sorte mit Hamburgergeschmack. Zwei Jahre später, 2011, kontaktierten Delaneys Eltern Walters, um zu sehen, wie es ihm ging und ob das Herz ihres Sohnes bei aller Tragik seines Todes doch wenigstens einen guten Zweck erfüllte. Waters ging es sehr gut. Sie freundeten sich an und schrieben sich E-Mails. Dabei stellte sich heraus, dass Kaden Delaney ein großer Fan von Burger Rings gewesen war und jeden Tag wenigstens eine Packung davon gegessen hatte.

Ähnlich erstaunlich, allerdings voller Tragik, ist die Geschichte des Amerikaners Sonny Graham. 1995 wurde ihm das Herz des Selbstmörders Terry Cottle implantiert, der sich mit einem Kopfschuss getötet hatte. Nach der Operation traf sich Graham mit Cottles Witwe Cheryl. Die beiden verliebten sich, und bald darauf heirateten sie. Doch die Ehe brachte ihnen kein dauerhaftes Glück. 2007 schoss sich Sonny Graham in den Hals und starb.

In den hier zitierten Fällen haben wir es mit gut dokumentierten Beispielen dafür zu tun, dass Angst, aber auch eine Vorliebe für bestimmte Lebensmittel sowie eine Neigung zum Selbstmord von einem Individuum an ein anderes weitergegeben wurden – bei Mäusen ebenso wie bei Menschen, sei es durch Veränderungen im Sperma und DNA-Reaktionen oder durch eine Organtransplantation.

Aber ist es plausibel, dass sogar explizite Erinnerungen von einer Generation zur nächsten vererbt werden können?

Die Erforschung des »kollektiven Unbewussten«

Der berühmte Schweizer Psychotherapeut und Psychiater Carl Gustav Jung glaubte fest an diese Möglichkeit. Bezugnehmend auf das, was er das »kollektive Unbewusste« nannte, schrieb Jung über seine These:

> Zusätzlich zu unserem unmittelbaren Bewußtsein, welches unserer persönlichen Natur entspricht, über die wir denken, dass sie die einzige empirische Psyche ist (selbst wenn wir das persönliche Unbewusste mit dazunehmen), gibt es ein zweites psychisches System einer kollektiven, universellen und unpersönlichen Natur, die in allen Individuen identisch vorhanden ist. *Da das kollektive Unbewusste nicht einzeln entwickelt, sondern geerbt wird.* Es besteht aus präexistenten Formen, den Arche-

> typen, die erst sekundär bewußt gemacht werden können und welche bestimmten psychischen Inhalten ihre endgültige Form gibt.
>
> (Jung, 1981; Hervorhebung durch den Zitierenden)

Es gibt also offensichtlich verschiedene Arten von Erinnerungen. Episodische Erinnerungen können zum Beispiel darin bestehen, dass Sie sich daran erinnern, wie Sie vor ein paar Tagen Ihr Auto gewaschen haben, oder Sie erinnern sich an ein Gespräch mit einem Kollegen, das gestern stattfand. Prozessorientierte Erinnerungen drehen sich um die Beherrschung einer bestimmten Tätigkeit, die wir erlernt haben, zum Beispiel Auto fahren. Und interessanterweise können prozessorientierte Erinnerungen vererbt werden – bei Tieren und bei Menschen. Wenn ein Hund auf dem Wohnzimmerteppich ein paar kreisende Bewegungen ausführt, ehe er sich hinlegt, um zu schlafen, ist das eine vererbte Erinnerung aus jener Zeit, als Hunde in der Wildnis lebten und auf diese Weise das Gras plattdrückten, um sich ein Bett zu machen.

Bislang gibt es keine Beweise dafür, dass auch konkrete, plastische Erinnerungen an Ereignisse vererbt werden können, so dass ein Mensch im Wachzustand oder im Traum diese Ereignisse nacherleben kann – zum Beispiel, wie sein Großvater im Zweiten Weltkrieg im Pazifik gegen die Japaner kämpfte. Es gibt aber eine Fülle an Erkenntnissen, die darauf hindeuten, dass C. G. Jung mit seiner Theorie über das kollektive Unbewusste richtig lag – es ist nämlich eine *Tatsache*, dass wir alle bestimmte *Wesenszüge* erben.

Wenn man all das berücksichtigt, ist es keineswegs unmöglich, dass Rh-Negative wie Brad Steiger, Robert Anton Wilson und Erich von Däniken genetisch mit einer Form von Erinnerungsfragmenten kodiert wurden, die ihnen das Gefühl gaben – auch wenn wir diese Mechanismen noch nicht wirklich verstehen und kategorisieren können –, Teil von etwas Größerem als der Rest der Menschheit zu sein.

Da gibt es möglicherweise etwas, das ihnen vermittelt, anders zu sein, und sie zugleich antreibt (auch wenn sie es nicht klar benennen können), wie ein Falter sich von einer Kerzenflamme angezogen fühlt, die wahren Hintergründe ihrer Existenz als Rh-Negative aufzudecken: Genmanipulationen durch Aliens, die vor mehreren zehntausend oder sogar hunderttausend Jahren auf der Erde präsent waren.

Schlusswort

Nachdem wir uns mit der Vergangenheit und der Gegenwart befasst haben, gibt es jetzt nur noch einen Ort, dem wir uns widmen müssen: der Zukunft. Wenn eines Tages der unwiderlegbare Beweis erbracht wird, dass die Rh-Negativen das Produkt einer gezielten Intervention durch Außerirdische in den Anfangsjahren der Menschheit sind, wie wird die Öffentlichkeit darauf reagieren? Aller Wahrscheinlichkeit nach wird es keine einheitliche Reaktion geben, sondern eine absolute Vielfalt an Reaktionen, die meistens auf einer kollektiven Leugnung der Tatsachen beruhen werden. Und es gibt einen sehr guten Grund, warum Millionen – vielleicht sogar *Milliarden* – Menschen darauf beharren werden, dass an der Sache nichts dran sein kann.

Hier ist dieser Grund: Die Geschichte der Rh-Negativen macht eines ganz besonders deutlich, dass nämlich ein Gott oder auch mehrere Götter bei der Entstehung der Menschheit keine Rolle spielten. Stattdessen müssten wir anerkennen, dass wir unsere Existenz einem außerirdischen Äquivalent der NASA verdanken. Für einen sehr großen Teil der Weltbevölkerung ist das eine schreckliche Vorstellung.

Niemand kann bestreiten, dass Konflikte zwischen religiösen Lehren und Gruppierungen Ursache für endloses Blutvergießen, Krieg und Tod sind. William Boykin, Generalleutnant der US-Army, erklärte 2003 ganz offen, dass der Krieg gegen den Terror ein Kampf gegen Satan sei. Der damalige Verteidigungsminister Donald Rumsfeld weigerte sich, Boykin für seine Wortwahl zu rügen. Trotzdem irrte sich Boykin: Der Krieg gegen den Terror war und ist ein Konflikt mit Menschen – religiösen Extremisten und Verrückten, die glauben, nach dem Willen ihrer jeweiligen Version eines göttlichen Wesens zu handeln, wenn sie mit Flugzeugen in Gebäude fliegen – wer auch immer dies einfädelt.

Ebenfalls im Jahr 2003 waren auf den Covern von Geheimdienstberichten des Pentagons an das Weiße Haus Zitate aus den Psalmen, den Petrusbriefen und dem Paulusbrief an die Epheser abgedruckt. Eines dieser Bibelzitate lautete: »Darum legt die Rüstung Gottes an, damit ihr am Tag des Unheils standhalten, alles vollbringen und den Kampf bestehen könnt.« (Epheser 6,13 zitiert nach: Associated Press, 2009)

Im Jahr 2010 wurde bekannt, dass eine Firma aus Michigan, Trijicon, einen Auftrag im Umfang von 650 Millionen Dollar erhalten hatte, um das US-Marinekorps mit Zielfernrohren für Sturmgewehre zu beliefern. Man mag es kaum glauben, aber in die Zielfernrohre wurden Bibelverse eingraviert – obwohl es laut US-Militärrecht verboten ist, in der Armee irgendwelche religiösen Botschaften zu propagieren.

In jüngster Vergangenheit haben wir die Tragödie vom 7. Januar 2015, als islamische Terroristen in die Redaktion der französischen Satirezeitschrift *Charlie Hebdo* eindrangen und elf Menschen erschossen und ebenso viele verletzten. Das »Verbrechen« derjenigen, die bei dem Anschlag ihr Leben lassen mussten, hatte darin bestanden, bissige, satirische Kommentare zur islamischen Religion zu veröffentlichen. Was hat das alles nun mit den Rh-Negativen zu tun? Die Antwort: *eine Menge!*

Wenn die Redakteure einer Zeitschrift dafür ermordet werden

können, dass sie es wagten, sich über den Islam lustig zu machen, und wenn ein Generalleutnant der US-Army, ohne dafür von seinen Vorgesetzten kritisiert zu werden, öffentlich erklären darf, der Krieg gegen den Terror sei ein Kampf gegen den Teufel persönlich, dann sehen wir, welche Macht religiöse Überzeugungen über die Menschen haben – ob es sich nun um durchgedrehte Terroristen in Frankreich oder einen wohlmeinenden Offizier des US-Militärs handelt.

Und der Islam und das Christentum sind nur zwei von *Hunderten* Religionen auf dem Planeten. Vom tiefen Dschungel Südamerikas zu den Eskimos in Kanada, Alaska und Grönland, von den Aborigines in Australien zu den nordamerikanischen Indianern haben alle religiösen Menschen zwei Dinge gemeinsam: 1. Sie glauben an eines oder mehrere göttliche Wesen, und 2. ist dieser Glaube ihnen kostbar und teuer. Und das ist nur die Spitze des Eisbergs: *Es gibt keine einzige Kultur auf unserem Planeten, die ohne Mythen über ein allmächtiges, übernatürliches und gottgleiches Schöpferwesen auskommt.*

Können Sie sich vorstellen, wie die Reaktion ausfallen würde, wenn eines Tages öffentlich verkündet würde – sagen wir durch ein Komitee, bestehend aus angesehenen Politikern der besonders einflussreichen Regierungen, Wissenschaftlern und Vertretern des Vatikan –, es gäbe nun, dank einer gründlichen Erforschung des Phänomens der Rh-Negativen, unwiderlegbare Beweise dafür, dass wir unsere Existenz zu 100 Prozent nicht einem allmächtigen Gott, sondern außerirdischen Astronauten verdanken, die uns als Sklavenrasse künstlich erschufen, weil sie Arbeitskräfte für ihre Goldminen benötigten?

Ich hege den starken Verdacht, dass die meisten Menschen *nicht* in der Lage wären, sich vorzustellen, mit welcher Reaktion – sowohl kurzfristig als auch langfristig – zu rechnen wäre. Gewiss sähe die Zukunft düster aus.

Wenn Journalisten wegen eines Witzes über den Islam ermordet werden, dann würde die Bekanntmachung, dass alle Weltreligionen auf verzerrten Legenden und Mythen beruhen, deren wahrer Hintergrund darin besteht, dass technologisch fortschrittliche Außerirdische vor langer Zeit die Erde besuchten, zu sozialen Unruhen führen, deren Ausmaß kaum vorstellbar ist. Zu sagen, dass sowohl bei den religiösen Extremisten wie auch bei den durchschnittlichen, gemäßigten Gläubigen Chaos ausbrechen würde, ist eine Untertreibung.

Würde in den gottesfürchtigen USA bekannt, dass das Weiße Haus die Behauptungen über die Rh-Negativen akzeptiert und für richtig erklärt, würden zweifellos Millionen US-Bürger fordern, den Präsidenten abzusetzen.

Ebenso besteht kein Zweifel, dass im Nahen Osten verrückte Extremisten Schritt für Schritt ihren rasenden Zorn gegen alle richten würden, die es wagen, die Enthüllungen über die wahren Ursprünge der Menschheit für wahr zu erklären.

Und bei Milliarden Menschen, für die Religion und Glaube bislang die Eckpfeiler ihres Lebens waren, wäre massenweise mit Verzweiflung, Depressionen und vielleicht sogar Selbstmordneigungen zu rechnen, wenn sie sich einer Welt ohne Gott und ohne Himmel gegenübersehen, und ohne so ziemlich alles, das die Religion uns bieten kann – einschließlich der Verheißung eines ewigen Lebens.

Auch wenn hochrangige Regierungsvertreter wissen – oder wenigstens vermuten –, dass alles, was in diesem Buch über die Verbindung zwischen Aliens und den Rh-Negativen gesagt wurde, wahr ist, wäre es daher extrem unwahrscheinlich, dass wir dafür von offizieller Seite je eine endgültige Bestätigung erhalten. Der dadurch ausgelöste weltweite psychologische Schock wäre so groß, dass sich Milliarden Menschen vermutlich nie davon erholen würden. Keine Regierung, ganz gleich, was sie weiß – oder zu wissen glaubt –, würde es jemals riskieren, dass global eine solche Situation eintritt.

Und es gibt in dieser Story darüber, welche Auswirkungen die ganze Kontroverse weltweit haben würde, noch einen anderen wichtigen Aspekt: *Wenn eines Tages bewiesen würde, dass ein kleiner Prozentsatz der Menschheit gar nicht völlig menschlich ist, wäre dann mit Gewalt gegen die Rh-Negativen zu rechnen? Würde es zu Hexenverfolgungen kommen? Würde der Mob durch die Straßen ziehen und Jagd auf die »Nicht-ganz-Menschlichen« machen? Würden Forderungen laut, die Rh-Negativen vom Rest der Gesellschaft zu isolieren – und zwar lebenslänglich? Könnte sich ein »außerirdischer Rassismus« entwickeln – geboren aus der Angst, die Rh-Negativen wären Teil eines finsteren Plans der Aliens? Würden zahllose »Guantanamo-Gefängnisse« für Menschen eingerichtet, die unter Verdacht geraten, Teil der außerirdischen Agenda zu sein? Würde am Ende jeder in Gewahrsam genommen werden, der einmal behauptet hat, von Außerirdischen entführt worden zu sein, ob Rh-negativ oder Rh-positiv?*

Solche Fragen – und die aus ihnen resultierenden Zukunftsszenarien – mögen weit hergeholt erscheinen. Doch das sind sie mit an Sicherheit grenzender Wahrscheinlichkeit nicht. Wir müssen nur einen Blick in die jüngste Vergangenheit werfen, um zu erkennen, dass den Rh-Negativen eine Zukunft sehr traumatischer Art bevorstünde, wenn die Welt die Wahrheit erfährt.

Als Mitte der 1980er Jahre die Aids-Epidemie explodierte, gab es Forderungen, Aids-Kranke und HIV-Positive zu isolieren. Es gab ernsthafte Überlegungen, die Infizierten unter Quarantäne zu stellen – lebenslang. Schwarzseher warnten, das Virus werde außer Kontrolle geraten und die ganze Menschheit vernichten. Andere behaupteten, Aids sei die Strafe Gottes für die »Sünden« der Homosexuellen. Sogar der sowjetische Geheimdienst KGB schaltete sich ein und versuchte, durch gezielte Desinformation die amerikanische Bevölkerung in Angst zu versetzen.

Aus einem ursprünglich geheimen Dokument des US-Außenministeriums:

> Als zu Beginn der 1980er Jahre die ersten Aids-Erkrankungen diagnostiziert wurden, wusste man noch nichts über die Ursachen. Eine tödliche neue Krankheit war plötzlich aufgetaucht, deren Ursprünge unbekannt waren. In einer solchen Situation kursierten natürlich Gerüchte und Fehlinformationen, und sowjetische Desinformations-Spezialisten nutzten diese Lage und die wilden Spekulationen von Verschwörungstheoretikern für eine kurze, aber sehr wirkungsvolle Desinformations-Kampagne.
>
> (»AIDS AS A BIOLOGICAL WEAPON«, 2005)

Das Außenministerium fügte hinzu:

> Im März 1992 räumte der damalige russische Geheimdienstchef und spätere Ministerpräsident Jewgeni Primakow ein, der Desinformationsdienst des KGB habe die falsche Geschichte in Umlauf gebracht, das Aids-Virus sei in einem US-Militärlabor als biologischer Kampfstoff entwickelt worden … Auf Druck der US-Regierung beendeten die Sowjets ihre Aids-Desinformations-Kampagne im August 1987.
>
> (EBD.)

Es ist faszinierend – aber auch beunruhigend –, dass miteinander in Konflikt stehende Nationen die Problematik der Rh-Negativen in ganz ähnlicher Weise für ihre Zwecke ausschlachten könnten, indem sie Lügengeschichten fabrizieren, um die Bevölkerung eines anderen Landes in Angst zu versetzen.

Wenige werden die Atmosphäre der Angst vergessen haben, von der die amerikanische Bevölkerung im Jahr 2014 erfasst wurde, als in den Vereinigten Staaten zum ersten Mal das hämorrhagische Ebolafieber auftrat – und vor allem, als bekannt wurde, dass Ebola bislang unheilbar ist. Alles begann im September 2014, als dem Liberianer Thomas Eric Duncan, der Verwandte in Texas besuchte, die zweifelhafte Ehre zuteil wurde, als erster Mensch in den USA Ebola-Symptome zu zeigen. Am 30. September bestätigte das Zentrum für Seuchenkontrolle das, was alle befürchtet hatten: Duncan war am Ebolafieber erkrankt. Aber nicht lange: Er starb am 8. Oktober.

Drei Tage später erkrankte eine von Duncans Krankenschwestern am Texas Health Presbyterian Hospital in Dallas, Nina Pham, ebenfalls an Ebola. Siebenzwanzig Stunden später wurde bekannt, dass sich eine weitere Krankenschwester, Amber Joy Vinson, angesteckt hatte. Glücklicherweise überlebten beide die Infektion. Bei einem Arzt namens Craig Spencer, der an einem Projekt mitgearbeitet hatte, bei dem man an Ebola erkrankten Westafrikanern half, wurde in New York die Krankheit diagnostiziert. Auch er wurde wieder gesund. Doch die Nation fragte sich, wo die Seuche als Nächstes ausbrechen würde. Die Antwort: nirgendwo. Das waren der Anfang und das Ende des Ebola-Ausbruchs in den USA im Jahr 2014: vier Fälle landesweit. Aber damit ist die *Geschichte* noch nicht zu Ende.

Als in Texas einer, zwei und dann drei Ebola-Fälle registriert wurden, gab es hysterische Forderungen, die Stadt Dallas unter Quarantäne zu stellen und dort das Militärrecht auszurufen, um zu verhindern, dass die Seuche außer Kontrolle geriet und sich in Texas und anschließend in den ganzen USA ausbreitete. Es war wie in einem typischen Zombie-Film: Massenhysterie griff um sich.

Auf Alex Jones' enorm populärer Webseite www.InfoWars.com sagte Paul Joseph Watson: »Schon der bloße Verdacht eines Ebola-Ausbruchs in den USA gäbe den Bundesbehörden grünes Licht, um drakonische Maßnahmen zu ergreifen und sogar Amerikaner einzusperren, die gar nicht mit dem Ebolavirus infiziert sind.« (Watson, 2014)

Am 7. Oktober 2014 erschien auf der Webseite www.Intellihub.com ein von Shepard Embellas verfasster Artikel mit der Überschrift »Texas: Medizinisches Kriegsrecht und Zwangsquarantäne beginnen schon beim zweiten Patienten mit Ebola-Verdacht«. Der Untertitel lautete: »Quarantäne und Internierungslager werden in Amerika zur Norm«. (Ambellas, 2014)

Acht Tage später erschien auf der Webseite www.BeforeIts-News.com ein Artikel über den Ebola-Ausbruch in Dallas. Die Überschrift lautete: »Bereiten Sie sich darauf vor, dass zum Schutz der öffentlichen Gesundheit das Kriegsrecht verhängt wird und Reisebeschränkungen erlassen werden – wegen Ebola in Dallas droht Reisekatastrophe«. (Before It's News, 2014)

Wie wir wissen, wurde in Dallas nie das Kriegsrecht verhängt, die Stadt wurde nicht abgeriegelt und niemand wurde in Internierungslager gesperrt. Für kurze Zeit meldeten sich jedoch im Internet schrille Stimmen zu Wort, die die Panik schürten, und es wurden Rufe nach drakonischen Maßnahmen laut – »bevor es zu spät ist«. All das wurde durch die Erkrankung von lediglich vier Personen ausgelöst – von denen drei, das sollten wir nicht vergessen, wieder vollständig gesundeten.

Stellen Sie sich also vor, was in den USA los wäre, wenn bewiesen würde, dass 10 bis 15 Prozent aller US-Amerikaner das Produkt manipulativer Eingriffe von Außerirdischen sind. Gegenwärtig leben in den USA etwa 322 Millionen Menschen. Zehn Prozent davon ergibt 32 Millionen. Wenn schon drei erkrankte Personen in Dallas in der Bevölkerung (angestachelt durch manipulative Medien) für Panik sorgen können, mag man sich gar nicht ausmalen, welches Chaos ausbräche, wenn den Leuten klar würde, dass in ihrer Mitte *über 30 Millionen Rh-Negative* leben. Zweifellos würden Anarchie, Hysterie und Angst, vielleicht sogar sich zusammenrottende Lynch-Mobs, alles in den Schatten stellen, was 2014 durch die Ebola-Fälle in Dallas ausgelöst wurde. Und wir sprechen hier nur von Amerika. Es ist keineswegs unmöglich, dass die Lage überall auf der Welt in ähnlichem Maße eskalieren würde.

Was heißt das für Rh-Negative und Rh-Positive gleichermaßen? Alles hängt davon ab, in welchem Umfang, wenn überhaupt, die Theorie, dass die Rh-Negativen einer unglaublich alten, außerirdischen Abstammungslinie entstammen, an Boden gewinnt. Wenn es eine bloße Theorie bleibt, der nur Verschwörungstheoretiker und UFO-Gläubige anhängen, ist es unwahrscheinlich, dass es je zu Hexenjagden auf Rh-Negative kommen wird.

Sollte sich aber die Situation ändern – sich radikal ändern –, stehen uns vermutlich dunkle Zeiten bevor, Zeiten, wie wir sie nie zuvor erlebt haben: Mensch gegen Mensch in einem brutalen, apokalyptischen, anarchischen Kampf.

Und all das »verdanken« wir einer unglaublich alten raumfahrenden Zivilisation, die gierig nach dem Gold der Erde war und in der Frühgeschichte der Menschheit weltweit den genetischen Bauplan unserer Spezies umprogrammierte.

Nick Redfern ist ein hauptberuflicher Schriftsteller und Journalist, der mehr als dreißig Bücher über ungelöste Rätsel unserer Zeit geschrieben hat – wie UFOs, Entführungen durch Aliens, paranormale Phänomene, Regierungsverschwörungen, die geheimen Akten des FBI, aber auch über Hollywood-Skandale. Er forschte in Schottland und den USA über Seeungeheuer, in Puerto Rico über Vampire, in England über Werwölfe, in Mexiko über Aliens, seine Recherchen führen ihn über die ganze Welt. Regelmäßig veröffentlicht er im London Daily Express, der Fortean Times, der Fate und dem UFO Magazine. In deutscher Übersetzung erschienen seine Bücher *Zutritt streng verboten!, Geheimsache »Monster«, Die Pyramiden und das Pentagon* sowie *Die echten Men in Black.* Er war in über siebzig Fernsehsendungen zu Gast, unter anderem bei Fox News, der BBC, dem SyFy Channel, dem National Geographic Channel und dem History Channel, der ihn häufig für die Doku-Reihe Ancient Aliens interviewt. Als gebürtiger Engländer lebt er heute in Texas, am Stadtrand von Dallas. *Das Blut von Aliens* ist seine erste Veröffentlichung im Amra Verlag.

Wer des Englischen mächtig ist,
kann ihn über seinen Blog kontaktieren:

http://NickRedfernFortean.blogspot.com

Verwendete Literatur

»10th Planet Discovered.« *http://science.nasa.gov/science-news/science-at-nasa/2005/29jul_planetx/*. 29. Juli 2005.

»Acts 15:20.« *http://biblehub.com/kjv/acts/15.htm*. 2015.

»Acts 15:29.« *http://biblehub.com/acts/15–29.htm*. 2014.

»AIDS as a Biological Weapon.« *http://iipdigital.usembassy.gov/st/english/texttrans/2005/01/20050114151424tlahtnevel8. 222598e-02. html#axzz3SVOsgARz*. 14. Januar 2005.

Alford, Alan. *Gods of the New Millennium*. Southampton, UK: Eridu Books, 1996.

Allingham, William. »The Fairies.« *www.sff.net/people/doylemacdonald/l_fairie.htm*. 2015.

Ambellas, Shepard. »Texas: Medical Martial Law and Forceful Detention to Begin With Second Suspected Patient.« *www.intellihub.com/texas-medical-martial-law-forceful-detention-begin-second-suspected-patient/*. 7. Oktober 2014.

»Amrita – Ambrosia – The Nectar of Immortality.« *https://yogakinisis.wordpress.com/2013/05/14/amrita-ambrosia-the-nectar-of-immor tality/*. 4. Mai 2013.

»Ancient Atomic Knowledge?« *www.bibliotecapleyades.net/ancientatomic war/esp_ancient_atomic_10.htm*. 2015.

»Antediluvian World, The.« *www.earthhistory.org.uk/before-the-cata clysm/before-the-flood*. 2015.

Aquin, Thomas von. *Basic Writings of St. Thomas Aquinas: (Volume 1)*

Indianapolis, Ind.: Hackett Publishing Company, Inc., 1997. – Wir empfehlen als deutsche Basisausgabe: Thomas von Aquino, *Summe der Theologie. Bd. 1: Gott und Schöpfung, Bd. 2: Die sittliche Weltordnung, Bd. 3: Der Mensch und das Heil*, hrsg. und übers. von Joseph Bernhart, Alfred Kröner Verlag, Stuttgart 1985.

Arnold, Thomas. *The History of Rome*. Ann Arbor, Mich.: Michigan Publishing, 2006.

»Artificial Wombs.« *www.mhhe.com/biosci/genbio/olc_linkedcontent/bioethics_cases/g-bioe-17.htm*. 2000.

Associated Press. »Pentagon Ends Use of Bibles in Pentagon Briefings.« *http://nypost.com/2009/05/19/pentagon-ends-use-of-bibles-in-briefings/*. 19. Mai 2009.

»Basque.« *www.britannica.com/EBchecked/topic/55335/Basque*. 10. Juni 2014.

Before It's News. »Get Ready for Public Health Emergency and Martial Law Restricting Travel, Dallas Creates Travel Disaster Declaration Over Ebola.« *http://beforeitsnews.com/alternative/2014/10/get-ready-for-public-health-emergency-and-martial-law-restrictng-travel-dallas-declares-travel-disaster-declaration-over-ebola-picture-3045744.html*. 15. Oktober 2014.

Behar, Doron M. »The Basque Paradigm: Genetic Evidence of a Maternal Continuity in the Franco-Cantabrian Region since Pre-Neolithic Times.« *www.ncbi.nlm.nih.gov/pmc/articles/PMC3309182/*. 9. März 2012.

Bell, Art & Whitley Strieber. *The Coming Global Superstorm*. New York: Pocket, 2004. – Dt. Ausgabe: *Sturmwarnung*, Heyne-Taschenbuch, München 2004.

Bethurum, Truman. *Aboard a Flying Saucer*. Los Angeles, Calif.: DeVorss & Co., 1954.

»Bioethics: Human-Animal Hybrid Embryos.« *www.bbc.co.uk/ethics/animals/using/hybridembryos_1.shtml*. 2014.

Bishop, Greg. *Project Beta*. New York: Paraview-Pocket Books, 2005.

»Blood Test for Rh Status and Antibody Screen.« *www.babycenter.com/0_blood-test-for-rh-status-and-antibody-screen_1480.bc*. 2015.

Blum, Ralph & Judy Blum. *Beyond Earth.* New York: Bantam Books, 1978.

Brinkmann, Susan. »UK Scientists Secretly Create 155 Human-Animal Hybrids.« *www.womenofgrace.com/blog/?p=8699.* 25. Juli 2011.

»British Lab Admits of Morphing Humans and Animals Into Hybrids.« *http://macedoniaonline.eu/content/view/18719/56/.* 26. Juli 2011.

Bronznick, Norman, mit David Stern & Mark Jay Mirsky (Übersetzer) »The Story of Lilith the Alphabet of ben Sira Question #5 (23a-b).« *http://jewishchristianlit.com/Topics/Lilith/alphabet.html.* 2015.

Carpenter, John. »Abduction Notes.« *MUFON UFO Journal*, April 1993.

Carus, Dr. Paul. *History of the Devil and the Idea of Evil.* Whitefish, Mont.: Kessinger Publishing, LLC, 2004. – Dt. Ausgabe: *Die Geschichte des Teufels*, Bohmeier Verlag, Leipzig 2004.

Central Intelligence Agency. »FLYING SAUCERS OVER BELGIAN CONGO URANIUM MINES.« 16. August 1952. Freigegeben nach den Bestimmungen des Gesetzes über die Auskunftspflicht öffentlicher Einrichtungen (Freedom Information Act).

Chambers, Dr. Paul. *Sex and the Paranormal.* London: Blandford, 1999.

»Changelings and Fairy Babies.« *https://myndandmist.wordpress.com/2012/06/24/changelings-and-fairy-babies/.* 24. Juni 2012.

»Charlie Hebdo.« *www.theguardian.com/media/charlie-hebdo.* 2015.

Choi, Charles Q. »Humans Did Not Wipe Out the Neanderthals, New Research Suggests.« *www.livescience.com/47460-neanderthal-extinction-revealed.html.* 20. August 2014.

Clark, Gerald R. *The Anunnaki of Nibiru.* CreateSpace Independent Publishing Platform, 2013. Dt. Ausgabe: *Die Anunnaki*, Amra Verlag, Hanau 2015; auch als eBook.

Clelland, Mike. »I Have Rh Negative Blood.« *http://hiddenexperience.blogspot.com/2012/03/i-have-rh-negative-blood.html.* 29. März 2012.

———. »Owls and the Abductee.« *http://hiddenexperience.blogspot.com/2013/07/owls-and-ufo-abductee.html.* 3. Juli 2013.

Collins, Nick. »Ethical Rules Needed to Curb ›Frankenstein-Like Experiments‹ on Animals.« *www.telegraph.co.uk/news/science/science-news/8652093/Ethical-rules-needed-to-curb-Frankenstein-like-experiments-on-animals.html.* 22. Juli 2011.

»Complete Solar System of 12 Celestial Bodies, The.« *www.mesopotamiangods.com/the-complete-solar-system-of-12-celestial-bodies/.* 2015.

Connor, Steve. »The Neanderthal Murder Mystery.« *www.independent.co.uk/news/science/the-neanderthal-murder-mystery-888276.html.* 8. August 2008.

Conroy, Ed. *Report on Communion.* New York: Avon Books, 1989.

Corso, Philip J., mit William J. Birnes. *The Day After Roswell.* New York: Simon & Schuster, 1997. – Dt. Ausgabe: *Der Tag nach Roswell*, Kopp Verlag, Rottenburg 1998; auch als Taschenbuch 2002 im Goldman Verlag (Reihe Portobello).

Creighton, Gordon. »The Amazing Case of Antonio Villas Boas.« *The Humanoids*, hrsg. von Charles Bowen. Chicago, Ill.: Henry Regency Company, 1969.

»Cro-Magnon.« *www.britannica.com/EBchecked/topic/143532/Cro-Magnon.* 2015.

»Cro-Magnon.« *www.netlibrary.net/articles/cro-magnon.* 2015.

»Cro-Magnon 1.« *http://humanorigins.si.edu/evidence/human-fossils/fossils/cro-magnon-1.* 2015.

De Ugalde, Martin. »A Short History of the Basque Country.« *www.buber.net/Basque/History/shorthist.html.* 2015.

Deems, James M. »The Hidden Treasure of Lascaux Cave.« *www.jamesmdeem.com/stories.cave3.html.* 2014.

Dias, Brian G. & Kerry J. Ressler. »Parental Olfactory Experience Influences Behavior and Neural Structure in Subsequent Generations.« *www.nature.com/neuro/journal/v17/n1/full/nn.3594.html.* 1. Dezember 2013.

Diaz, Frank. *The Gospel of the Toltecs: The Life and Teachings of Quetzalcoatl.* Rochester, Vt.: Bear & Co., 2002.

Donnelly, Ignatius. *Atlantis: The Antediluvian World.* Whitefish, Mont.:

Kessinger Publishing, LLC, 2010. – Dt. Ausgabe: *Atlantis, die vorsintflutliche Welt,* Verlag Edition Geheimes Wissen, Graz 2008.

Dr. Intimacy. »Incubus and Succubus Sex Demons of the Night.« *https://drintimacy.wordpress.com/incubus-and-succubus-sex-demons-of-the-night/.* 2015.

»Dr. Leir's Bio.« *www.alienscalpel.com/dr-leirs-bio.* 11. Mai 2010.

Dubay, Eric. *The Atlantean Conspiracy.* Raleigh, N.C.: Lulu, 2009.

Eck, Jason C. »Cauda Equina Syndrome.« *www.emedicinehealth.com/cauda_equina_syndrome/article_em.htm.* 2015.

Encyclopedia Britannica. »Quetzalcoatl.« *www.britannica.com/EBchecked/topic/487168/Quetzalcoatl.* 26. August 2014.

»Enki and Ninhursag.« *www.gatewaystobabylon.com/myths/texts/retellings/enkininhur.htm.* 2015.

»Epic of Gilgamesh – Sumerian Flood Story 2750–2500 BCE.« *www.historywiz.com/primarysources/sumerianflood.html.* 2015.

»Epic of Gilgamesh, The.« *www.sparknotes.com/lit/gilgamesh/section9.rhtml.* 2015.

Evans-Wentz, W. Y. *The Fairy Faith in Celtic Countries.* Pompton Plains, N.J.: New Page Books, 2004.

»Faerie Folklore in Medieval Tales – An Introduction.« *www.academia.edu/300335/Faerie_Folklore_in_Medieval_Tales_an_Introduction.* 2015.

Fawcett, Lawrence & Barry J. Greenwood. *Clear Intent.* Englewood Cliffs, N.J.: Prentice-Hall, Inc., 1984.

Forbes, Peter. »Neanderthal Man: In Search of Lost Genomes by Svante Paabo – Review.« *www.theguardian.com/books/2014/feb/19/neanderthal-man-search-lost-genomes- svante-paabo.* 20. Februar 2014.

Fowler, Raymond E. *The Andreasson Affair.* Englewood Cliffs, N.J.: Prentice-Hall, 1979. – Dt. Ausgabe: *Der Fall Andreasson: Dokumentierter Fall einer Entführung durch Außerirdische,* Reichel Verlag, Weilersbach 1995.

———. *The Andreasson Legacy.* New York: Marlowe & Co., 1997.

Friedman, Stanton T. & Kathleen Marden. *Captured! The Betty and Barney Hill UFO Experience.* Pompton Plains, N.J.: 2007.

Fuller, John G. *The Interrupted Journey*. New York: The Dial Press, 1965.

Gallagher, James. »›Memories‹ Pass Between Generations.« *www.bbc.com/news/health-25156510*. 1. Dezember 2013.

Gardner, Laurence. *Genesis of the Grail Kings*. New York: Bantam Press, 1999. – Dt. Ausgabe: *Das Geheimnis der Gralskönige*, Ullstein Verlag, Berlin 2006.

Gardner, M. B. & P. A. Luciw. »Macaque Models of Human Infectious Disease.« *www.ncbi.nlm.nih.gov/pubmed/18323583*. 2008.

Gary. »From Cauldron to Grail in Celtic Mythology.« *http://celticmythpodshow.com/blog/from-cauldron-to-grail-in-celtic-mythology/*. 3. März 2013.

»Genes Link Celts to Basques.« *http://news.bbc.co.uk/2/hi/uk_news/wales/1256894.stm*. 3. April 2001.

»Genesis 1.« *http://biblehub.com/niv/genesis/1.htm*. 2013.

»Genesis 2:18–25.« *http://biblia.com/bible/esv/Ge%202.18–25*. 2015.

»Genesis 6:2.« *http://biblehub.com/genesis/6–2.htm*. 2013.

»Genesis 19.« *http://biblehub.com/niv/genesis/19.htm*. 2013.

»Genetics Helps Scientists Determine Basque Origins.« *http://raceandhistory.com/worldhotspots/basque.htm*. 2009.

»Great Flood: The Epic of Atrahatis, The.« *www.livius.org/fa-fn/flood/flood3-t-atrahasis.html*. 2015.

»Great Gods of the Celts: Manannan mac Lir.« *http://manannan.net/library/comparative.html*. 2015.

Harding, Anthony J. »A Brief History of Blood Transfusion.« *www.ibms.org/go/nm:history-blood-transfusion*. November 2005.

Hardy, Chris H. *DNA of the Gods: The Anunnaki Creation of Eve and the Alien Battle for Humanity*. Rochester, Vt.: Bear & Company, 2014.

»Heart Rate Training.« *www.ntcceagles.com/index.php?module=Pagesetter&func=viewpub&tid=18&pid=41*. 2015.

»Heart Transplant Man Dies Like Suicide Donor.« *www.telegraph.co.uk/news/worldnews/1584248/Heart-transplant-man-dies-like-suicide-donor.html*. 7. April 2008.

Hewitt, J. F. *History and Chronology of the Myth-Making Age.* London: Parker & Co., 1901.

Hickson, Charles & William Mendez. *UFO Contact at Pascagoula.* Phoenix, Ariz.: Wendel C. Stevens Publishing, 1983.

»History of Blood Transfusion.« *www.redcrossblood.org/learn-about-blood/history-blood-transfusion.* 2015.

Hogarth, Donald D. »Robert Rich Sharp (1881–1960), Discoverer of the Shinkolobwe Radium – Uranium Orebodies.« *www.maneyonline.com/doi/abs/10.1179/0082288414Z.00000000029. Maney Online*, Volume 46, Issue 1, April 2014.

»Homo Neanderthalensis.« *http://humanorigins.si.edu/evidence/human-fossils/species/homo-neanderthalensis.* 2015.

Hopkins, Budd. *Art, Life and UFOs: A Memoir.* San Antonio, Tex.: Anomalist Books, 2009.

———. *Intruders: The Incredible Visitations at Copley Woods.* New York: Random House, 1987. – Dt. Ausgabe: *Eindringlinge*, Kellner Verlag, Hamburg 1991.

———. *Missing Time.* New York: Ballantine Books, 1981. – Dt. Ausgabe: *Fehlende Zeit. Von UFOs entführt*, Endzeit Verlag, Rottenburg 1993; auch als Taschenbuch 1996 im Heyne Verlag (Reihe Sachbuch).

»Hypertension/High Blood Pressure Health Center.« *www.webmd.com/hypertension-high-blood-pressure/.* 2015.

»Hypnagogia and Sleep Paralysis.« *www.sleepdex.org/hypnogogia.htm.* 2015.

Inglis-Arkell, Esther. »The Science of Human Tails.« *http://io9.com/5967742/the-science-of-human-tails.* 12. Dezember 2012.

Innes, Emma. »Indian Teenager Is Worshipped Because He Has a Seven Inch TAIL – but May Need it Removed as He's Unable to Walk.« *www.dailymail.co.uk/health/article-2660148/Indian-teenager-worshipped-seven-inch-TAIL-need-removed-hes-unable-walk.html.* 17. Juni 2014.

»Introducing Gilgamesh.« *www.bcconline.com/huma5/gilgamesh.htm.* 2015.

Investigation of the Assassination of President John F. Kennedy: Performance of the Intelligence Agencies Book V Final Report, The. Washington, D.C.: U.S. Government Printing Office, 1976.

»Isaiah Chapter 34.« *http://lantius.org/leew/project/bible/isaiah/isaiah34.html/.* 9. Dezember 2002.

»Isaiah Chapter 34.« *www.usccb.org/bible/isaiah/34.* 2015.

Jacobs, David M. *The Threat: Revealing the Secret Alien Agenda.* New York: Fireside, 1999. – Dt. Ausgabe: *Bedrohung. Die geheime Invasion der Aliens*, Kopp Verlag, Rottenburg 2001

———. *Walking Among Us: The Alien Plan to Control Humanity.* San Francisco: Red Wheel/Weiser, LLC, 2015. – Dt. Ausgabe: *Alien-Hybride! Sie sind mitten unter uns*, Amra Verlag, Hanau 2016.

Jha, Alok. »Obama Climate Adviser Open to Geo-Engineering to Tackle Global Warming.« *www.theguardian.com/environment/2009/apr/08/geo-engineering-john-holdren.* 8. April 2009.

»John 6:50.« *http://biblehub.com/john/6–50.htm.* 2015.

»John Wyndham.« *www.theguardian.com/books/2008/jun/10/johnwyndham.* 22. Juli 2008.

»Joseph McCabe.« *http://onlinebooks.library.upenn.edu/webbin/book/lookupname?key=McCabe%2C%20Joseph%2C%201867–1955.* 2015.

Jung, C. G. *The Archetypes and the Collective Unconscious.* Princeton, N.J.: Princeton University Press, 1981. – Dt. Ausgabe: *Die Archetypen und das kollektive Unbewußte, Edition C. G. Jung, Gesammelte Werke 9/1*, Patmos Verlag, Ostfildern 2011; hier zitiert nach dem deutschen Original.

»Karl Landsteiner (1868–1943).« *www.rockefeller.edu/about/awards/lasker/klandsteiner.* 2015.

Keefe, Rick. »ET Beings From Korendor.« *www.ufohypotheses.com/korendor.htm.* 26. Februar 2012.

Keel, John. *Our Haunted Planet.* Point Pleasant, W.V.: New Saucerian Books, 2014.

Klass, Philip J. *The Skeptics UFO Newsletter*, Vol. 32. *www.csicop.org/specialarticles/show/klass_files_volume_32/.* 1. März 1995.

Kurlansky, Mark. *The Basque History of the World.* London: Penguin Books, 2001. – Dt. Ausgabe: *Die Basken. Eine kleine Weltgeschichte*, Claassen Verlag, München 2000.

»LA Jazz Singer's Book Deal to Reveal Her Sex Life With Aliens.« *www.reptilianagenda.com/exp/e100799a.shtml.* 8. Juni 1998.

Lacaux, Nathalie. »The Brain of Cro-Magnon Versus Modern Man: A Matter of Size.« *www.inria.fr/en/centre/rennes/news/cro-magnon-vs-modern-man.* 26. Januar 2011.

Lammer, Dr. Helmut & Marion Lammer. *MILABS: Military Mind Control & Alien Abduction.* Lilburn, Ga.: IllumiNet Press, 1999. – Dt. Ausgabe: *Verdeckte Operationen. Militärische Verwicklungen in UFO-Entführungen*, Herbig Verlag, München 1997; auch als Taschenbuch 2000 im Heyne Verlag (Reihe Sachbuch).

»Leviticus 17.« *http://biblehub.com/niv/leviticus/17.htm.* 2015.

»Lilith.« *http://jewishchristianlit.com/Topics/Lilith/.* 2015.

»Lilith Myth, The.« *http://gnosis.org/lilith.htm.* 2015.

Lindemans, Micha F. »Ninhursag.« *www.pantheon.org/articles/n/ninhursag.html.* 21. Juni 1997.

Mack, John E. *Abduction: Human Encounters With Aliens.* New York: Ballantine Books, 1994. – Dt. Ausgabe: Entführt von Außerirdischen, Bettendorf Verlag, München 1995; auch als Taschenbuch 1997 im Heyne Verlag (Reihe Sachbuch)

———. *Passport to the Cosmos.* New York: Three Rivers Press, 1999.

MacQuarrie, Kim. »Why the Incas Offered Up Child Sacrifices.« *www.theguardian.com/science/2013/aug/04/why-incas-performed-human-sacrifice.* 3. August 2013.

Marrs, Jim. *Our Occulted History.* New York: HarperCollins Publishers, 2013.

Martinez, Krystina. »Ebola in Dallas: A Timeline.« *http://keranews.org/post/ebola-dallas-timeline.* 7. November 2014.

Martinez, Susan B. *The Mysterious Origins of Hybrid Man: Crossbreeding and the Unexpected Family Tree of Humanity.* Rochester, Vt.: Bear & Company, 2013.

McAuliffe, Kathleen. »If Modern Humans Are So Smart, Why Are

Our Brains Shrinking?« *http://discovermagazine.com/2010/sep/25-modern-humans-smart-why-brain-shrinking*. 20. Januar 2011.

McCabe, Joseph. *The Story of Religious Controversy*. Boston, Mass.: Stratford Company, 1929.

»Megabeasts' Sudden Death.« *http://amser.org/index.php?P=AMSER--ResourceFrame&resourceId=10794*. 2015.

Mejia, Paula. »Fetuses in Artificial Wombs: Medical Marvel or Misogynist Malpractice?« *www.newsweek.com/fetuses-artificial-wombs-medical-marvel-or-misogynist-malpractice-263308*. 6. August 2014.

»Mining Concessions in Panama.« *http://en.centralamericadata.com/en/search?q1=content_en_le%3A%22Mining+concessions%22&q2=mattersInCountry_en_le%3A%22Panama%22*. 2015.

Mitchell, Stephen. *Gilgamesh: A New English Version*. New York: Atria Books, 2006. – Dt. Ausgabe: *Gilgamesch. Der Urmythos des König von Uruk und seines Wegs der Selbstfindung*, Goldman Arkana, Taschenbuch, München 2006.

Morton, Timothy S. »Power in the Blood?« *www.preservedwords.com/blood-pv.htm*. 2015.

»Myth of Manannan Mac Lir, The.« *www.isleofman.com/welcome/mythology-and-folklore/manannan-mac-lir/*. 2015.

Ness, R. C. »The Old Hag Phenomenon as Sleep Paralysis: A Biocultural Interpretation.« *www.ncbi.nlm.nih.gov/pubmed/6996 20*. März 1978.

Nichols, Kenneth D. *The Road to Trinity*. New York: Morrow, 1987.

»Ninhursag.« *www.britannica.com/EBchecked/topic/415736/Ninhursag*. 2015.

»No Fix for ›Jesus Rifles‹ Deploying to Afghanistan.« *http://usnews.nbcnews.com/_news/2012/09/26/14112808-no-fix-for-jesus-rifles-deploying-to-afghanistan?lite*. 26. September 2012.

Norman, Jeremy. »Discovery of the Cro-Magnons, the First European Early Modern Humans (Circa 41,000 BCE).« *www.historyofinformation.com/expanded.php?id=4057*. 2015.

»O-Negative Blood Group.« *www.md-health.com/O-Negative-Blood-Group.html*. 19. Februar 2015.

O'Ehley, James. »Village of the Damned.« *www.scifimoviepage.com/villageof.html.* 1997.

Okie, Susan. »Mammoth Extinction Mystery Draws 3 Theories.« *www.arn.org/docs2/news/mammothextinction112201.htm.* 22. Nov. 2001.

Oppenheimer, Stephen. *The Origins of the British.* London: Robinson Publishing, 2007.

Orozko, Chela. »The Legend of Quetzalcoatl.« *www.inside-mexico.com/the-legend-of-quetzalcoatl-by-chela-orozco/.* 30. September 2013.

»Psalm 78:24.« *http://biblehub.com/psalms/78–24.htm.* 2015.

Puharich, Andrija. *The Sacred Mushroom.* New York: Doubleday & Company, Inc., 1959.

Pye, Lloyd. *Everything You Know Is Wrong.* Madeira Beach, Fla.: Adamu Press, 1997.

»Quinn's Story … Profile of an Abductee.« *www.pararesearchers.org/index.php?/20080804508/Alien-Contact-Abduction/Quinn-s-Story.html.* 1992.

»Rainbow Serpent, The.« *https://www.aboriginalartonline.com/culture/rainbow.php.* 2001.

Redd, Nola Taylor. »Did a Comet Really Chill and Kill Clovis Culture?« *www.livescience.com/27565-did-comet-kill-clovis-culture.html.* 28. Februar 2013.

Redfern, Nick. *Interview with Alison*, 3. Dezember 2014.

———. *Interview with Annika*, 14. Januar 2015.

———. *Interview with Brenda*, 24. August 2014.

———. *Interview with Jennifer*, 18. Juni 2011.

———. *Interview with Liz*, 28. Mai 2013.

———. »Pancakes From the Stars.« *http://mysteriousuniverse.org/2015/01/pancakes-from-the-stars/.* 29. Januar 2015.

———. *The Pyramids and the Pentagon.* Pompton Plains, N.J.: New Page Books 2012. – Dt. Ausgabe: *Die Pyramiden und das Pentagon.* Kopp Verlag, Rottenburg 2014.

———. *The Real Men in Black.* Pompton Plains, N.J.: New Page Books, 2011. – Dt. Ausgabe: *Die echten Men in Black.* Kopp Verlag, Rottenburg 2015.

»Repairing the Ozone Layer.« *http://yosemite.epa.gov/R10/airpage.nsf/webpage/Repairing+The+Ozone+Layer.* 2015.

»Rh Disease.« *www.marchofdimes.org/baby/rh-disease.aspx#.* Dezember 2009.

»Rh Factor.« *http://americanpregnancy.org/pregnancy-complications/rh-factor/.* 2015.

»Rh Factor: Enhancing the Safety of Blood Transfusion and Setting the Stage for Preventing Hemolytic Disease of the Newborn, The.« *http://centennial.rucares.org/index.php?page=Rh_Factor.* 2015.

»Rh-negative Celebrities.« *http://rhesusnegativity.blogspot.com/2012/03/rh-negative-celebrities.html.* 22. März 2012.

»Robert Anton Wilson on Chaneling and ET Contact.« *http://dogtraininginsight.com/how-to-train-my-dog/robert-anton-wilson-on-channeling-and-et-contact/.* 30. August 2011.

Rosemary's Baby (1968). *www.filmsite.org/rosem.html.* 2015.

Royce, Mabel. »Blood of the Gods.« *www.rhnegativeregistry.com/blood-of-the-gods-by-mabel-royce.html.* 1976.

Rudd, Steve. »The Epic of Gilgamesh.« *www.noahs-ark.tv/noahs-ark-flood-creation-stories-myths-epic-of-gilgamesh-neo-babylonian-akkadian-cuneiform-ut-napistim-tablet11–1150bc.htm.* 2015.

Sabrina. »Cymidei Cymeinfoll.« *www.goddessaday.com/western-european/cymidei-cymeinfoll.* 9. Juni 2008.

Schwarz, Rob. »The Old Hag Syndrome.« *www.strangerdimensions.com/2011/10/13/the-old-hag-syndrome/.* 13. Oktober 2011.

»Seven Noachide Laws, The.« *www.jewishvirtuallibrary.org/jsource/Judaism/The_Seven_Noahide_Laws.html.* 2015.

Shears, Richard. »Do Hearts Have Memories? Transplant Patient Gets Craving for Food Eaten by Organ Donor.« *www.dailymail.co.uk/news/article-1237998/Heart-transplant-patient-gets-craving-food-eaten-organ-donor.html.* 23. Dezember 2009.

Simpson, Joe. »The Man who Found Broighter Gold.« *www.bbc.co.uk/northernireland/yourplaceandmine/londonderry/broighter_gold_simpson.htm.* Mai 2006.

Sitchin, Zecharia. *Divine Encounters.* New York: Avon Books, 1995. – Dt. Ausgabe: *Begegnungen mit den Göttern.* Kopp Verlag, Rottenburg 2004.

———. *Genesis Revisited.* New York: Avon Books, 1990. – Dt. Ausgabe: *Am Anfang war der Fortschritt.* Knaur Verlag, München 1991 ff. (Taschenbuch)

———. *The Cosmic Code.* New York: Avon Books, 1998. – Dt. Ausgabe: *Der kosmische Code.* Kopp Verlag, Rottenburg 2000.

———. *The Lost Realms.* New York: Avon Books, 1990. – Dt. Ausgabe: *Versunkene Reiche.* Kopp Verlag, Rottenburg 2004.

———. *The 12th Planet.* New York: HarperCollins, 2007. – Dt. Ausgabe: *Der zwölfte Planet.* Kopp Verlag, Rottenburg 2008.

———. When Time Began (New York: Avon Books, 1993). – Dt. Ausgabe: *Das erste Zeitalter.* Kopp Verlag, Rottenburg 2004.

Sterling, Robert. »Lustful Exploits With Scale-skinned Lizard Lovers.« *The Excluded Middle,* No. 9, Winter 1999.

Stonebrooke, Pamela. *Open letter,* 1998 (undatiert).

Strieber, Whitley. *Communion.* New York: William Morrow & Co., 1987. – Dt. Ausgabe: *Die Besucher,* Bertelsmann Verlag, Science Fiction & Fantasy Club, Gütersloh 1988; auch als Taschenbuch ab 1994 im Heyne Verlag.

———. *Transformation.* New York: William Morrow & Co., 1988. – Dt. Ausgabe: *Transformation,* Heyne Verlag, München 1997 (Taschenbuch).

———. »Friends & Fellow UFO Experiencers.« *www.unknowncountry.com/insight/friends-fellow-ufo-experiencers.* 22. Juni 2004.

Summers, Montague (Übersetzer), Heinrich Kramer & James Sprenger (Autoren). *Malleus Maleficarum.* CreateSpace Independent Publishing Platform, 2013.

»Sun Dance.« *www.native-americans-online.com/native-american-sun-dance.html.* 2014.

Szalay, Jessie. »Neanderthals: Facts About Our Extinct Human Relatives.« *www.livescience.com/28036-neanderthals-facts-about-our-extinct-human-relatives.html.* 19. März 2013.

Tellinger, Michael. *African Temples of the Anunnaki.* Rochester, Vt.: Bear & Company, 2013. – Dt. Ausgabe: *Die afrikanischen Tempel der Anunnaki.* Kopp Verlag, Rottenburg 2015.

———. *Slave Species of the Gods.* Rochester, Vt.: Bear & Company, 2012. – Dt. Ausgabe: *Die Sklavenrasse der Götter.* Kopp Verlag, Rottenburg 2015.

Thomas jr., Robert McG. »Marcel Radidat Is Dead at 72; Found Lascaux Cave Paintings.« *www.nytimes.com/1995/03/31/obituaries/marcel-ravidat-is-dead-at-72-found-lascaux-cave-paintings.html.* 31. März 1995.

»Thomas the Rhymer and the Queen of Elfland.« *http://myths.e2bn.org/mythsandlegends/origins530-thomas-the-rhymer-and-the-queen-of-elfland.html.* 2006.

Thompson, Reginald C. *Devils and Evil Spirits of Babylonia.* Whitefish, Mont.: Kessinger Publishing, 2003.

»Thoracic Outlet Syndrome.« *www.nlm.nih.gov/medlineplus/thoracicoutletsyndrome.html.* 12. August 2014.

Thornhill, Ted. »Neanderthals Beat Modern Humans to the Seas by 50.000 Years, Say Scientists.« *www.dailymail.co.uk/sciencetech/article-2108651/Neanderthals-beat-modern-humans-seas-50–000-years-say-scientists.html.* 1. März 2012.

Tonnies, Mac. *The Cryptoterrestrials.* San Antonio, Tex.: Anomalist Books, 2010.

Turner, Karla. *Into the Fringe.* New York: Berkley Books, 1992. – Dt. Ausgabe: *Eingriff. Verstrickt in den Plan der Außerirdischen.* Kopp Verlag, Rottenburg 1996.

United States Geological Survey, *2002 Mineral Industry Report. Washington, D.C.: U.S. Government Printing Office*, 2007.

»US Is ›Battling Satan‹ Says General.« *http://news.bbc.co.uk/2/hi/americas/3199212.stm.* 17. Oktober 2003.

Vergano, Dan. »New Clues About Human Sacrifices at Ancient Peruvian Temple.« *http://news.nationalgeographic.com/news/2013/11/131119-moche-human-sacrifice-war-victims-burials-archaeology-science/.* 19. November 2013.

Verkuilen, Pamela E. »Spinal Abnormalities Rarely Cause Back Problems.« *www.spine-health.com/conditions/spine-anatomy/spinal-abnormalities-rarely-cause-back-problems.* 18. November 2005.

Villas Boas, Antonio. *Deposition*, 22. Februar 1958.

Von Ward, Paul. *We've Never Been Alone.* Newburyport, Mass.: Hampton Roads, 2011.

Wagner, Thomas M. »The Midwich Cuckoos.« *www.sfreviews.net/midwich.html.* 2004.

Walton, Travis. *Fire in the Sky*. New York: Marlowe & Co., 1997. – Dt. Ausgabe: *Feuer am Himmel.* Kopp Verlag, Rottenburg 1996.

Watson, Paul Joseph. »Ebola: Medical Martial Law? Mere Suspicion of Outbreak Could Spark Panic.« *www.infowars.com/ebola-medical-martial-law/.* 1. August 2014.

»We Cannot Let DRC Fail.« *www.southerntimesafrica.com/news_article.php?id=6419&type=81#.VOY5ku85Cpo.* 2015.

Weatherly, David. *The Black Eyed Children*. Ariz.: Leprechaun Press, 2012.

Weber, Mark. »Israel Is Developing ›Ethnic Bomb‹ for Growing Biological Weapons Arsenal.« *The Journal of Historical Review*, Vol. 17, No. 6, pages 24–25. November-December 1998.

Webster, Wentworth. *Basque Legends*. London: Griffin & Farran, 1877.

»What Is My Rhesus Status, and How Will it Affect My Pregnancy?« *www.babycentre.co.uk/a568837/what-is-my-rhesus-status-and-how-will-it-affect-my-pregnancy.* September 2012.

»What Lurks in the Outer Solar System?« *http://science.nasa.gov/science-news/science-at-nasa/2001/ast13sep_1/.* 13. September 2001.

»White Powder of Gold (ORME).« *www.tokenrock.com/explain-white-powder-of-gold--orme--84.html.* 2010.

Whitehouse, Dr. David. »Oldest Lunar Calendar Identified.« *http://news.bbc.co.uk/2/hi/science/nature/975360.stm.* 16. Oktober 2000.

»Who Discovered the Neanderthals?« *http://discovery.yukozimo.com/who-discovered-the-neanderthals/.* 2015.

»Who Is Manannan Mac Lir?« *http://manannan.net/whois/index.html.* 2015.

»Who Made the Neanderthal Flute?« *www.greenwych.ca/divje-b.htm.* November 2006.

Wilde, F. S. *Ancient Legends of Ireland.* New York: Sterling, 1992.

Wildon, Katharina. »Eye of the Storm: Interview With Lisa.« *www.karlaturner.org/articles/related/eye-of-the-storm.html.* 2008.

Witcombe, Christopher, L.C.E. »Eve and Lilith.« *http://witcombe.sbc.edu/eve-women/7evelilith.html.* 2000.

Woo, Dr. Joseph. »A Short History of Amniocentesis, Fetoscopy and Chorionic Villus Sampling.« *www.ob-ultrasound.net/amniocentesis.html.* 2015.

Zyga, Lisa. »Cro Magnon Skull Shows That Our Brains Have Shrunk.« *http://phys.org/news187877156.html.* 15. März 2010.

Danksagung des Autors

Mein herzlicher Dank und meine tiefe Wertschätzung gilt den Teams von New Page Books und Career Press, insbesondere Michael Pye, Laurie Kelly-Pye, Kirsten Dalley, Jeff Piasky und Adam Schwartz, sowie allen Mitarbeitern bei Warwick Associates für ihre ausgezeichnete Promotion-Kampagne. Auch danke ich meiner Agentin Lisa Hagan sehr herzlich für ihre unermüdliche Arbeit und Hilfe und ihren Enthusiasmus.

Verwendete Bilder

Mit freundlicher Genehmigung des Autors:

»Budd Hopkins, Autor des Buchs *Fehlende Zeit.*« Copyright 2000. – »Der verstorbene Roger Leir, Experte für ›außerirdische Implantate‹.« Copyright 2005. – Nick Redfern, Autorenfotos.

Mit freundlicher Genehmigung von Wikimedia Commons:

»Der Arzt und Biologie Karl Landsteiner.« Fotograf unbekannt, 1930. – »Die Basken: die berühmtesten Rh-Negativen der Welt.« F. Èditeur Sinnet, 1852. – »Der Cro-Magnon-Mensch: ein Produkt außerirdischer Genmanipulationen.« Viktor M. Vasnetsov, 1883. – »Wurden die Neandertaler von mächtigen Außerirdischen ausgelöscht?« Hermann Schaaffhausen, 1888. – »Manna: das Geheimnis des ewigen Lebens.« P. de Hondt, 1728. – »Genetische Experimente der grotesken Art.« George Frederic Watts, 1885. – »Sodom wird in einem Atomkrieg der Anunnaki von einer Atombombe vernichtet.« John Martin, 1852. – »Lilith: eine außerirdische Verführerin.« John Collier, 1892. – »Schlafparalyse: nächtlicher Schrecken.« Henry Fuseli, 1781. – »Verzaubert vom ›Kleinen Volk‹.« John Bauer, 1910. – »Was weiß die CIA über die Anunnaki?« Central Intelligence Agency, 2015. – »Der Dichter William Allingham.« Emery Walker, 1908. – »Der ungeborene menschliche

Fötus.« U.S. Government, 2005. – »Quetzalcoatl, der Schlangengott.« 16. Jahrhundert, Quelle unbekannt. – »Ein menschliches Kind wird entführt und ein ähnlich aussehendes, gentechnisch erzeugtes Wesen an seinen Platz gelegt.« Martino di Bartolomeo,15. Jahrhundert. – »Reptiloide Aliens.« 16. Jahrhundert, Quelle unbekannt. – »Geheime militärische Überwachung von Rh-Negativen.« U.S. Government, 2013. – »Lee Harvey Oswald, ein Rh-Negativer von trauriger Berühmtheit.« U.S. Government, 1963. – »Die historische Bedeutung des Blutes.« 16. Jahrhundert, Quelle unbekannt. – »Uralte Erinnerungen der Rh-Negativen.« Tiiu Sild, 1967.

Register

D

E

AMRA
ERNST MULDASHEV
DAS
DRITTE AUGE
UND DER URSPRUNG DER MENSCHHEIT
Spektakuläre Erkenntnisse zur Herkunft unserer Zivilisation

Jason Quitt & Bob Mitchell
VERBOTENES
WISSEN
Warum unsere Welt anders ist, als man uns glauben machen will

MARCEL POLTE
GREYS
Weltweites Wirken
und Entführungen
in Deutschland
AMRA